Mussel
Einführung in die Makroökonomik

Einführung in die Makroökonomik

von

Prof. Dr. Gerhard Mussel

9., überarbeitete und aktualisierte Auflage

Verlag Franz Vahlen München

VERLAG
VAHLEN
MÜNCHEN
www.vahlen.de

ISBN 978 3 8006 3461 3

Wilhelmstr. 9, 80801 München
Druck: Nomos Verlagsgesellschaft, In den Lissen 12, 76547 Sinzheim
Satz: Fotosatz H. Buck, Kumhausen
Gedruckt auf säurefreiem, alterungsbeständigem Papier
(hergestellt aus chlorfrei gebleichtem Zellstoff)

Vorwort zur 9. Auflage

Im Mittelpunkt des vorliegenden Buches stehen die elementaren Bausteine der makroökonomischen Theorie. Bestimmend für den Aufbau des Buches ist dabei der die makroökonomische Theorie kennzeichnende „Theorienstreit" zwischen den „Klassikern" und den „Keynesianern". Vor dem Hintergrund dieser rivalisierenden Paradigmen erfolgen die Darstellung und der Vergleich des Güter-, Geld- und Arbeitsmarktes sowie des gesamtwirtschaftlichen Gleichgewichts. Die Kenntnisse dieser Zusammenhänge sind Voraussetzung für das Verständnis der angebots- und nachfrageorientierten Wirtschaftspolitik, deren Merkmale den Abschluss des Buches bilden. Da die Erörterung makroökonomischer Modelle auch Grundkenntnisse des Volkswirtschaftlichen Rechnungswesens voraussetzt, werden diese zu Beginn in komprimierter Form behandelt. Auf die „Neue Makroökonomie" wird im Rahmen dieser Einführung nicht eingegangen.

Die vorliegende Neuauflage weist wiederum eine Reihe von Verbesserungen und Aktualisierungen auf. Geblieben ist jedoch ein besonderes Anliegen dieses Buches, nämlich die Präsentation der makroökonomischen Standardmodelle in einer möglichst verständlichen Form. Dies findet seinen Ausdruck in einer Vielzahl von Abbildungen und Zahlenbeispielen. Daher wendet sich dieses Lehrbuch in erster Linie an Studierende der Wirtschaftswissenschaften im Grundstudium von Universitäten, Fachhochschulen, Akademien und sonstigen einschlägigen Bildungsinstitutionen.

Wesentlichen Anteil an der Entstehung dieses Buches hat Herr Prof. Dr. *Helmut Walter.* In zahlreichen Diskussionen, die ich während meiner Tätigkeit an seinem Lehrstuhl an der Universität Hohenheim mit ihm führen konnte, erhielt ich wertvolle Anregungen, die dieses Buch entscheidend geprägt haben. Hierfür möchte ich Herrn *Walter* an dieser Stelle ebenso herzlich danken wie für die Durchsicht des Manuskripts. Für kritische Hinweise danke ich ferner Herrn Prof. Dr. *Harald Hagemann,* Universität Hohenheim sowie Herrn Ministerialdirigent Prof. Dr. *Jürgen Pätzold*, Umwelt- und Verkehrsministerium Baden-Württemberg.

Stuttgart, im April 2007 *Gerhard Mussel*

Inhaltsverzeichnis

Dritter Teil: Wirtschaftspolitische Konsequenzen

Symbolverzeichnis

A	= Angebot
AK	= Anschaffungskosten
ALQ	= Arbeitslosenquote
Au	= Ausgaben
B	= Arbeit
b	= brutto
β	= marginaler Kapitalkoeffizient
C	= Konsum
c	= durchschnittliche Konsumquote
c'	= marginale Konsumneigung
D	= Abschreibung
E	= Nettoeinnahme
Ex	= Exporte
ExÜ	= Exportüberschuss
G	= Staatsausgaben
GE	= Gegenwartswert
g	= geplant
H	= private Haushalte
I	= Investitionen = Nettoinvestitionen
Im	= Importe
i	= Kapitalkostensatz
i'	= marginale Investitionsneigung
j	= Kontraktzins
K	= Kapitalbestand
k	= Kassenhaltungskoeffizient
L	= Geldnachfrage
L_T	= Transaktionskasse
L_S	= Spekulationskasse
l	= Geldlohnsatz
l'	= Liquiditätsneigung
M	= Geldmenge
m'	= marginale Importneigung
N	= Nachfrage
O	= Obligationen
P	= Preisniveau
p_y	= Preis des Gutes y
q	= Grenzleistungsfähigkeit des Kapitals
r	= real
S	= Sparen
S_U	= unverteilte Gewinne
s	= durchschnittliche Sparquote
s'	= marginale Sparneigung
St	= Staat
T	= Steuer
Tr	= Transferzahlung
tats	= tatsächlich
t	= Zeitindex
t'	= Steuersatz
U	= Unternehmungen
u	= ungeplant

V = Umlaufgeschwindigkeit des Geldes
VÄ = Vermögensänderungspol
Y = Produktion, Realeinkommen
Y_{nom} = Nominaleinkommen
Y_v = verfügbares Einkommen
z = Effektivzins, Marktzins
z' = Investitionsneigung, Zinsreagibilität der Investitionen
Zu = Subventionen
* = Gleichgewichtswert

Einführung in die Makroökonomik

I. Einordnung und Gegenstand der Makroökonomik

Die Wirtschaftswissenschaften werden traditionell in die Betriebswirtschaftslehre (BWL) und die Volkswirtschaftslehre (VWL) unterteilt. Wenngleich für diese beiden Bereiche keine einheitlichen Definitionen anzutreffen sind, so ist dennoch festzuhalten, dass sich die Betriebswirtschaftslehre mit dem Betrieb als Ort der Leistungserstellung und Leistungsverwertung sowie der Unternehmung als Entscheidungszentrum befasst, während die Volkswirtschaftslehre weitergehend sämtliche Erscheinungsformen des Wirtschaftslebens zum Gegenstand hat.

Häufig erfolgt eine Aufteilung der auch als „Nationalökonomie" bezeichneten Volkswirtschaftslehre in die drei Blöcke

- Wirtschaftstheorie
- Wirtschaftspolitik
- Finanzwissenschaft

Allerdings erweist sich dieses Vorgehen als problematisch. Zum einen wird hierdurch das verbreitete Vorurteil unterstützt, **Theorie und Politik** seien zwei verschiedene „Welten", die nichts miteinander zu tun hätten. Diese unzutreffende Vorstellung übersieht jedoch, dass Theorie und Politik untrennbar miteinander verbunden sind. Eine rationale Wirtschaftspolitik benötigt unabdingbar Kenntnisse über Ursache-Wirkungs-Zusammenhänge, die von der Theorie aufzudecken sind. Umgekehrt eröffnen sich der Wirtschaftstheorie neue Aufgabenfelder durch Probleme, die sich den Wirtschaftspolitikern stellen. Im Rahmen dieses Buches wird zu zeigen sein, inwieweit die Wirtschaftstheorie mithilfe von teilweise komplizierten Modellen der Wirtschaftspolitik fundierte Handlungsanweisungen liefern kann.

Zum anderen erscheint die Isolierung der **Finanzwissenschaft,** die sich mit dem wirtschaftlichen Handeln des Staates befasst, fragwürdig. Wenngleich Gebiete wie Steuereinnahmen oder Staatsausgaben eine eigenständige Abhandlung erlauben, so ist doch die wirtschaftliche Verflechtung der öffentlichen Gebietskörperschaften mit der privaten Wirtschaft sehr ausgeprägt. Der wachsende Anteil des Staates an der Gesamtwirtschaft macht daher dessen Einbeziehung in allgemeine wirtschaftstheoretische und wirtschaftspolitische Überlegungen notwendig.

Hält man trotz dieser Vorbehalte an der erwähnten Dreiteilung der Volkswirtschaftslehre fest, dann spaltet man die Wirtschaftstheorie üblicherweise in die **Mikroökonomik** und die für uns im Mittelpunkt stehende **Makroökonomik** auf. Da für die Makroökonomik keine allgemein gültige Definition existiert, erscheint es zweckmäßig, deren Gegenstand anhand typischer Fragestellungen sowie durch einen Vergleich mit der Mikroökonomik herauszuarbeiten.

Zwischen den beiden genannten Teilbereichen der Wirtschaftstheorie gibt es Gemeinsamkeiten und Unterschiede. Sowohl die Mikro- als auch die Makroökonomik analysieren die **Verhaltensweisen von Wirtschaftssubjekten** (Wirtschaftseinheiten), das sind natürliche und juristische Personen, die ökonomische Entscheidungen treffen. Üblicherweise geschieht die Klassifikation der wirtschaftlichen Akteure nach deren ökonomischer Aktivität:

- Haushalte treffen typischerweise Konsumentscheidungen
- Unternehmungen treffen typischerweise Produktions- und Investitionsentscheidungen.

Erkenntnisobjekt der **Mikroökonomik** – sie wird auch als „Mikroökonomie" oder „mikroökonomische Theorie" bezeichnet – ist das **einzelne Wirtschaftssubjekt.** Die Betrachtungen des Kaufverhaltens eines einzelnen Haushalts münden in die Theorie der Nachfrage, in der die Herleitung der Determinanten der individuellen Konsumnachfrage aufgrund von Nutzenmaximierungsüberlegungen erfolgt. Analog analysiert die Theorie des Angebots das Produktionsverhalten einer einzelnen Unternehmung, die nach dem Gewinnmaximum strebt. Schließlich ermittelt die mikroökonomische Theorie im Rahmen der Preis- und Markttheorie den Preis eines einzelnen Gutes, der das Angebot und die Nachfrage auf dem Markt dieses Gutes zur Übereinstimmung bringt. Aufgrund ihres Untersuchungsobjektes vernachläßigt die mikroökonomische Theorie verständlicherweise Fragestellungen, welche die Konjunktur, den Arbeitsmarkt, den Staat, die Zentralbank oder das Ausland betreffen.

Demgegenüber interessiert sich die **Makroökonomik,** für die auch die Bezeichnungen „Makroökonomie" bzw. „makroökonomische Theorie" gebräuchlich sind, weniger für das Individualverhalten. Im Vordergrund steht hier vielmehr das **Durchschnittsverhalten** der Wirtschaftssubjekte. An die Stelle der Nachfrage des einzelnen Haushalts tritt die gesamte Nachfrage aller privaten Haushalte einer Volkswirtschaft. Entsprechend tritt an die Stelle der individuellen Produktion einer einzelnen Unternehmung die Gesamtproduktion aller Unternehmungen, die ihren Ausdruck im Sozialprodukt bzw. im Volkseinkommen findet. Außerdem interessieren unter gesamtwirtschaftlichen Aspekten die Investitionen der Unternehmungen. Bezüglich der Güterpreise erfolgt in der makroökonomischen Betrachtung die Erklärung des Preisniveaus einer Volkswirtschaft, während ein einzelner Preis keine weitere Beachtung findet.

Darüber hinaus behandelt die makroökonomische Theorie auch solche Bereiche, die in der Mikroökonomik ausgeklammert bleiben. Hierzu gehören insbesondere Fragen der Beschäftigung sowie die Bedeutung des Staates (Staatseinnahmen, Staatsausgaben, Haushaltsausgleich), des Auslandes (Exporte, Importe) und des Geldes in der Volkswirtschaft. Die bisher aufgezählten Aspekte bilden den Inhalt der makroökonomischen Theorie im engeren Sinne, die auch die Bezeichnung **„Einkommens- und Beschäftigungstheorie"** trägt. Des weiteren können der Makroökonomik auch die Konjunktur-, Wachstums- und Verteilungstheorie, die spezifische Geld- und Außenwirtschaftstheorie sowie das Volkswirtschaftliche Rechnungswesen zugerechnet werden.

Der wesentliche Unterschied zwischen den beiden Theorien liegt also in der Betrachtungsebene. Die makroökonomische Theorie fasst sowohl gleichartige ökonomische Größen als auch gleichartige Personengruppen zusammen. Man bezeichnet dieses Vorgehen als **Aggregation** bzw. die solchermaßen zusammengefassten Größen und Gruppen als **Aggregate.** An dieser Stelle sollte ausdrücklich darauf hingewiesen werden, dass die mikroökonomische Theorie ebenfalls eine makroökonomische Thematik behandelt, nämlich die **Struktur** gesamtwirtschaftlicher Größen. Die Funktionsweise des mikroökonomisch fundierten Preismechanismus sorgt in einer Marktwirtschaft für die Lösung des Allokationsproblems, d.h. für die optimale Zusammensetzung der Gesamtproduktion. Demgegenüber befasst sich die Makroökonomik mit dem **Niveau** von gesamtwirtschaftlichen Größen.

Einen kurzen zusammenfassenden Überblick zum Verhältnis von mikro- und makroökonomischer Theorie vermittelt folgende Übersicht:

Wirtschaftstheorie

	mikroökonomische Theorie	makroökonomische Theorie
Gemeinsamkeit:	Analyse des Verhaltens von Wirtschaftssubjekten	
Unterschiede:	• Individualverhalten, „Einzelner“	• Durchschnittsverhalten, „Alle“
	• Nachfrage eines einzelnen Haushalts nach einem Gut	• Gesamtnachfrage aller Haushalte (Privater Konsum, Staatsausgaben)
	• Angebot eines Gutes durch eine einzelne Unternehmung	• Gesamtproduktion aller Unternehmungen (Inlandsprodukt, Volkseinkommen)
	• Preis eines einzelnen Gutes	• Preisniveau aller Güter
	• Vernachlässigung von Konjunktur, Beschäftigung, Staat, Ausland, Zentralbank u.ä.	• Berücksichtigung von Konjunktur, Beschäftigung, Staat, Ausland, Zentralbank u.ä.
	• Struktur gesamtwirtschaftlicher Größen	• Niveau gesamtwirtschaftlicher Größen

Abb. 1.1: Vergleich der mikro- mit der makroökonomischen Theorie

Im Mittelpunkt diese Buches steht die makroökonomische Theorie im engeren Sinne, also die Einkommens- und Beschäftigungstheorie. Für deren Verständnis sind jedoch bestimmte Grundkenntnisse des Volkswirtschaftlichen Rechnungswesens unabdingbare Voraussetzung. Diese bilden den Gegenstand des ersten Teils dieses Buches.

II. Methoden der Analyse des Wirtschaftsprozesses

Verfolgt man die Geschehnisse des wirtschaftlichen Alltags in einem Land, so stellt man fest, dass es sich dabei um eine Vielzahl teilweise ganz unterschiedlicher Vorgänge handelt, die ein möglicherweise verwirrendes Bild vom Wirtschaftsleben hinterlassen. Meldungen über die konjunkturelle Lage gehen einher mit Nachrichten über Arbeitslosigkeit, Wechselkurse, Inflationsraten, Zinssätze usw. Die Gesamtheit dieser äußerst komplexen Vorgänge nennt man den **Wirtschaftsprozess.**

Aufgabe der Volkswirtschaftslehre ist es, diesen Prozess mithilfe geeigneter Untersuchungsmethoden zu durchdringen. Dabei führt man die Analyse zweckmäßigerweise auf zwei Ebenen durch. In einem ersten Schritt erfolgt die Beschreibung des Wirtschaftsprozesses, der dann in einem darauf aufbauenden zweiten Schritt auf seine Entstehungsgründe hin untersucht wird.

Bei der ersten, **deskriptiven Methode** handelt es sich um eine Einteilung der wirtschaftlichen Geschehnisse in gleichartige Kategorien. Für diese Klassifikation ist es zunächst erforderlich, die ökonomischen Größen begrifflich zu bestimmen, also Definitionen zu bilden. Die definierten Variablen werden dann in der Realität ermittelt, d. h. empirisch erfasst. Im Zuge der begrifflichen Festlegung und quantitativen Feststellung der Größen gilt es auch, Zusammenhänge aufzudecken, die zwischen den unterschiedlichen Variablen bestehen. Dieses Vorgehen mündet in eine **Systematisierung** des Wirtschaftsprozesses. Typisch für diesen ersten Weg der Analyse ist dabei die Tatsache, dass die Betrachtung der Wirtschaft rückblickend erfolgt. Am Ende einer Zeitperiode – häufig ein Jahr – bringt man in Erfahrung, welche Vorgänge stattfanden und welche Ergebnisse sich einstellten. Es erfolgt also eine Bestandsaufnahme des Wirtschaftsprozesses. Für dieses Vorgehen hat sich die Bezeichnung **„Ex-post-Analyse“** durchgesetzt.

Obgleich es sicherlich nicht einfach, wenn nicht gar unmöglich sein dürfte, sämtliche Resultate des Wirtschaftsprozesses nachträglich zu ermitteln, so erweist sich diese Methode der Durchdringung der Volkswirtschaft gleichwohl als weniger anspruchsvoll im Vergleich zur zweiten Methode, nämlich der **Erklärung** des Wirtschaftsprozesses. Hierbei steht die Frage im Mittelpunkt, weshalb sich die wirtschaftlichen Größen in ganz bestimmter Höhe einstellen bzw. weshalb bestimmte Veränderungen zustande kommen. Das höhere Anspruchsniveau dieses analytischen Ansatzes leuchtet anhand eines einfachen Beispiels leicht ein. Kommt es zu einem Autounfall, so lassen sich die Folgen in Form des Sachschadens, der Anzahl von Verletzten usw. relativ einfach ermitteln. Dagegen können bei der Klärung der Schuldfrage große Schwierigkeiten auftreten. Mit Hilfe des zweiten Ansatzes sollen also die Ursachen für das Zustandekommen ökonomischer Variablen aufgedeckt werden. Dahinter verbergen sich die Verhaltensweisen der Wirtschaftssubjekte. Es ist deshalb erforderlich, Annahmen über das für die Makroökonomik relevante Durchschnittsverhalten zu machen, d. h. Verhaltenshypothesen aufzustellen, die in sog. Verhaltensgleichungen ihren Ausdruck finden. Kennzeichnend für die zweite Methode ist somit die Analyse **kausaler Zusammenhänge.** Man bezeichnet diese Betrachtungsweise als **„Ex-ante-Analyse“.** Hinter ihr steht nichts anderes als die bereits beschriebene makroökonomische Theorie im engeren Sinne.

Die Kenntnis von Ursache-Wirkungszusammenhängen ist zugleich die entscheidende Basis für die Ableitung theoretisch fundierter Handlungsanweisungen für die **Wirtschaftspolitik**. Daher kommt der Ex-ante-Analyse eine besondere Bedeutung für die Praxis zu. Darüberhinaus erlaubt die Aufdeckung von Kausalzusammenhängen die Erstellung von Prognosen, d.h. Aussagen über die künftige Entwicklung wirtschaftlicher Größen. Insoweit besitzt die Ex-ante-Analyse im Gegensatz zur Ex-post-Analyse einen vorausschauenden Charakter.

Die erläuterten beiden Ansätze zur Analyse des Wirtschaftsprozesses bilden die Grundlage für den Aufbau des vorliegenden Buches. Im ersten Teil erfolgt die Darstellung der Ex-post-Analyse; auf dieser baut die im zweiten Teil behandelte Ex-ante-Analyse auf. Der abschließende dritte Teil gibt einen kurzen Überblick über die wirtschaftspolitischen Konsequenzen, die aus den theoretischen Überlegungen folgen.

Erster Teil:
Ex-post-Analyse des Volkseinkommens
und der Beschäftigung

I. Vorbemerkungen

Gegenstand der Ex-post-Analyse sind die zentralen Kenngrößen sowie die grundlegenden ökonomischen Zusammenhänge in einer Volkswirtschaft. Um hierüber genauere Kenntnisse zu erhalten, besteht ein erster Schritt darin, einen prinzipiellen Überblick über die Kategorien des gesamtwirtschaftlichen Geschehens zu gewinnen. Dies geschieht im Folgenden im Rahmen der Betrachtung des **Wirtschaftskreislaufs**. Hierbei wird insbesondere festgestellt, welche Personengruppen im Wirtschaftsleben zu unterscheiden sind, worin deren typische wirtschaftliche Aktivitäten bestehen sowie welche ökonomischen Beziehungen zwischen diesen Gruppen existieren.

Für zahllose Fragestellungen und Entscheidungen in Betrieben, Ministerien und sonstigen Institutionen ist es nicht nur wichtig, die allgemeinen Zusammenhänge des Wirtschaftskreislaufs zu kennen, sondern auch Informationen über die quantitativen Dimensionen der auftretenden Größen zu erhalten. Auch die Volkswirtschaftstheorie ist auf eine gesamtwirtschaftliche Datenbasis angewiesen, um die in makroökonomischen Modellen aufgestellten Hypothesen empirisch überprüfen zu können. Die Ermittlung derartiger möglichst zeitnaher Daten ist Aufgabe des **Volkswirtschaftlichen Rechnungswesens**. Dieses zweite Teilgebiet der Ex-post-Analyse soll rückblickend ein quantitatives Gesamtbild des Geschehens in der Volkswirtschaft liefern. Dabei ermittelt das Volkswirtschaftliche Rechnungswesen die relevanten statistischen Daten insbesondere auf folgenden Feldern:

- in der Vermögensrechnung erfolgt eine Bestandsaufnahme von Höhe und Struktur der Vermögensobjekte;
- in der Gesamtwirtschaftlichen Finanzierungsrechnung finden die Kreditbeziehungen Eingang; aus dem Spektrum der Kreditbeziehungen werden dabei jene Positionen herausgegriffen, die Geldaggregate bilden;
- die Input-Output-Rechnung informiert über die Verflechtung der Wirtschaftszweige;
- die Zahlungsbilanz registriert die internationalen wirtschaftlichen Transaktionen;
- die Volkswirtschaftlichen Gesamtrechnungen haben die wertmäßige und mengenmäßige Erfassung der im Wirtschaftskreislauf auftretenden Größen zum Gegenstand.

Letztere sind für makroökonomische Fragestellungen von besonderer Bedeutung. Daher wird hierauf ausführlicher eingegangen. Im Mittelpunkt stehen dabei das Inlandsprodukt bzw. das Nationaleinkommen der Volkswirtschaft, welche das **Ergebnis des Wirtschaftskreislaufs** bilden.

Das Gebiet der Makroökonomik ist in Studienplänen häufig auch unter dem Etikett der „Einkommens- und Beschäftigungstheorie“ anzutreffen. Daraus wird deutlich, dass Einkommen und Beschäftigung eng miteinander verbunden sind. Es ist daher erforderlich, auf die Geschehnisse des Arbeitsmarktes ebenfalls einen genaueren Blick zu werfen. Die dort angesiedelten **Globalgrößen der Beschäftigung** bilden den Abschluss der Ex-post-Analyse.

II. Der Wirtschaftskreislauf

Die Gesamtheit der wirtschaftlichen Vorgänge bezeichnet man als den Wirtschaftsprozess. Dieser ist gekennzeichnet durch eine Vielzahl von Tauschhandlungen bzw. wirtschaftlichen Aktivitäten. Sie sind letztlich Ausdruck der **Arbeitsteilung**. Aufgrund unterschiedlicher Neigungen, Begabungen, Erfahrungen und Ausbildungen ist es für die einzelnen Wirtschaftssubjekte sinnvoll, sich ganz bestimmten Tätigkeiten zuzuwenden. Dieses Organisationsprinzip ist typisch für die modernen Volkswirtschaften, die man auch Verkehrswirtschaften oder **Geldwirtschaften** nennt. Letztere Bezeichnung resultiert aus der Tatsache, dass Geld als das allgemein akzeptierte Tauschmittel fungiert. Der hohe Grad an Spezialisierung bildet eine wesentliche Voraussetzung für die Verbreiterung und Verbesserung des Güterspektrums; dadurch wird eine höhere und bessere Güterversorgung der Bevölkerung eines Landes möglich. Allerdings dürfen die Probleme, welche die Einführung der Arbeitsteilung aufwirft, nicht übersehen werden. Hierzu zählen z.B. die Entstehung von Abhängigkeiten, die Verteilung der Mehrproduktion, die Gefahr der Überproduktion oder die Monotonie der Arbeit – Probleme also, die sich den heutigen Wirtschaften und Gesellschaften nahezu permanent stellen.

Die durch Arbeitsteilung bedingten Tauschhandlungen vollziehen sich auf Märkten. Sie sind der ökonomische Ort, wo sich Anbieter und Nachfrager gegenüberstehen. Dem Preis fällt dabei die Aufgabe zu, einen Ausgleich von Angebot und Nachfrage herbeizuführen. Träger der vielfältigen wirtschaftlichen Handlungen und Entscheidungen sind auf aggregierter Ebene inländische und ausländische Privathaushalte, Unternehmungen sowie staatliche Stellen. Diese Personenkreise entfalten während eines Wirtschaftsjahres sehr unterschiedliche **ökonomischen Aktivitäten**:

- Produktion von Gütern,
- Einkommenserzielung, -verwendung, -verteilung, und -umverteilung,
- Vermögensbildung,
- Finanzierung und
- Auslandsbeziehungen.

Kennzeichnend für die wirtschaftliche Aktivität der Privathaushalte (im Folgenden kurz Haushalte) im Wirtschaftskreislauf sind primär die Einkommenserzielung und Einkommensverwendung sowie die Vermögensbildung in Form von Sparen. Die Unternehmungen treten typischerweise als Güterproduzenten und Investoren (innerhalb der Vermögensbildung) sowie als „Anlaufstelle“ für Exporte und Importe in Erscheinung. Der Staat übernimmt eine Doppelfunktion als Produzent und Konsument; daneben ist insbesondere auf seine Rolle im Rahmen der Einkommensumverteilung hinzuweisen.

Fasst man beispielsweise sämtliche Haushalte zu einer Gruppe zusammen, so spricht man in der Kreislaufanalyse von einem **„Pol“** bzw. **„Sektor“** oder **„Trans-**

aktor". Die zwischen den Polen zu verzeichnenden wirtschaftlichen Aktivitäten heißen **„Ströme"** bzw. **„Transaktionen".** Um den hochkomplexen Wirtschaftsprozess der Realität beschreiben zu können, geht die Analyse des Wirtschaftskreislaufs schrittweise vor:

- im 2-poligen Kreislauf erfolgt die Darstellung der grundlegenden ökonomischen Transaktionen zwischen Haushalten und Unternehmungen;
- im 3-poligen Kreislauf findet die Vermögensbildung dieser Sektoren Berücksichtigung;
- im 4-poligen Kreislauf erfolgt die Einbeziehung der ökonomischen Kreislaufaktivitäten des Staates;
- im 5-poligen Kreislauf findet zusätzlich die wirtschaftliche Verflechtung des Inlandes mit dem Ausland Eingang.

Im Folgenden werden diese vier Kreislaufmodelle näher beschrieben.

1. Haushalte und Unternehmungen: Der 2-polige Kreislauf

Bereits in der mikroökonomischen Theorie finden sich die elementaren Kreislaufbeziehungen zwischen einem Haushalt und einer Unternehmung. Dabei werden die Ausgaben des Haushalts zum Erlös der Unternehmung, und umgekehrt entsprechen die Ausgaben der Unternehmung den Faktoreinkommen des Haushalts. Buchhalterisch stimmen bei jedem Wirtschaftssubjekt die linke und rechte Seite des Kontos überein, es herrscht ein Budgetgleichgewicht im Sinne der Übereinstimmung von Ausgaben und Einnahmen.

An diesen Tatbestand knüpft die gesamtwirtschaftliche Kreislaufanalyse an, indem sie gemäß ihrer Fragestellung die Einnahmen-Ausgaben-Beziehungen auf Aggregate überträgt. Die auf makroökonomischer Ebene zwischen den Haushalten und den Unternehmungen auftretenden Kreislaufströme sind in Abbildung 1.2 dargestellt.

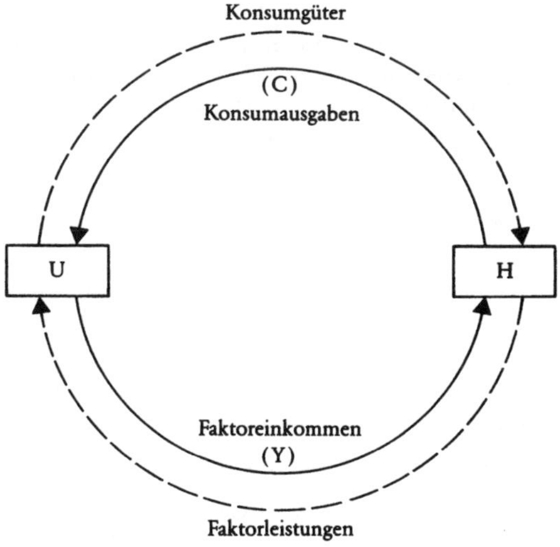

Abb. 1.2: Grafische Darstellung des 2-poligen Kreislaufs

Zum **Haushaltssektor** (H) zählen nicht nur die Arbeitnehmerhaushalte, sondern auch die Unternehmerhaushalte. Die Haushalte werden zunächst als alleinige Eigentümer der zur Herstellung der Güter erforderlichen dauerhaften Produktionsmittel (Gebäude, Maschinen, Werkzeuge usw.) behandelt. Aus Vereinfachungsgründen unterstellt man also zunächst, dass die Unternehmungen keine eigene Rechtspersönlichkeit besitzen.

Der Produktionsprozess selbst vollzieht sich überwiegend im Pol der Unternehmungen (U). Hierbei setzen die Unternehmungen nach Maßgabe der zu produzierenden Güter die unterschiedlichsten Input-Faktoren ein. Diese werden üblicherweise in Vorleistungen (z.B. Roh- und Betriebsstoffe) und Faktorleistungen (Nutzung von Sachkapital und Boden sowie Einsatz menschlicher Arbeitsleistung) unterteilt. Aus volkswirtschaftlicher Sicht kommt dabei den Faktorleistungen eine weitaus höhere Bedeutung zu als den Vorleistungen. Der Einsatz von Input-Faktoren dient dem Ziel der Erstellung des Outputs, also der Herstellung von Gütern. Sie können sowohl materiell (Waren) als auch immateriell (Dienstleistungen) sein.

Wie bereits erwähnt, stellen die Haushalte den Unternehmungen die erforderlichen **Faktorleistungen** zur Verfügung (in Abbildung 1.2 der gestrichelte Strom von H nach U). Hinter den Faktorleistungen stehen die Produktionsfaktoren Arbeit und Kapital (Sachkapital einschließlich Boden). Für die Bereitstellung ihrer Faktorleistungen erhalten die Haushalte als Gegenleistung **Konsumgüter** (gestrichelter Strom von U nach H). Den sich solchermaßen ergebenden Kreislauf nennt man auch den „äußeren" Kreislauf. In ihm werden **reale Ströme,** also „echte" Güter- und Leistungsbewegungen, erfasst.

Da die Faktorleistungen und Güter jedoch äußerst heterogen sind, benötigt man einen Vergleichsmaßstab. Hierfür bieten sich die Güter- und Faktorpreise an, d.h. die Kreislaufströme werden in Geldeinheiten ausgedrückt. Die Bewertung eines realen Stromes ergibt einen **monetären Strom.** Graphisch ist dieser (in Abbildung 1 durchgezogene) Strom dem realen Strom stets entgegengerichtet. Die **Faktoreinkommen** (Y) bestehen aus Löhnen, Gehältern, Gewinnen, Mieten, Pachten, Zinsen und Dividenden; diese Einkommen fließen als bewertete Faktorleistungen vom Pol U zum Pol H. Analoges gilt für die privaten **Konsumausgaben** (C) der Haushalte, die von H nach U fließen. Durch die Verwendung monetärer Ströme gelangt man zum „inneren" Kreislauf. Üblicherweise arbeitet man in den Kreislaufmodellen nur mit monetären Strömen, eine Konvention, die auch den folgenden Ausführungen zugrunde liegt.

Im 2-poligen Kreislauf wird die Vermögensbildung zunächst vernachlässigt. Für den Haushaltssektor kommt dies in der Tatsache zum Ausdruck, dass die Konsumausgaben die gleiche Höhe wie die Faktoreinkommen aufweisen, d.h. es wird nichts gespart. Veränderungen des Produktionsapparats seitens der Unternehmungen, also Nettoinvestitionen, finden zunächst ebenfalls noch nicht statt. Dadurch bleibt die Höhe der Güterproduktion im Zeitablauf unverändert. Eine solche Modellwirtschaft ohne Sparen und Investieren heißt **„stationär".**

Kennzeichnend für die Kreislaufanalyse ist die Regel, dass für jeden Pol der Wert der hereinfließenden Ströme genau so hoch wie der Wert der herausfließenden Ströme ist. Man bezeichnet diesen Tatbestand auch als „geschlossenen Kreislauf" oder als **Kreislaufaxiom.** Als allgemeine Gleichung geschrieben lautet das Kreislaufaxiom folglich für jeden beliebigen Pol:

Summe der herausfließenden Ströme = Summe der hereinfließenden Ströme

Sofern ökonomische Transaktionen innerhalb eines Pols stattfinden, z.B. Lieferungen zwischen Unternehmungen (sog. **intrasektorale** Ströme), werden diese in den Betrachtungen des Wirtschaftskreislaufs üblicherweise nicht erfasst. Prinzipiell existieren also keine „In-sich-Ströme". Die Kreislauftheorie registriert vielmehr nur die Ströme, die zwischen den Polen fließen (sog. **intersektorale** Ströme).

Im Hinblick auf die in den Kreislaufmodellen auftretenden Ströme darf der Begriff „Kreislauf" allerdings nicht zu wörtlich genommen werden. So fließen die Faktorleistungen nur ein einziges Mal von den Haushalten zu den Unternehmungen, wo sie im Zuge des Produktionsprozesses „verbraucht" werden. Ebenso verbleiben die gekauften Konsumgüter im Haushaltspol und fließen nicht wieder in den Unternehmenspol zurück. Der Begriff Wirtschaftskreislauf soll vielmehr sinnbildlich zum Ausdruck bringen, dass bestimmte Vorgänge im Wirtschaftsleben ständig wiederkehren. Einen Kreislauf im physischen Sinne führt nur das **Geld** durch, welches zur Finanzierung der Transaktionen eingesetzt wird.

Den bisherigen Überlegungen lag die **graphische Darstellungsform** des Wirtschaftskreislaufs zugrunde. Daneben stehen noch weitere Möglichkeiten zur Verfügung, Kreislaufzusammenhänge aufzuzeigen, nämlich die

- Gleichungsform,
- Kontenform und
- Matrixform.

Bei der **Gleichungsform** stellt man für jeden Pol eine eigene Gleichung gemäß des Prinzips des Kreislaufaxioms auf. Im 2-poligen Kreislauf lauten dann die entsprechenden Gleichungen:

für Pol H: $Y = C$

für Pol U: $C = Y$

Bei der **Kontenform** erhält jeder Pol ein eigenes Konto. Darin sind auf der linken Seite die während einer Zeitperiode herausfließenden Ströme (Aufwendungen) und auf der rechten Seite die im betrachteten Zeitraum hereinfließenden Ströme (Erträge) verbucht. Angenommen, die Faktoreinkommen und damit auch die Konsumausgaben belaufen sich auf jeweils 100, so lässt sich der Kreislauf in seiner einfachsten Form wie in Abbildung 1.3 dargestellt abbilden.

Aufw. U	Ertr.
Y = 100	C = 100
100	100

Aufw. H	Ertr.
C = 100	Y = 100
100	100

Abb. 1.3: Kontenform des 2-poligen Kreislaufs

Hier findet das Kreislaufaxiom seinen Ausdruck in der Gleichheit von linker und rechter Seite der Konten.

Schließlich lassen sich Kreislaufzusammenhänge auch in Form einer **Matrix** wiedergeben. Eine solche „Tabelle mit doppeltem Eingang" enthält in der Kopfzeile und in der Vorspalte die relevanten Pole in der gleichen Reihenfolge. Für den 2-poligen Kreislauf ergibt sich dann Abbildung 1.4.

an / von	U	H	Σ
U	–	Y	Y
H	C	–	C
Σ	C	Y	

Abb. 1.4: Matrixform des 2-poligen Kreislaufs

Wegen der Vernachlässigung von In-sich-Strömen bleibt die Hauptdiagonale frei. Das Kreislaufaxiom spiegelt sich hier in der Übereinstimmung von jeweiliger Zeilen- und Spaltensumme wider.

Als gebräuchliche Darstellungsmethoden kommen vor allem die graphische Form und die Gleichungsform in Betracht. Während die zeichnerische Darstellung den Vorzug der Anschaulichkeit bietet, erweist sich die Gleichungsform insbesondere bei komplizierteren Kreislaufzusammenhängen als überlegen, da sie in kurzer und prägnanter Weise die wirtschaftlichen Beziehungen zwischen den Sektoren zeigt.

2. Berücksichtigung der Vermögensbildung: Der 3-polige Kreislauf

Den bisherigen Überlegungen lag unter anderem die Annahme zugrunde, dass die Wirtschaftssubjekte kein Vermögen bilden. Diese realitätsferne Prämisse soll nunmehr aufgegeben werden.

Aus volkswirtschaftlicher Sicht bilden die **Haushalte** typischerweise **Geldvermögen** (Nominalvermögen, Finanzvermögen). Dies geschieht, indem sie Teile des ihnen zufließenden Einkommens nicht verausgaben. Dieser Konsumverzicht stellt das **Sparen** der Haushalte dar. Es konkretisiert sich in den unterschiedlichsten Formen wie der Bildung von Bankguthaben, Anlagen bei Versicherungsgesellschaften und Bausparkassen oder dem Kauf von Wertpapieren. Für die Ex-post-Analyse ist hierbei jedoch nicht die Struktur, sondern nur die Höhe der Ersparnisse entscheidend. Auch spielen zunächst die Motive für den Sparentschluss keine Rolle.

Streng zu unterscheiden ist in diesem Zusammenhang zwischen dem Geldvermögen, das die Haushalte einerseits insgesamt bereits besitzen (z. B. als Ergebnis jahrzehntelanger Spartätigkeit oder infolge eines Erbes) und andererseits in einem Jahr neu bilden. Im ersten Fall bezieht man das Geldvermögen auf einen bestimmten Zeitpunkt (z. B. Guthaben auf einem Sparbuch zum 31.12. 2003). Das Geldvermögen ist in diesem Sinne als eine sog. **Bestandsgröße** (Zeitpunktgröße) zu interpretieren; es belief sich beispielsweise in Deutschland am Ende des Jahres 2002 auf ca. 3,7 Bio. EUR. Im zweiten Fall dagegen misst man die Veränderung des Geldvermögens (z. B. der Zuwachs an Ersparnissen vom 1.1. 2003 bis 31.12. 2003). Bei dieser Betrachtung hat das Geldvermögen die Eigenschaft einer sog. **Stromgröße** (Zeitraumgröße). In der Kreislaufanalyse ist typischerweise die Verwendung von Stromgrößen, d. h. die Erfassung von **Vermögensänderungen** relevant.

Auch **Unternehmungen** bilden Vermögen. Im Unternehmenspol geschieht dies in erster Linie durch die Bildung von **Sachvermögen** (Realvermögen). Hierbei handelt es sich um die Anschaffung bzw. den Erhalt von dauerhaften Produktionsmitteln. Beispiele hierfür sind die Erstellung von Verwaltungsgebäuden, der Kauf von Maschinen, Werkzeugen, Computern oder Fahrzeugen. Die Vermögensbildung vollzieht sich bei den Unternehmungen also vorrangig in güterwirtschaftlicher Weise.

Bei der Vermögensbildung im Unternehmenssektor muss ebenfalls zwischen Bestands- und Stromgröße unterschieden werden. Die **Bestandsgröße** ist hier die Gesamtheit aller dauerhaften Produktionsmittel, die sich zu einem bestimmten Zeitpunkt in der Volkswirtschaft befinden. Man spricht vom volkswirtschaftlichen Sachkapitalbestand, oder vom „Kapitalstock“, oder einfach kurz vom **Kapital.** In Deutschland lag dessen Wert z. B. Ende 2000 bei knapp 5,6 Bio. EUR. Kommen während eines Jahres neue Maschinen oder Gebäude hinzu, so vergrößert sich der Kapitalstock. Diese Erhöhung bezeichnet man als **Nettoinvestitionen**. Sie sind eine typische **Stromgröße.** Diese Teile der Produktion (Maschinen usw.) gelangen nicht zu den Haushalten, sondern verbleiben in den Unternehmungen.

Hinzuweisen ist an dieser Stelle auf die verengte Definition des Investitionsbegriffs in der Volkswirtschaftlichen Gesamtrechnung. Als Investitionen im weiten Sinne sollten nämlich sämtliche Aktivitäten gelten, welche die Produktionskapazitäten steigern. Hierzu zählen neben den in der VGR erfassten materiellen reproduzierbaren (Anlage)investitionen auch immaterielle Investitionen. Diese können insbesondere in Bildung und Ausbildung, Forschung und Entwicklung, Gesundheit oder Erhaltung der natürlichen Umwelt erfolgen. Gleichwohl werden diese für die Vergrößerung der Produktionskapazitäten wichtigen immateriellen Investitionen in der VGR nicht als „investiv“ behandelt und tauchen daher nicht auf.

Innerhalb der „offiziellen“ Investitionen kann es sich prinzipiell um zwei Kategorien von Gütern handeln:

- **Anlageinvestitionen**; man unterteilt diese in der Statistik üblicherweise in Ausrüstungsinvestitionen, Bauten und sonstige Anlagen. Da derartige Investitionen von den Unternehmungen ganz bewusst getätigt werden, spricht man auch von **geplanten** oder freiwilligen Investitionen;
- **Lagerinvestitionen**; sie werden auch als Vorratsveränderungen bezeichnet und können als Lageraufbau oder Lagerabbau auftreten. Sie kommen in der Regel **ungeplant**, also unfreiwillig zustande.

Um die Kreislaufwirkungen der Vermögensbildung zu erfassen, ist die Einführung eines zusätzlichen Pols erforderlich. Er hat die Aufgabe, sämtliche vermögenswirksamen Transaktionen zu erfassen. Da er nur die Stromgrößen, d. h. die Änderungen des Geld- und Sachvermögens erfasst, heißt er **Vermögensänderungspol** (VÄ). Bei diesem Pol handelt es sich um einen abstrakten, **funktionellen** Pol, in dem sich bildhaft gesprochen keine Personen befinden. Demgegenüber stellen die Pole U und H sog. **institutionelle** Pole dar. Daher ist es nicht zutreffend, den Vermögensänderungspol als den Sektor der Kreditinstitute zu interpretieren, denn diese produzieren Finanzdienstleistungen und sind konsequenterweise im Pol der Unternehmungen enthalten.

Fügt man die beschriebenen Arten der Vermögensbildung in das Kreislaufdiagramm ein, so ergibt sich folgendes Bild:

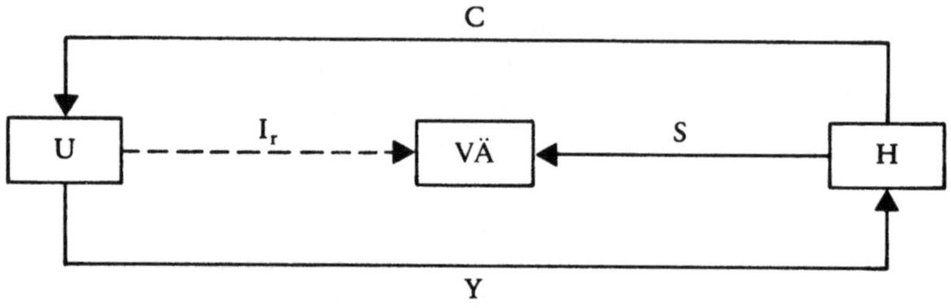

Abb. 1.5: Berücksichtigung der Vermögensbildung

Die unterschiedlichen Arten der Vermögensbildung kommen in Abbildung 1.5. im durchgezogenen (monetären) Strom der Geldvermögensbildung der Haushalte (S = Sparen) und im gestrichelten (realen) Strom der Sachvermögensbildung der Unternehmungen (I_r = reale Nettoinvestitionen) zum Vorschein. Obwohl die Investitionen aus güterwirtschaftlicher Sicht einen In-sich-Strom darstellen (z. B. liefert eine Firma einer anderen Firma eine Maschine), tauchen sie wegen ihres Vermögenseffektes im Kreislaufdiagramm auf. Da jedem realen Strom ein monetärer Strom entgegensteht, und die Konvention getroffen wurde, sämtliche Ströme wertmäßig zu erfassen, erscheinen die Nettoinvestitionen folglich als monetärer Strom vom Pol VÄ zum Pol U (Abbildung 1.6).

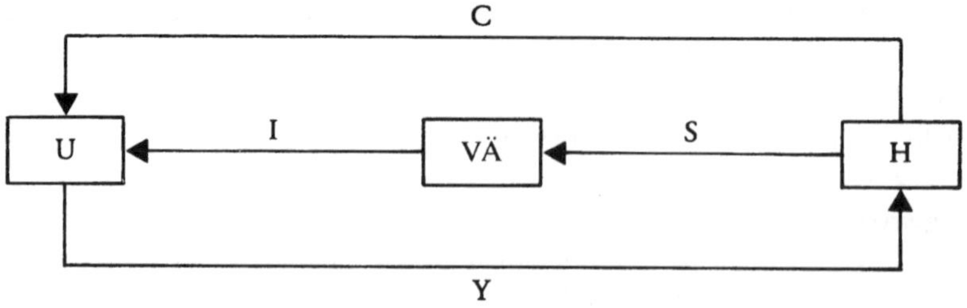

Abb. 1.6: Der elementare 3-polige Kreislauf

Damit hat man die graphische Darstellung des 3-poligen Kreislaufs in seiner einfachsten Form vor sich. Eine Wirtschaft, in der positive Ersparnisse und Nettoinvestitionen vorliegen, heißt **evolutorisch.** Die Erhöhung des Sachkapitalbestandes bedeutet eine Ausweitung der volkswirtschaftlichen Produktionskapazitäten. Dies ermöglicht eine Vergrößerung der Produktion, d. h. wirtschaftliches Wachstum.

Auch für den 3-poligen Kreislauf stehen die bereits beschriebenen alternativen Darstellungsmethoden zur Verfügung. Um die ökonomischen Implikationen dieses Kreislaufmodells, welches der Ex-ante-Analyse vielfach als Ausgangstatbestand zugrunde liegt, zu verdeutlichen, erscheint es zweckmäßig, sich an dieser Stelle auch der Gleichungsform zu bedienen. Sie lautet für die entsprechenden Pole:

(1) für Pol H : $Y = C + S$

(2) für Pol U : $Y = C + I$

(3) für Pol VÄ : $S = I$

Diese drei Gleichungen sind von elementarer Bedeutung für das Verständnis makroökonomischen Zusammenhänge. Da sie bei den weiteren Überlegungen immer wieder auftauchen, sollen sie etwas genauer interpretiert werden.

Aus Gleichung (1) geht hervor, wie die Haushalte ihr Einkommen in Konsum und Sparen aufteilen. Das Einkommen resultiert aus der Bereitstellung von Faktorleistungen der Haushalte, die in den Produktionsprozess eingehen. Grundsätzlich gilt, dass **in dem Maße, wie produziert wird, auch Einkommen entsteht.** Damit entspricht der Wert der Güterproduktion genau dem Wert des Einkommens. Die Herstellung von Gütern geschieht ihrerseits in der Absicht, diese auch zu verkaufen, d. h. auf Märkten anzubieten. Infolgedessen ist die **Produktion zugleich identisch mit dem Angebot.** Dieser grundlegende Zusammenhang ist in Abbildung 1.7 schematisch dargestellt.

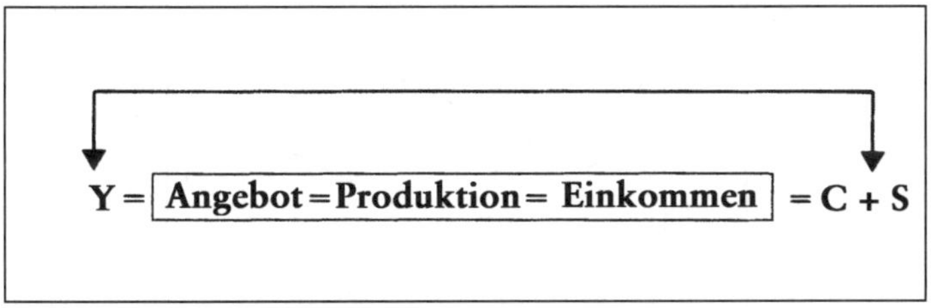

Abb. 1.7: Zusammenhang zwischen Angebot, Produktion und Einkommen

Das im Unternehmenspol erwirtschaftete Einkommen, welches also wertmäßig gleich dem Angebot ist, kann von den Einkommensbeziehern entweder konsumiert oder gespart werden. Die für den Haushaltspol aufgestellte Gleichung (1):

$\mathbf{Y = C + S}$

lässt sich mithin als die **Angebotsgleichung** einer Volkswirtschaft interpretieren. Die Zuordnung der Angebotsgleichung zum Haushaltssektor darf jedoch nicht zu Missverständnissen führen. Zwar geschieht die Erstellung des Angebots im Unternehmenspol. Aber das dabei entstandene wertgleiche Einkommen fließt den Haushalten zu, die dieses zum Konsum oder zum Sparen verwenden.

Von entscheidender Bedeutung für das Verständnis gesamtwirtschaftlicher Zusammenhänge ist auch Gleichung (2):

Y = C + I

Sie stellt die Formel für die volkswirtschaftliche **Nachfrage** im dreipoligen Kreislauf dar. Als Käufer (= Nachfrager) treten in unserer Modellwirtschaft zum einen die Haushalte auf, die Konsumgüter erwerben. Zum anderen sind dies die Unternehmungen, deren Nachfrage sich definitionsgemäß auf Investitionsgüter richtet.

Schließlich kommt in Gleichung (3):

S = I

die sog. **Ex-post-Identität** zum Ausdruck. Danach müssen Sparen und Investieren am Ende eines Wirtschaftsjahres immer übereinstimmen. Das Sparen stellt, zumindest kurzfristig, einen Nachfrageausfall dar. In dem Umfang, in dem gespart wird, gelangen Teile der Produktion jedoch nicht in die Haushalte. Diese Produkte verbleiben daher zwangsläufig in den Unternehmungen. Logischerweise müssen dies die Investitionsgüter sein, nämlich Güter, die nicht in den Haushaltssektor flossen. Es ist dabei unbedeutend, ob dies geplant (Anlageinvestitionen) oder ungeplant (Lagerinvestitionen) geschah. Die **Gleichheit von Sparen und Investieren** ist also ex post eine **güterwirtschaftliche Notwendigkeit.** Diesen grundlegenden Sachverhalt macht auch Abbildung 1.8. deutlich.

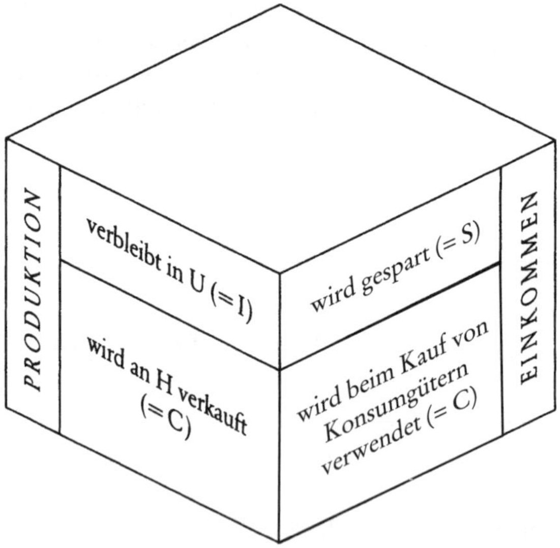

Abb. 1.8: Ex-post-Identität

Zusammenfassend können die drei Polgleichungen also interpretiert werden als:

Y = C + S	⇒ ANGEBOT
Y = C + I	⇒ NACHFRAGE
S = I	⇒ EX-POST-IDENTITÄT

Gelegentlich findet sich bei diesen Gleichungen anstelle des Gleichheitszeichens ein Identitätszeichen. Diese Schreibweise unterstreicht, dass es sich bei diesen Gleichungen um stets erfüllte Bedingungen handelt.

Allerdings darf man hier die Übereinstimmung von Angebot und Nachfrage bzw. von Sparen und Investieren **nicht** als ein **Gleichgewicht** auf dem Gütermarkt deuten. Der Gleichgewichtszustand herrscht, wie später noch genauer zu zeigen sein wird, nur dann, wenn sich die relevanten Größen im geplanten Sinne entsprechen. Die Ex-post-Analyse betrachtet jedoch tatsächliche, realisierte Größen, die durchaus auch ungeplante Elemente beinhalten können. Da die Unterscheidung zwischen der Übereinstimmung von S und I im Ex-post-Sinne und im Ex-ante-Sinne von grundlegender Bedeutung ist, soll auf diesen Aspekt anhand einiger einfacher Zahlenbeispiele noch etwas näher eingegangen werden.

Ausgangspunkt sei eine Produktion im Wert von 250, im Zuge derer ein gleich hohes Einkommen entsteht (Abbildung 1.9). Die Unternehmungen legen dabei zu Beginn des Jahres die Struktur ihrer Produktion, d.h. ihres Angebots, folgendermaßen fest: Für den eigenen Sektor planen sie die Herstellung von Investitionsgütern (I_g, g = geplant) im Wert von 40; für die Haushalte wollen sie Konsumgüter von wertmäßig 210 erstellen (C_g^A = geplantes Konsumgüterangebot). Diese Produktionspläne werden dann von den Unternehmungen im Laufe des Wirtschaftsjahres auch realisiert. Demgegenüber planen die Haushalte als Bezieher des Volkseinkommens von 250 lediglich Konsumausgaben in Höhe von 200 (C_g^N = geplante Konsumgüternachfrage); damit ist zugleich eine geplante Ersparnisbildung von 50 (S_g = geplantes Sparen) festgelegt.

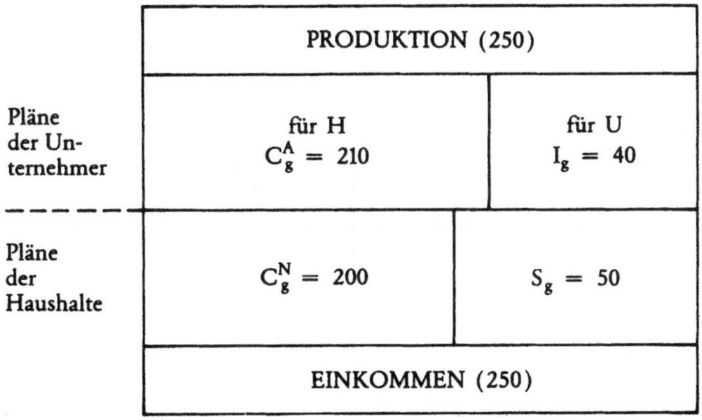

Abb. 1.9: Ungleichgewicht auf dem Gütermarkt

Wie Abbildung 1.9 zeigt, herrscht in dieser Wirtschaft ein **Ungleichgewicht**. Angebot (A) und Nachfrage (N) stimmen im geplanten Sinne (ex ante) nicht überein. Die Unternehmungen überschätzten hier die bestehenden Kaufwünsche der Haushalte, das geplante Sparen ist größer als das geplante Investieren. In Gleichungsform ausgedrückt ergibt sich:

$$\left.\begin{aligned} A_g &= C_g^N + S_g \\ &= 200 + 50 = 250 \\ N_g &= C_g^N + I_g \\ &= 200 + 40 = 240 \end{aligned}\right\} \quad A_g > N_g$$

bzw.

$$\left.\begin{aligned} S_g &= 50 \\ I_g &= 40 \end{aligned}\right\} \quad S_g > I_g$$

Infolge des bestehenden **Ungleichgewichts** treten **ungeplante Größen** auf. Prinzipiell ist es nun denkbar, dass entweder die Pläne der Unternehmungen oder aber die Pläne der Haushalte nicht in Erfüllung gehen.

Im ersten Fall müssen die Unternehmungen ihre nicht an die Haushalte verkauften Produkte auf Lager nehmen (Abbildung 1.10). Der Lageraufbau entspricht einer ungeplanten Aktion der Unternehmer. Ökonomisch handelt es sich hierbei um eine positive ungeplanten Investition (+ I_u) in Höhe von 10. In diesem Fall können die Haushalte ihre Ausgabenpläne realisieren, d.h der geplante Konsum von 200 kommt tatsächlich zustande (C_{tats}, tats = tatsächlich, realisiert).

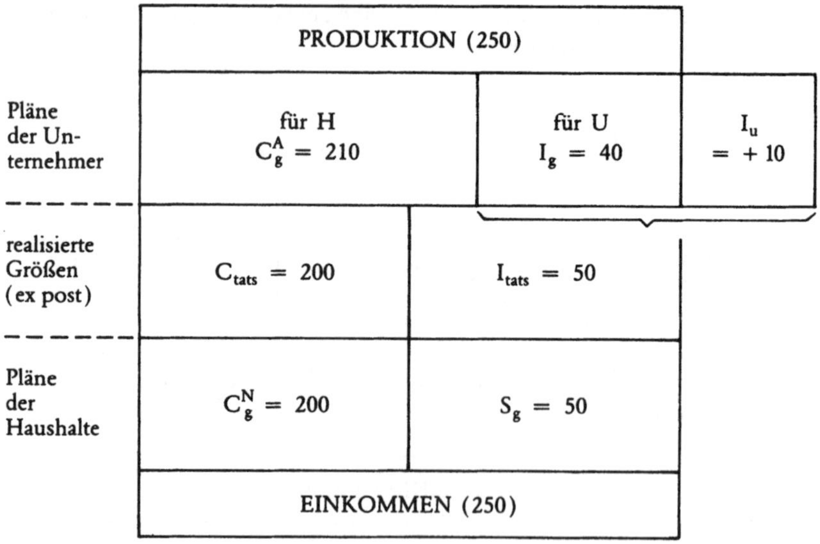

Abb. 1.10: Ausgleich durch Lageraufbau

Es gilt hier:

$$\left.\begin{aligned} A_{tats} &= A_g = 250 \\ N_{tats} &= C_g^N + I_g + I_u \\ &= 200 + 40 + 10 = 250 \end{aligned}\right\} \quad A_{tats} = N_{tats}$$

bzw.

$$\left.\begin{aligned} S_{tats} &= S_g = 50 \\ I_{tats} &= I_g + I_u \\ &= 40 + 10 = 50 \end{aligned}\right\} \quad S_{tats} = I_{tats}$$

Die Konsumgüter, die im Verlauf des Jahres nicht an die Haushalte verkauft werden konnten, befinden sich am Jahresende (ex post) weiterhin im Besitz der Unternehmungen, obwohl dies nicht von den Firmen gewollt war. Hier führt ein **Lageraufbau** die Ex-post-Übereinstimmung von Angebot und Nachfrage bzw. Sparen und Investieren herbei. Da dieser Ausgleich gütermäßig vonstatten geht, spricht man auch von einem **„Realausgleich"**.

Wollen die Unternehmungen ihre Lagerbestände jedoch nicht aufstocken bzw. sind die Waren nicht lagerfähig, so kommt als weitere prinzipielle Ausgleichsmöglichkeit eine **Preissenkung** in Betracht (Abbildung 1.11). Die in der laufenden Periode hergestellten Konsumgüter werden dann für lediglich 200 Geldeinheiten – und nicht, wie zunächst kalkuliert, für 210 Geldeinheiten – abgesetzt. Dies läuft auf eine Preissenkung von 4,8 % hinaus. Infolge dieser Verbilligung erhalten die Haushalte für die bereit gestellten 200 Geldeinheiten eine größere Gütermenge als ursprünglich eingeplant. Dadurch entsteht ein ungeplanter realer Mehrkonsum von 10 Gütereinheiten ($+C_u = 10$).

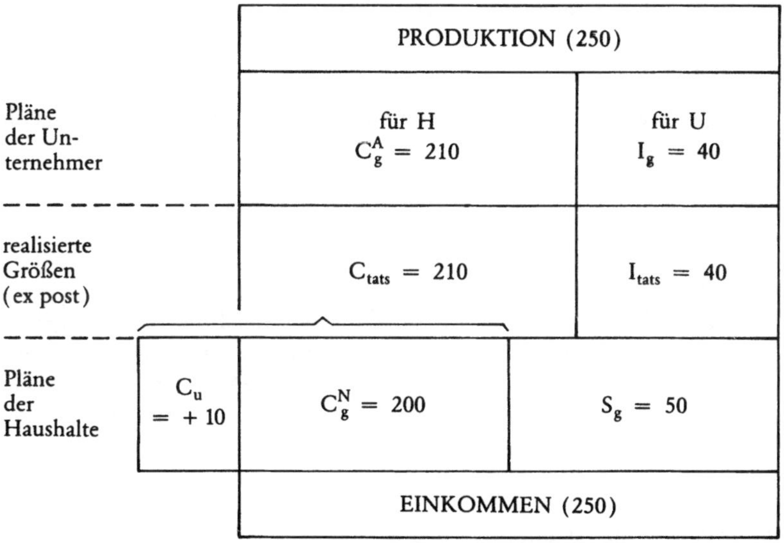

Abb. 1.11: Ausgleich durch Preissenkungen

Dem ungeplanten physischen Mehrkonsum entspricht aufgrund der Definition des Sparens ein negatives ungeplantes Sparen ($-S_u$). Denn die Haushalte wollten ursprünglich auf den Kauf von 50 Gütereinheiten verzichten, am Ende der Periode erhielten sie jedoch infolge der Preissenkungen 10 Gütereinheiten mehr, d. h. es ergab sich ein geringerer Konsumverzicht als ursprünglich geplant. In diesem Fall treten also bei den Haushalten ungeplante Größen auf, während die Unternehmungen ihre Investitionspläne realisieren. Hier sorgt der sog. **„Preisausgleich“** für die Ex-post-Übereinstimmung von Angebot und Nachfrage bzw. Sparen und Investieren. Für die relevanten Gleichungen erhält man:

$$\left.\begin{aligned} A_{tats} &= A_g = 250 \\ N_{tats} &= C_g^N + C_u + I_g \\ &= 200 + 10 + 40 = 250 \end{aligned}\right\} \quad A_{tats} = N_{tats}$$

bzw.

$$\left.\begin{aligned} S_{tats} &= S_g + S_u \\ &= 50 + (-10) = 40 \\ I_{tats} &= I_g = 40 \end{aligned}\right\} \quad S_{tats} = I_{tats}$$

Analoge Ergebnisse ergeben sich für den umgekehrten Fall, wenn das geplante Angebot unterhalb der geplanten Nachfrage liegt, oder anders ausgedrückt, wenn die geplanten Ersparnisse geringer sind als das geplante Investieren. Die Unternehmungen können hierauf mit einem Abbau ihrer Lagerbestände reagieren, d. h. es entstehen negative ungeplante Investitionen ($-I_u$). Denkbar wären auch Preiserhöhungen. Dadurch erhielten die Haushalte eine geringere Menge an Konsumgütern als ursprünglich eingeplant ($-C_u$), es käme zu einem sog. **„Zwangssparen“** ($+S_u$). Dieser Effekt würde auch eintreten, falls die Unternehmungen mit Lieferfristen reagierten.

Allgemein gilt, dass sich eine tatsächliche Größe aus geplanten und ungeplanten Elementen zusammensetzen kann:

$$\begin{aligned} C_{tats} &= C_g + C_u \\ S_{tats} &= S_g + S_u \\ I_{tats} &= I_g + I_u \end{aligned}$$

Dieser Sachverhalt hat zur Konsequenz, dass **die Gleichheit von Angebot und Nachfrage bzw. Sparen und Investieren ex post immer gewährleistet** sein muss. Eventuell vorhandene Differenzen zwischen geplanten und realisierten Größen werden über das Auftreten der beschriebenen ungeplanten Variablen ausgeglichen. Die Ex-post-Identität

$$S_{tats} = I_{tats}$$

stellt daher eine immer erfüllte Bedingung dar.
Dagegen ist die Ex-ante-Übereinstimmung

$$S_g = I_g$$

d. h. die Erreichung eines Gleichgewichts im güterwirtschaftlichen Bereich, reiner Zufall.

Abschließend sind noch zwei Tatbestände zu erwähnen, die in Zusammenhang mit der volkswirtschaftlichen Vermögensbildung stehen, nämlich

- Abschreibungen und
- unverteilte Gewinne.

Beim Einbau der Investitionen in den Wirtschaftskreislauf standen bisher die Nettoinvestitionen im Vordergrund. Interpretiert man den Strom I lediglich als (positive) Nettoinvestitionen, die den Sachkapitalbestand erhöhen, dann müssen die **Ersatzinvestitionen** noch gesondert berücksichtigt werden. Diese werden von den Unternehmungen getätigt, um die bei der Produktion anfallenden Verschleißerscheinungen zu beseitigen. Sie sind, bildhaft gesprochen, zur Reparatur der Abnutzungserscheinungen, die im Zuge der Güterherstellung an den eingesetzten Produktionsmitteln auftreten, erforderlich. Derartige Investitionen, die zur Aufrechterhaltung des Wertes des Produktionsapparates in der Volkswirtschaft erforderlich sind, nennt man auch **Reinvestitionen.** Da sie ebenfalls einen Vermögenseffekt haben, werden sie über den Pol VÄ erfasst. Zu ihrer Finanzierung legen die Unternehmungen entsprechende Geldbeträge zurück, die aus den Erlösen der Güterverkäufe stammen. Buchhalterisch handelt es sich bei diesen finanziellen Mitteln um **Abschreibungen** (D). Die Summe aus Netto- und Ersatzinvestitionen ergibt die **Bruttoinvestitionen** (I^b). Aus volkswirtschaftlicher Sicht sind die Nettoinvestitionen von weitaus größerer Bedeutung, da sie die Produktionskapazitäten der Wirtschaft erhöhen und somit eine maßgebliche Voraussetzung für wirtschaftliches Wachstum und die Schaffung neuer Arbeitsplätze bilden.

Die zweite Erweiterung berücksichtigt die Tatsache, dass nicht alle Faktoreinkommen an die Haushalte zu fließen brauchen. Das Vorhandensein von Unternehmungen mit eigener Rechtspersönlichkeit, also Kapitalgesellschaften wie z.B. Aktiengesellschaften, impliziert die Einbehaltung von Einkommensteilen im Unternehmenssektor. Solche **unverteilten Gewinne** lassen sich als Sparen der Unternehmungen (S_U) interpretieren (in der Symbolik zeigt der tiefgestellte Index im folgenden immer, aus welchem Pol der jeweilige Strom austritt). Der erweiterte 3-polige Kreislauf ist in Abbildung 1.12 in graphischer Form dargestellt.

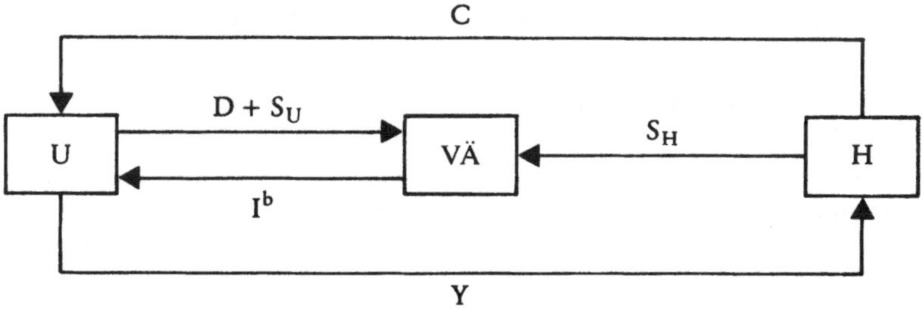

Abb. 1.12: Der erweiterte 3-polige Kreislauf

Auf die alternativen Darstellungsformen dieses Kreislaufs sei an dieser Stelle verzichtet. Sie lassen sich jedoch mit Hilfe der erläuterten Methoden leicht nachvollziehen.

3. Einbeziehung des Staates: Der 4-polige Kreislauf

Bislang blieben die ökonomischen Aktivitäten des Staates aus den Betrachtungen ausgeklammert. Die Vielfalt des staatlichen wirtschaftlichen Handelns resultiert aus den zahlreichen Aufgabenstellungen der öffentliche Hand. Zum einen hat der Staat im Rahmen der Erfüllung der **Allokationsfunktion** für die Bereitstellung bestimmter Waren und Dienstleistungen zu sorgen, sei es, weil diese Güter nicht von Privaten angeboten werden (z. B. Rechtswesen, Sicherheit) oder sei es, weil gesellschaftliche Gesichtspunkte gegen eine private Bereitstellung bestimmter Güter (Gesundheitsbereich, Bildungseinrichtungen usw.) sprechen. Die Finanzierung der dabei anfallenden Ausgaben erfolgt primär über Steuern und Abgaben, teilweise jedoch auch durch Kreditaufnahme seitens der öffentlichen Stellen. Zum anderen obliegt dem Staat die Aufgabe, eine möglichst gerechte Verteilung der Einkommen zu erzielen. Empfindet der Staat die durch den Produktionsprozess entstandene Einkommensverteilung (Primärverteilung) als ungerecht, so kann er über eine entsprechende Gestaltung seiner Einnahmen und Ausgaben eine Umverteilung der Einkommen herbeiführen (Sekundärverteilung). In diesem Sinne übernimmt der Staat eine **Redistributionsfunktion.** Nach Maßgabe der konjunkturellen Situation können die Staatsausgaben und Staatseinnahmen auch gezielt zur Steuerung des Wirtschaftsablaufs eingesetzt werden. In dieser **Stabilisierungsfunktion** sieht man eine weitere typische Aufgabe der öffentlichen Hand. Allerdings ist die Wahrnehmung dieser Funktion in jüngerer Vergangenheit zunehmend strittig.

Die bei der Erfüllung staatlicher Aufgaben auftretenden Ströme lassen sich auf relativ einfache Weise in das Kreislaufdiagramm einfügen. Hierzu ist ein eigener Pol für den Staat (St) erforderlich. Dadurch gelangt man zum 4-poligen Kreislauf. Die relevanten Ströme sind in Abbildung 1.13 erfasst. In die Kategorie der **Ausgaben** fallen Zahlungen an Unternehmungen für die Käufe bzw. Nutzung von Gütern (Au_{St}) sowie Löhne und Gehälter der öffentlich Bediensteten (Y_{St}). Außerdem erhalten die Wirtschaftssubjekte staatliche Gelder ohne spezifische ökonomische Gegenleistungen; an die Unternehmungen fließen Subventionen (Zu), während Haushalte sog. Transferzahlungen (Tr) wie Renten, Sozialhilfe oder Kindergeld empfangen.

Wichtigste **Einnahmenquelle** des Staates sind Steuern, Beiträge und Gebühren. Bei den Zahlungen der privaten Haushalte an den Staat (T_H^d) sind neben Gebühren vor allem die Beiträge für die gesetzlichen Sozialversicherungen (Renten-, Kranken-, Arbeitslosen- und Pflegeversicherung) sowie die Steuern auf Einkommen und Vermögen bedeutsam. Derartige Steuern werden als „direkte" Steuern bezeichnet. Die Unternehmen müssen ebenfalls neben Gebühren die Arbeitgeberbeiträge zu den Sozialversicherungen sowie Steuern an den Staat abführen. Innerhalb der Steuern tauchen hier zusätzlich die „indirekten" Steuern auf (T_U^i). Beispiele hierfür sind die Mehrwertsteuer oder die Mineralölsteuer. Diese sog. Verbrauchsteuern werden zwar faktisch von den privaten Haushalten bezahlt, sind also im Strom C_H enthalten. Die Haushalte sind somit die eigentlichen „Steuerträger". Allerdings erfolgt die Abführung dieser Steuern an die Finanzämter durch die Unternehmer, die dadurch die offiziellen „Steuerzahler" sind. Indirekte Steuern sind also – im Gegensatz zu den direkten Steuern – „überwälzbar".

Sofern der Staat seine Güterkäufe in Form von Investitionen tätigt (I_{St}), haben diese einen Vermögenseffekt. Er findet seine Berücksichtigung (analog zur Vorgehensweise bei den privaten Investitionen der Unternehmungen) im Strom vom Pol VÄ zum Pol St. Anfallende Abschreibungen auf den Bestand des öffentlichen Sachkapitals (D_{St}) erfasst man ebenso wie eventuelle Budgetüberschüsse (S_{St}) in einem Strom vom Pol des Staates zum Vermögensänderungspol. Für den Fall eines Budgetdefizits hätte der Strom S_{St} einen negativen Wert.

4. Einbeziehung des Auslandes: Der 5-polige Kreislauf

Gegenstand der bisherigen Betrachtungen war eine geschlossene Volkswirtschaft, in der keine wirtschaftlichen Transaktionen mit dem Ausland stattfanden. Gibt man diese angesichts der zunehmenden Globalisierung höchst unrealistische Prämisse auf, so gelangt man zur **offenen Volkswirtschaft.** In ihr findet der Handel mit Waren und Dienstleistungen Eingang, der zwischen den Wirtschaftssubjekten der heimischen Volkswirtschaft und denen des Auslandes stattfindet. Aus Vereinfachungsgründen sollen die für das Kreislaufgeschehen relevanten Aktivitäten nur zwischen den Unternehmungen und dem Ausland (A) als fünftem Pol laufen.

Verkauft die heimische Volkswirtschaft Güter an andere Länder, so fließt der reale Strom von U nach A. Da jedoch nur monetäre Ströme erfasst werden sollen, verlaufen die **Exporte** (Ex) in umgekehrter Richtung, also von A nach U (vgl. Abb. 1.13). Analoges gilt für die Einfuhren, also die **Importe** (Im). Allerdings dürfte kaum damit zu rechnen sein, dass Importe und Exporte gleich hohe Werte annehmen. Fallen die Ausfuhren höher aus als die Einfuhren, so entsteht ein **Exportüberschuss** (ExÜ). Er bedeutet für das Inland per Saldo einen Devisenüberschuss und damit eine Zunahme des Geldvermögens. Die Forderungen des Inlandes gegenüber dem Ausland steigen, was im Kreislaufdiagramm als Strom von VÄ nach A seinen Ausdruck findet. Umgekehrt ließe sich ein Importüberschuss als Sparen des Auslandes interpretieren, was in einem Strom vom Ausland zum Vermögensänderungspol zum Ausdruck käme.

Damit kommt man in Abbildung 1.13 zum abschließenden Bild des fünfpoligen Kreislaufs.

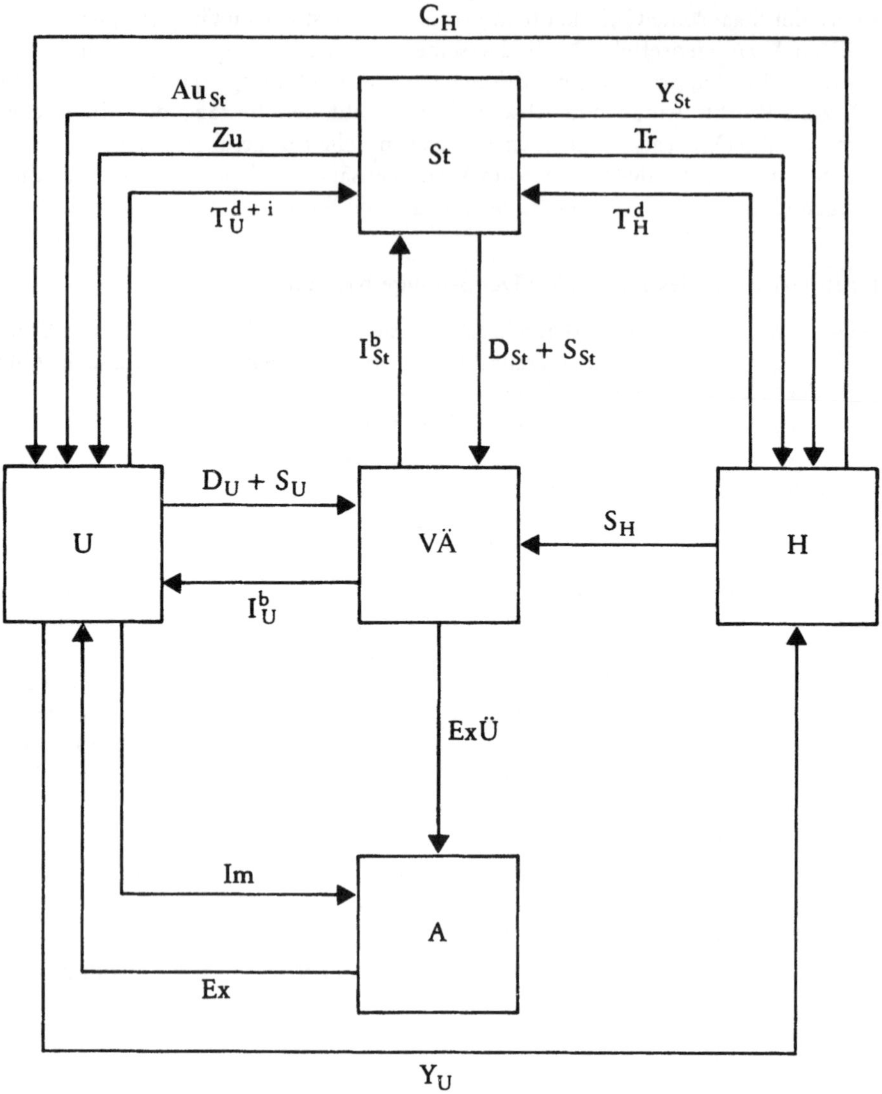

Abb. 1.13: Der 5-polige Kreislauf

Angesichts der vielfältigen Ströme drängt sich die Frage auf, wie man das Ergebnis des Wirtschaftskreislaufs messen kann. Dies ist der Gegenstand des nächsten Punktes.

III. Ergebnis des Wirtschaftskreislaufs

1. Nationales Produktionskonto

Der Ursprung des Wirtschaftslebens ist im Vorhandensein von Bedürfnissen der Menschen zu erblicken. Zu deren Befriedigung sind Güter erforderlich. Wie die Erfahrung zeigt, übersteigen die Bedürfnisse in aller Regel die Menge der vorhandenen Güter in einer Wirtschaft. Die Überwindung dieser Güterknappheiten ist die Basis für das wirtschaftliche Handeln schlechthin. Dieser Tatbestand bildet auch den Hintergrund für das dargestellte Kreislaufgeschehen. Die dabei auftauchenden Aktivitäten zielen letztlich auf die Bereitstellung und den Verbrauch von Gütern ab. Das Ergebnis des Wirtschaftskreislaufs mündet damit in die **Gesamtproduktion.** Wie bereits ausgeführt, entsteht bei der Produktion aber wertgleich Einkommen. Deshalb lässt sich das Resultat des Kreislaufs methodisch auch über das **Gesamteinkommen**, welches bei der Produktion verdient wird, erfassen.

Zur Ermittlung dieser Werte bedient man sich sog. **Produktionskonten.** Darin werden die mit der Herstellung von Waren und Dienstleistungen verbundenen ökonomischen Vorgänge buchhalterisch erfasst. Die Aufstellung eines Produktionskontos geschieht bei den Produzenten in der Form, dass auf der linken Seite die während einer Zeitperiode in die Produktion eingesetzten Größen registriert werden. Sie bilden den **Input** in der Volkswirtschaft. Konkret zählen hierzu Güter, die im Produktionsprozess untergehen (Vorleistungen) sowie die Nutzung der Produktionsfaktoren Arbeit und Kapital (Faktorleistungen). Auf der rechten Seite erscheint der Wert aller im Produktionsprozess hergestellten Güter, also der **Output.** Man teilt ihn nach seinen Verwendungsmöglichkeiten auf, indem zwischen Verkauf (Umsatz), Lagerung und Eigennutzung unterschieden wird. Übersteigen die Erträge die Aufwendungen, so ergibt sich ein Gewinn, der auf der linken Seite als Saldo verbucht wird.

Als Produktionsstätten kommen prinzipiell

- Unternehmungen
- Staat (Gebietskörperschaften und Sozialversicherungsträger) und
- Private Haushalte einschließlich private Organisationen ohne Erwerbszweck (zu Letzteren zählen beispielsweise Kirchen, Parteien, Gewerkschaften und Vereine)

in Betracht.

Um den Wert der Gesamtproduktion bzw. des dabei entstandenen Gesamteinkommens zu ermitteln, wird zunächst für jeden Produzenten ein einzelwirtschaftliches Produktionskonto gemäß der eben erläuterten Methode aufgestellt. Wichtigste Produzenten sind die **Unternehmungen.** Bei diesen fallen auf der Aufwandsseite die Vorleistungen (Einkäufe von Waren und Dienstleistungen bei inländischen und ausländischen Unternehmen), Abschreibungen (Abnutzung des Sachkapitals) und die Nettowertschöpfung (Löhne und Gehälter, Zinsen, Mieten einschließlich Pachten sowie der als Saldo ermittelte Gewinn) an. Zusätzlich enthält die Aufwandsseite den Einfluss des Staates auf die Marktpreise. Diese werden durch Produktions- und Importabgaben an den Staat (wie Mineralöl- oder Mehrwertsteuer und Zölle) quasi künstlich erhöht bzw. durch Subventionen verbilligt. Die Differenz zwischen Produktions- bzw. Importabgaben und Subventionen wird ebenfalls auf der linken Seite verbucht. Auf der Ertragsseite sind Umsätze, Lagerbestandsveränderungen sowie der Wert selbsterstellter Anlagen enthalten. Die Summe der linken bzw. rechten Seite ergibt den **Bruttoproduktionswert**. Zieht man hiervon die Vorleistungen ab, so gelangt man zum Nettoproduktionswert, der auch die Bezeichnung **Bruttowertschöpfung** trägt. Subtrahiert man von diesem Wert die Abschreibungen sowie den Saldo aus Produktions- und Importabgaben und den Subventionen, so erhält man die **Nettowertschöpfung** einer Unternehmung.

Das Produktionskonto eines **öffentlichen Haushalts** enthält auf der linken Seite ebenfalls die Posten Vorleistungen, Abschreibungen und Nettowertschöpfung. Dagegen trifft man auf der rechten Seite keine Umsätze an. Grund hierfür ist die Tatsache, dass der Staat seine Dienstleistungen der Allgemeinheit üblicherweise unentgeltlich zur Verfügung stellt. Man spricht auch von den Konsumausgaben des Staates; sie werden als Eigenverbrauch behandelt und bilden die rechte Seite eines staatlichen Produktionskontos. Da für die staatlichen Leistungen keine Marktpreise existieren, geschieht ihre Bewertung zu Herstellungskosten; dies impliziert auch, dass kein Gewinn ausgewiesen werden kann.

Unter die Produktionsaktivitäten der **privaten Haushalte** fallen zum einen Dienstleistungen, die für andere Privathaushalte erbracht wurden (z.B. Hausangestellte). Die amtliche Statistik rechnet dazu aber auch die Tätigkeiten von Einzelunternehmern wie Freiberuflern, Gastwirte oder selbstständige Landwirte. Außerdem werden den privaten Haushalten die Organisationen ohne Erwerbszweck zugeschlagen. Auf der linken Seite des Produktionskontos kommt die Bruttowertschöpfung in Ansatz, auf der rechten Seite die Verkäufe von Dienstleistungen an andere Privathaushalte.

Die Aggregation (Konsolidierung) sämtlicher individueller Produktionskonten mündet in das **nationale Produktionskonto** (siehe Abbildung 1.14). Als Folge der Konsolidierung kürzen sich die inländischen Vorleistungen heraus, denn die Einnahme des Einen ist stets die Ausgabe des Anderen. Links bleiben dann nur noch die ausländischen Vorleistungen (Importe) übrig; sie kommen mit negativem Vorzeichen auf die rechte Seite. In den Abschreibungen ist der gesamtwirtschaftliche Wertverschleiß enthalten, der am Sachkapital durch dessen Einsatz im Produktionsprozess innerhalb der betrachteten Zeitperiode entstand. Die Produktions- und Importabgaben an den Staat wurden lange Zeit als „indirekte Steuern“ bezeichnet; sie werden mit den Subventionen saldiert. Die Nettowertschöpfung verkörpert die „echte“ Eigenleistung der Produktionsstätten einer Volkswirtschaft innerhalb des Wirtschaftsjahres. In diesem Zusammenhang wird nochmals deutlich, dass Produktion und Einkommen zwei Seiten einer Medaille sind. Denn hinter der Nettowertschöpfung (Wert der Produktion) verbergen sich sämtliche im Zuge der Produktion in den Produktionsstätten entstandenen und den Produktionsfaktoren zugeflossenen Bruttoeinkommen. Als Verwendungsmöglichkeiten der hergestellten Waren und Dienstleistungen tauchen auf der rechten Seite des nationalen Produktionskontos die Konsumausgaben privater Haushalte (einschließlich der Konsumausgaben der privaten Organisationen ohne Erwerbszweck), Konsumausgaben des Staates, Bruttoinvestitionen (einschließlich selbsterstellter Anlagen und Vorratsveränderungen) sowie der Außenbeitrag (Güterexporte minus Güterimporte) auf.

Nationales Produktionskonto

Abschreibungen	Private Konsumausgaben
Produktions- und Importabgaben an den Staat ·/. Subventionen	Konsumausgaben des Staates
Nettowertschöpfung (= Löhne, Gehälter Zinsen, Mieten, Pachten, Gewinne; jeweils brutto)	Bruttoinvestitionen
	Außenbeitrag (= Exporte ·/. Importe)

Abb. 1.14: Das nationale Produktionskonto

2. Begriffe des Inlandsprodukts und des Nationaleinkommens

Das nationale Produktionskonto bildet den Ausgangspunkt für verschiedene zentrale Begriffe aus dem Bereich der volkswirtschaftlichen Produktionstätigkeit bzw. des Einkommens. Durch Addition sämtlicher Positionen auf der linken bzw. rechten Seite gelangt man zum **Bruttoinlandsprodukt zu Marktpreisen (BIP).** Es drückt den Wert aller in einer Periode im Inland erzeugten und zu Marktpreisen bewerteten Waren und Dienstleistungen, d. h. die im Inland erbrachte Wirtschaftsleistung, aus.

Subtrahiert man – ausgehend von der linken Seite des nationalen Produktionskontos – vom Bruttoinlandsprodukt zu Marktpreisen die **Abschreibungen,** so erhält man das **Nettoinlandsprodukt zu Marktpreisen.** Wie bereits erwähnt, ist allerdings in den Marktpreisen der Wert des Produktionsergebnisses durch den Staat verzerrt, denn Produktions- und Importabgaben erhöhen den Produktionswert, während Subventionen ihn verringern. Zur Eliminierung dieser preisverzerrenden Einflüsse des Staates, die nicht in unmittelbarem Zusammenhang mit der Produktion stehen, ist eine entsprechende Korrektur erforderlich. **Produktions- und Importabgaben** an den Staat müssen subtrahiert und **Subventionen** addiert werden. Der dann verbleibende Wert heißt **Nettoinlandsprodukt zu Faktorkosten;** diese auch als **Nettowertschöpfung** bezeichnete Größe gibt den Wert der im Inland erzeugten Produktion an, wie er durch den Einsatz der Produktionsfaktoren entstanden ist. Die bei den Produktionsstätten aufgetretenen Aufwendungen entsprechen dabei exakt den Einkommen der am Produktionsprozess beteiligten Produktionsfaktoren.

Zwischen den unterschiedlichen Definitionen des Inlandsprodukts besteht also folgender Zusammenhang (die Werte in Klammern beziehen sich auf Deutschland für das Jahr 2006, in Mrd. EUR):

Bruttoinlandsprodukt zu Marktpreisen (2.307,2)

– Abschreibungen (334,3)

= Nettoinlandsprodukt zu Marktpreisen (1.972,9)

– Produktions- und Importabgaben an den Staat

+ Subventionen (Saldo beider Posten: 254,1)

= Nettoinlandsprodukt zu Faktorkosten (1.718,8)

= Nettowertschöpfung

Die Werte in Klammern sind zu laufenden (jeweiligen) Preisen ausgewiesen. In diesen aktuellen Werten ist also die Teuerung enthalten. Man spricht hierbei auch von **nominellen** Größen. Daneben liefert die Statistik auch Angaben, bei denen die Inflation herausgerechnet ist. Dies sind sog. **reale** Werte (zu konstanten Preisen), die ausschließlich die Mengenentwicklung erfassen. Die Eliminierung der Preissteigerungen geschieht mithilfe spezifischer Preisindizes. Lange Zeit ging die amtliche Statistik bei den Berechnungen realer Werte nur von einem Basisjahr aus. Seit 2005 erfolgt die Ermittlung der realen Werte in den Volkswirtschaftlichen Gesamtrechnungen in Anlehnung an internationale Regeln auf der „Vorjahrespreisbasis". Die hierbei verwendeten „Kettenindizes" gewährleisten eine zeitnahe Berücksichtigung der Preisstruktur, indem die Preise eines Jahres mit den entsprechenden Preisen des Vorjahres verglichen werden.

Im Zusammenhang mit der Messung der Wirtschaftsleistung einer Volkswirtschaft galt in der Öffentlichkeit lange Zeit das Hauptaugenmerk dem **Sozialprodukt**. Diese Bezeichnung ist zwar weiterhin vielfach anzutreffen, wurde inzwischen aber offiziell durch den Begriff des **Nationaleinkommens** abgelöst. Während das Inlandsprodukt (domestic product) auf die Erfassung der wirtschaftlichen Leistung eines Wirtschaftsraumes abstellt, bezieht sich das Nationaleinkommen (national income) auf die Produktionstätigkeit und die damit verbundene Einkommenserzielung von **Wirtschaftssubjekten,** also von Personen eines Wirtschaftsraumes. Hierunter fallen alle sog. Inländer, das sind sämtliche natürliche und juristische Personen mit ständigem Wohnsitz im Inland; die Staatsangehörigkeit ist hierbei bedeutungslos. Die Unterscheidung zwischen Inlandsprodukt und Nationaleinkommen spielt etwa bei Grenzgängern eine Rolle, die im Inland wohnen, aber ihre Arbeitsleistung einer ausländischen Volkswirtschaft zur Verfügung stellen und von dort ihr Einkommen empfangen. Auch bei Vermögenseinkünften wirkt sich diese Unterscheidung aus. Ein Beispiel hierfür sind ins Ausland abfließende Zinsen für Geldanlagen eines Ausländers im Inland. Allgemein gilt:

Inlandsprodukt

\+ Erwerbs- und Vermögenseinkünfte der Inländer aus dem Ausland

– Erwerbs- und Vermögenseinkünfte der Ausländer aus dem Inland

= Nationaleinkommen = Inländerprodukt

Der Differenzbetrag zwischen Inlandsprodukt und Nationaleinkommen trägt auch die Bezeichnung **„Saldo der Primäreinkommen mit der übrigen Welt"**. In der amtlichen Statistik werden die Übergangspositionen um relevante Vorgänge mit der Europäischen Union ergänzt. Zum einen sind dies von der EU empfangene Subventionen, zum anderen an die EU geleistete Produktions- und Importabgaben. In der Bundesrepublik Deutschland spielt die Unterscheidung zwischen Inlandsprodukt und Nationaleinkommen empirisch praktisch keine Rolle. So lag im Jahr 2006 das Nationaleinkommen lediglich um 11,6 Mrd. EUR bzw. 0,5 % über dem Inlandsprodukt.

Analog zum Inlandsprodukt unterscheidet man auch beim Nationaleinkommen nach Maßgabe des Untersuchungszwecks die im Prinzip bereits vorgestellten unterschiedlichen Definitionen:

Bruttonationaleinkommen (BNE, 2.318,8)

– Abschreibungen (334,3)

= Nettonationaleinkommen = Primäreinkommen (1.984,5)

– Produktions- und Importabgaben an den Staat

+ Subventionen

= Volkseinkommen (1.730,4)

Das Volkseinkommen ist die Summe sämtlicher (Brutto)Erwerbs- und Vermögenseinkommen von Inländern, also von Inländern empfangene Arbeitnehmerentgelte sowie die Einkünfte aus Unternehmertätigkeit und Vermögen, die inländischen Selbstständigen oder Arbeitnehmern zufließen, egal ob aus dem Inland oder dem Ausland.

Lange Zeit fand das Sozialprodukt in der Öffentlichkeit eine weit größere Beachtung als das Inlandsprodukt. Dies hat sich jedoch in der jüngeren Vergangenheit geändert. Insbesondere im Zuge der Einführung des Europäischen Binnenmarktes rückte das Inlandskonzept in den Vordergrund. Es bringt die wirtschaftliche Leistungskraft der einzelnen Länder besser zum Ausdruck. Da seit dem 1. Januar 1993 Arbeitskräfte innerhalb der Mitgliedstaaten frei pendeln können, verzerrt das Nationaleinkommen unter Umständen erheblich die Wirtschaftskraft eines Landes.

Dieser Effekt wurde im Übrigen auch nach der deutschen Wiedervereinigung sichtbar. So hatten die alten Bundesländer im Jahr 1991 einen „Einpendlerüberschuss“ aus Ostdeutschland von ca. 460000 Personen. Dadurch lag das Wachstum des westdeutschen Inlandsprodukt real um ca. 1 % über dem Wachstum des Sozialprodukts. Umgekehrt stieg in den neuen Bundesländern das Sozialprodukt infolge der „Einkommensimporte“ stärker an als das ostdeutsche Inlandsprodukt.

3. Berechnungsmethoden des Inlandsprodukts bzw. Nationaleinkommens

Grundlage für die statistische Erfassung des Inlandsprodukts bzw. Nationaleinkommens sowie der damit in Zusammenhang stehenden Daten bildet das Europäische System Volkswirtschaftlicher Gesamtrechnungen (ESVG) in der Fassung von 1995. Es ist für alle Mitgliedstaaten der Europäischen Union verbindlich und erlaubt die Vergleichbarkeit wichtiger gesamtwirtschaftlicher Daten zwischen den verschiedenen Ländern. Das ESVG wurde in enger Abstimmung mit dem „System of National Accounts“ der Vereinten Nationen entwickelt. Im Zuge der Einführung des ESVG kam es zu zahlreichen Umbenennungen und methodischen Änderungen gegenüber den bis dahin geltenden Begriffssystemen in Deutschland.

Zur statistischen Ermittlung des Inlandsprodukts bzw. Nationaleinkommens stehen drei verschiedene Wege zur Verfügung, und zwar die

- Enstehungsrechnung; Ansatzpunkt ist die Messung der Produktion, die von den verschiedenen Wirtschaftsbereichen erbracht wird;
- Verwendungsrechnung; darin wird ermittelt, wohin die hergestellten Güter gelangten;

- Verteilungsrechnung; hier erfasst man alle bei der Produktion entstandenen Einkommen.

Diese Methoden sollen kurz erläutert sowie ihre Bedeutung aufgezeigt werden.

Ausgangspunkt der **Entstehungsrechnung** ist die Einteilung der Wirtschaft in Wirtschaftsbereiche bzw. Sektoren. Diese beiden Begriffe wurden lange Zeit synonym verwendet. Das ESVG belegt sie jedoch mit unterschiedlichen Inhalten. Ausschlaggebend für die Unterteilung der Volkswirtschaft in verschiedene Wirtschaftsbereiche ist die jeweilige Haupttätigkeit der Produzenten. Im Mittelpunkt der Einteilung in Sektoren stehen dagegen die Personenkreise, welche die Güter herstellen.

Angesichts der großen Gütervielfalt können zahllose **Wirtschaftsbereiche** (Wirtschaftszweige), d. h. Branchen, unterschieden werden. Die amtliche Statistik arbeitet mit verschiedenen Gliederungsebenen. Die tiefste Unterteilung enthält 60 verschiedene Wirtschaftszweige. Auf einer höheren deutlich Aggregationsebene ist folgende gebräuchliche Einteilung anzutreffen (in Klammern die Bruttowertschöpfung in Deutschland im Jahr 2006, in Mrd. EUR, in jeweiligen Preisen):

(1) Land- und Forstwirtschaft, Fischerei (22,1)

(2) Bergbau, Verarbeitendes Gewerbe, Energie und Wasserversorgung (539,7)

(3) Baugewerbe (82,3)

(4) Handel, Gastgewerbe, Verkehr (380,4)

(5) Finanzierung, Vermietung, Unternehmensdienstleister (602,0)

(6) Öffentliche und private Dienstleister (454,5).

Über die jeweiligen Bruttoproduktionswerte gelangt man zu den Beiträgen dieser Wirtschaftszweige zum Bruttoinlandsprodukt. Hierin sind allerdings unterstellte Entgelte für Bankdienstleistungen, der Vorsteuerabzug für Investitionen sowie Einfuhrabgaben nicht berücksichtigt, da diese Positionen nicht den einzelnen Wirtschaftsbereichen zurechenbar sind. Daher weicht die Summe der angeführten Beträge vom Gesamtbetrag des Bruttoinlandsprodukts zu Marktpreisen entsprechend ab.

Auf der höchsten Aggregationsebene werden diese sechs Wirtschaftszweige zu nur drei Gruppen zusammengefasst. Der erste Wirtschaftsbereich bleibt eigenständig erhalten („primärer Sektor"), die Wirtschaftszweige (2) und (3) werden zum „Produzierenden Gewerbe" („sekundärer Sektor") zusammengefasst und die Bereiche (5) und (6) ergeben den „Dienstleistungsbereich" („tertiärer Sektor"). Verfolgt man die Entwicklung der Beiträge dieser drei Makrobereiche im Zeitablauf, so zeigt sich zum einen, dass in der Summe eine trendmäßige Vergrößerung stattfindet; dies wird üblicherweise als **Wirtschaftswachstum** bezeichnet. Zum anderen ändern sich aber die Gewichte, d. h. die Anteile der einzelnen Branchen an der Gesamtproduktion. Dieses Phänomen nennt man **Strukturwandel**.

Die Beschreibung des strukturellen Wandels einer Volkswirtschaft bildet den Inhalt der bekannten **Drei-Sektoren-Hypothese**. Danach dominiert im Zuge der langfristigen wirtschaftlichen Entwicklung einer Volkswirtschaft anfänglich der primäre Wirtschaftsbereich; er erbringt zunächst den größten Beitrag zur gesamtwirtschaftlichen Produktion und damit zum im Inland entstandenen Einkommen. Mit dem steigenden Anteil des sekundären Bereichs erfolgt im Laufe der Zeit der

Übergang von der Agrar- zur Industriegesellschaft („Schwellenländer"). Aber auch dieser Bereich wird schließlich vom immer stärker anwachsenden tertiären Wirtschaftsbereich überflügelt. Damit entwickelt sich die Wirtschaft und Gesellschaft langfristig zu einer „Dienstleistungsgesellschaft". Filtert man in den Wirtschaftszweigen diejenigen erzeugten Waren und Dienstleistungen heraus, die in irgendeiner Form mit „Information" zu tun haben, so lässt sich ein vierter Makrobereich in Gestalt des Informationsbereichs („quartärer Sektor") bilden. Die Entwicklung hin zu einer „Informationsgesellschaft" wird durch die bislang vorliegenden Zahlen offenbar bestätigt. Danach geht in den hochentwickelten Volkswirtschaften bereits mehr als die Hälfte der gesamten Wertschöpfung auf den quartären Wirtschaftszweig zurück. Die beschriebenen Entwicklungstendenzen finden ihre nahezu parallele Entsprechung in der Beschäftigtenstruktur.

Die Allgemeingültigkeit und wirtschaftspolitische Relevanz dieses Ansatzes sind jedoch nicht unumstritten. Als Ursache des Strukturwandels stehen hierbei geänderte Bedürfnisstrukturen, also **nachfrageseitige** Aspekte, in Verbindung mit Produktivitätssteigerungen vor allem im primären und sekundären Bereich im Vordergrund. Die Wissenschaft stellt diesem Ansatz vielfach eine **angebotsseitige** Erklärung gegenüber. Danach wird das Wachstum des tertiären Wirtschaftsbereichs von Faktoren wie der zunehmenden Auslagerung von Dienstleistungen oder einer steigenden Dienstleistungsintensität der Produktion getragen.

Wie bereits erwähnt, sind im Rahmen der Vorgaben des ESVG bei der Entstehungsrechnung die Wirtschaftszweige von den **Sektoren** zu unterscheiden. Die amtliche Statistik arbeitet inzwischen mit einer neuen Gruppierung und unterscheidet nunmehr fünf verschiedene Personenkreise, die als Produzenten in Erscheinung treten:

(1) Nichtfinanzielle Kapitalgesellschaften (Kapitalgesellschaften in Form von Aktiengesellschaften, GmbHs und Genossenschaften sowie Quasi-Kapitalgesellschaften wie OHGs, KGs oder rechtlich unselbständige Eigenbetriebe des Staates),

(2) Finanzielle Kapitalgesellschaften (Banken, Versicherungen, Börsen etc.),

(3) Staat (Bund, Länder, Gemeinden, Sozialversicherungen),

(4) Private Haushalte (z.B. Einzelunternehmer im Produzierenden Gewerbe, Handwerker, selbstständige Landwirte, Händler, Gastwirte, Vermietung und Eigennutzung von Wohnraum),

(5) Private Organisationen ohne Erwerbszweck (wie Kirchen, Vereine, Politische Parteien).

Die Sektoren (1) und (2) werden als „Marktproduzenten", die restlichen dagegen prinzipiell als „Nichtmarktproduzenten" behandelt. Ausschlaggebend für die Einordnung als Marktproduzent ist die Voraussetzung, dass die produzierten Güter für den Markt hergestellt werden und die Verkaufserlöse mehr als die Hälfte der Produktionskosten decken. Zu beachten ist allerdings, dass im Sektor der Privaten Haushalte auch Selbstständige in ihrer Funktion als Marktproduzenten enthalten sind. Angesichts dieser Klassifikation der Sektoren ist es nicht möglich, die zuvor aufgeführten sechs Wirtschaftszweige so zu bündeln, dass sich daraus die eben genannten Sektoren ergeben. Vielmehr können die Wirtschaftszweige, d. h. die Tätigkeiten, in allen Sektoren auftreten. Beispielsweise kann die Vermietung (Wirtschaftszweig 5) durch alle Sektoren geschehen. Über die wirtschaftlichen Aktivitäten der Sektoren sowie die vielfältigen Verflechtungen mit den Wirtschaftsbereichen informieren einschlägige Statistiken.

Die zweite Möglichkeit zur statistischen Ermittlung des Inlandsprodukts setzt an der rechten Seite des nationalen Produktionskontos an und mündet in die **Verwendungsrechnung** („Ausgabenansatz"). Als Verwendungsmöglichkeiten der Güter, die aus der in- und ausländischen Herstellung stammen, kommen in Betracht (in Klammern die im folgenden verwendeten Abkürzungen sowie die Werte für Deutschland für das Jahr 2006, jeweilige Preise in Mrd. EUR):

- Private Konsumausgaben (C, 1.348,7); hierin ist auch der Eigenverbrauch der Privaten Organisationen ohne Erwerbscharakter enthalten,
- Bruttoinvestitionen (I^b; 409,3); sie umfassen Ausrüstungen (Maschinen, Fuhrpark usw.), Bauten (einschl. Wohnungseigentum der privaten Haushalte), sonstige Anlagen (immaterielle Anlageinvestitionen wie EDV-Software oder Urheberrechte sowie Nutztiere und Nutzpflanzen) einschließlich Vorratsveränderungen,
- Konsumausgaben des Staates (G; 426,6); hierin sind die Aufwendungen des Staates (Gebietskörperschaften und Sozialversicherungen) enthalten, die im Zuge der Produktion von öffentlichen Gütern (wie innere und äußere Sicherheit oder Bildung) entstehen. Da die staatlichen Dienstleistungen der Allgemeinheit ganz überwiegend kostenlos bereitgestellt werden, erfolgt die Bewertung der staatlichen Konsumausgaben zu Herstellungskosten („Eigenverbrauch des Staates"). Hierunter fallen neben den Käufen von Vorleistungen insbesondere die Lohn- und Gehaltszahlungen an öffentlich Bedienstete,
- Außenbeitrag (Ex – Im; 122,7); die Differenz zwischen Aus- und Einfuhren von Waren und Dienstleistungen entspricht der Nettoauslandsnachfrage des Auslandes nach inländischen Gütern; der Wert kann positiv oder negativ sein.

Die Addition dieser Positionen ergibt das Bruttoinlandsprodukt zu Marktpreisen (BIP). In Gleichungsform ausgedrückt erhält man damit:

$$\mathbf{BIP = C + I^b + G + Ex - Im}$$

Diese wichtige Gleichung heißt **Verwendungsgleichung** des Bruttoinlandsprodukts. Aus ihr geht hervor, zu welchen Käufergruppen (Haushalte, Unternehmungen, Staat, Ausland) die produzierten Güter gelangten. Bezieht man die einzelnen Verwendungskomponenten auf das Bruttoinlandsprodukt, so erhält man die entsprechenden Quoten, z. B. die Konsum- oder Investitionsquote. Derartige Werte erlauben wichtige Rückschlüsse auf den Stand und die Entwicklung der Nachfragestruktur in einer Volkswirtschaft. Außerdem liefert die Gleichung Anhaltspunkte zur konjunkturpolitischen Steuerung der **gesamtwirtschaftlichen Nachfrage**. Da diese kurzfristig starke Schwankungen, die das Bild der Konjunktur prägen, aufweisen kann, stellt die Verwendungsgleichung eine wesentliche Grundlage für die Wirtschaftspolitik dar.

Die dritte Berechnungsmethode der gesamtwirtschaftlichen Produktionsleistung setzt an der Tatsache an, dass im Zuge der Produktion von Gütern wertgleich Einkommen entstehen. Dies kommt in der **Verteilungsrechnung** zum Ausdruck. Das zur Verteilung an inländische Personen bereitstehende Volkseinkommen ergibt sich unter Berücksichtigung des Saldos der Erwerbs- und Vermögenseinkünfte zwischen Inländern und Ausländern. Die Statistik unterscheidet hierbei zwei Einkommenskategorien:

- Arbeitnehmerentgelt (Bruttoeinkommen aus unselbstständiger Arbeit, d. h. Bruttolohn- und Gehaltssummen einschl. Sozialbeiträge der Arbeitgeber; im Jahr 2006 in Deutschland: 1.444,9 Mrd. EUR)),
- Unternehmens- und Vermögenseinkommen (Gewinne, Zinsen, Dividenden, Mieten, Pachten, jeweils brutto, im Jahr 2006: 585,5 Mrd. EUR).

Durch Addition dieser beiden Posten gelangt man zum **Volkseinkommen**. Durch Addition der Produktions- und Importabgaben an den Staat sowie Subtraktion der Subventionen vom Staat ergibt sich das Nettonationaleeinkommen. Rechnet man die Abschreibungen dazu und subtrahiert außerdem den Saldo der Primäreinkommen mit der übrigen Welt, so gelangt man wiederum zum Bruttoinlandsprodukt zu Marktpreisen. Allerdings ist die Berechnung des Volkseinkommens über die Verteilungsseite wegen des Fehlens exakter Daten zu den Unternehmens- und Vermögenseinkünften nicht möglich. Dieser Posten der VGR ergibt sich als Residualgröße.

Bezieht man das Arbeitnehmerentgelt auf das Volkseinkommen, so erhält man die in der Gesellschaftspolitik häufig diskutierte **Lohnquote.** Entsprechend ist die **Profitquote** als Verhältnis von Unternehmens- und Vermögenseinkommen zum Volkseinkommen definiert. Würden die Einkommen der Unselbstständigen ausschließlich dem Produktionsfaktor Arbeit und die übrigen Einkunftsarten nur dem Faktor Kapital zufließen, so wären die aufgeführten Quoten geeignete Maßzahlen für die sog. **funktionelle Einkommensverteilung.** Allerdings erscheint eine solche Interpretation nicht zulässig. Zum einen stammen die Unternehmereinkommen auch aus Arbeitsleistung, nämlich von Selbstständigen; diese Einkommen sind allerdings nur fiktiv berechenbar. Des weiteren darf bei der Auslegung der Lohnquote als einem Maßstab für die Einkommensposition der Lohn- und Gehaltsbezieher nicht übersehen werden, dass die Änderung der Lohnquote aus einer Veränderung der **Beschäftigtenstruktur,** d. h. der Relation zwischen Selbstständigen und Unselbstständigen, resultiert. Aber selbst eine entsprechende, in der Statistik auch anzutreffende Bereinigung berücksichtigt nicht die sog. **„Querverteilung“,** d. h. die Tatsache, dass Einkommensteile aus der Kategorie der Unternehmens- und Vermögenseinkommen (wie beispielsweise Miet- oder Zinseinnahmen) teilweise auch den Arbeitnehmern zufließen.

4. Aussagefähigkeit des Inlandsprodukts bzw. Nationaleinkommens

Im Inlandsprodukt bzw. Nationaleinkommen findet die wirtschaftliche Leistungskraft eines Landes bzw. seiner Bewohner ihren Ausdruck. Der prozentuale Zuwachs des realen, d. h. um Preissteigerungen bereinigten Inlandsprodukt bzw. Nationaleinkommens dient vielfach als Maßstab für das Wirtschaftswachstum. Da das Nationaleinkommen die Einkommenssituation der inländischen Bevölkerung widerspiegelt, liegt es nahe, an dieser Größe bzw. deren Entwicklung den **Wohlstand** einer Gesellschaft im Sinne der Güterversorgung abzulesen. Allerdings erweist sich dieser weit verbreitete und zunächst durchaus einleuchtende Rückschluss in verschiedener Hinsicht als höchst problematisch.

So sollte man sich bei der Verwendung von **Wachstumsraten** grundsätzlich der Tatsache bewusst sein, dass es sich hierbei um relative Zahlen handelt. Ein hoher prozentualer Zuwachs auf einem niedrigen Ausgangsniveau ist anders zu beurteilen als ein geringer prozentualer Zuwachs auf einem hohen Ausgangsniveau. Dieser Sachverhalt spielt etwa beim Vergleich der Wachstumsraten von Entwicklungs- und Industrieländern eine Rolle.

Für den Wohlfahrtseffekt des Nationaleinkommens sind außerdem die Höhe und Entwicklung der **Bevölkerung** maßgebend. Um dies zu berücksichtigen, bildet man das sog. Pro-Kopf-Einkommen als Verhältnis von Nationaleinkommen und Bevölkerung. Ein bestimmter Wert für das Pro-Kopf-Einkommen ist jedoch lediglich ein rein statistischer Durchschnitt und sagt nichts über die **Verteilung** der Güter bzw. des Einkommens und damit über die individuelle Güterversorgung aus.

Des weiteren liefert das Nationaleinkommen als Aggregat keine Informationen über dessen **Zusammensetzung.** Je nach der Struktur (z.B. Verhältnis von Konsum- zu Rüstungsgütern) resultieren daraus entsprechende Wohlfahrtseffekte. Ferner geschieht die Bewertung des Nationaleinkommens zu **Marktpreisen.** Diese brauchen jedoch keineswegs mit der subjektiv empfundenen wohlfahrtsfördernden Wertschätzung der Menschen übereinzustimmen. In diesem Zusammenhang ist auch auf die Problematik der Bewertung staatlicher Leistungen nach dem Kostenwertprinzip hinzuweisen.

Bestimmte wirtschaftliche Leistungen sind im Nationaleinkommen überhaupt nicht oder nur teilweise erfasst, da sie nicht auf offiziellen Märkten gehandelt werden. Dies ist der Bereich der sog. **Schattenwirtschaft.** Hierzu zählen einerseits die „legale" Güterproduktion vor allem der privaten Haushalte (Hausfrauenarbeit, Do-it-yourself-Tätigkeiten); sie finden bei der Berechnung des BIP in Deutschland keine Berücksichtigung. Aber auch der illegale Bereich (z.B. Schwarzarbeit) spielt eine nicht zu unterschätzende Rolle; derartige schattenwirtschaftliche Aktivitäten werden vom Statistischen Bundesamt geschätzt und fließen in die offiziellen Zahlen des BIP mit ein. Expertenschätzungen zufolge wurden in Deutschland in 2006 illegale Umsätze in einer Größenordnung von ca. 350 Mrd. EUR getätigt; dies entspricht einem Anteil von rund 16% des offiziellen Bruttoinlandsprodukts. Die Ausbreitung dieser „moon-shine-economy" hängt offenbar mit Einflussgrößen wie etwa den Besteuerungs- und Abgabevorschriften einer Volkswirtschaft zusammen.

Schließlich bleiben im Nationaleinkommen **qualitative Einflüsse** unberücksichtigt. So fehlen Informationen hinsichtlich der Arbeitszeit und Arbeitsbedingungen, Faktoren also, die für die nicht nur materiell verstandene Wohlfahrt einer Gesellschaft von vorrangiger Bedeutung sind. Vor allem aber geht die Umweltbelastung nicht in das Nationaleinkommen ein. Die Verschmutzung der Luft und der Gewässer, Lärmbelästigung, Landschaftszerstörung oder Gesundheitsschäden führen zu sog. negativen externen Effekte (externe Kosten), die allesamt im traditionellen Sozialprodukt vernachlässigt bleiben. Derartige Aspekte rückten inzwischen zunehmend in das Bewusstsein der Öffentlichkeit, mit der Konsequenz, dass die Wirtschaftspolitik aufgefordert wird, anstelle eines möglichst hohen Wachstums verstärkt ein „qualitatives Wachstum" anzustreben. In diesem Sinne wurde auf der ersten großen Umweltkonferenz in Rio de Janeiro im Jahr 1992 das Konzept der „nachhaltigen Entwicklung" („sustainable development") propagiert. Danach darf die heutige Generation mit ihrem Wirtschaften nicht die Chancen für nachkommende Generationen einschränken. Dieser Gedanke beherrschte auch die nachfolgenden internationalen Klimagipfel.

Zur Erfassung der zahlreichen negativen Begleiterscheinungen der Produktion wurden von der Wissenschaft bereits verschiedene Konzepte vorgelegt. Auch das Statistische Bundesamt in Wiesbaden arbeitete einige Zeit an der Entwicklung eines „Ökoinlandsprodukts". Angesichts zahlreicher methodischer Probleme wurde dieses Vorhaben jedoch nicht weiter verfolgt. Stattdessen versucht die Forschung inzwischen die Messung von Nachhaltigkeit. Das Ziel der nachhaltigen Entwicklung wurde 1992 in Rio de Janero von 179 Staaten beschlossen („Agenda 21"). Um ein umfassendes Bild über die Lebensqualität einer Gesellschaft zu erhalten, verwendet man vielfach ein System „sozialer Indikatoren". Darin geht ein Bündel von Kriterien für die Wohlfahrt ein; neben der Güterversorgung sind beispielsweise Aspekte zum Gesundheitswesen oder zur Bildung enthalten. Aber auch dieses Konzept wirft zahlreiche methodische Probleme auf, etwa in Bezug auf Quantifizierung oder Gewichtung.

5. Produktionspotenzial

Ergänzend sei an dieser Stelle auf eine in der Wirtschaftstheorie und -politik zunehmend beachtete Größe für die Wirtschaftskraft eines Landes hingewiesen, nämlich das **Produktionspotenzial.** Hinter dieser Größe verbergen sich die Produktionsmöglichkeiten, d.h. die Produktionskapazitäten einer Volkswirtschaft. Während das Inlandsprodukt die tatsächliche Produktion eines Landes erfasst, handelt es sich beim Produktionspotenzial um die maximal mögliche Produktion. Der grundlegende Unterschied folgt aus dem Einsatz der Produktionsfaktoren: Beim Produktionspotenzial gelangen Arbeit und Sachkapital voll, beim Inlandsprodukt in der Regel nur teilweise zum Einsatz.

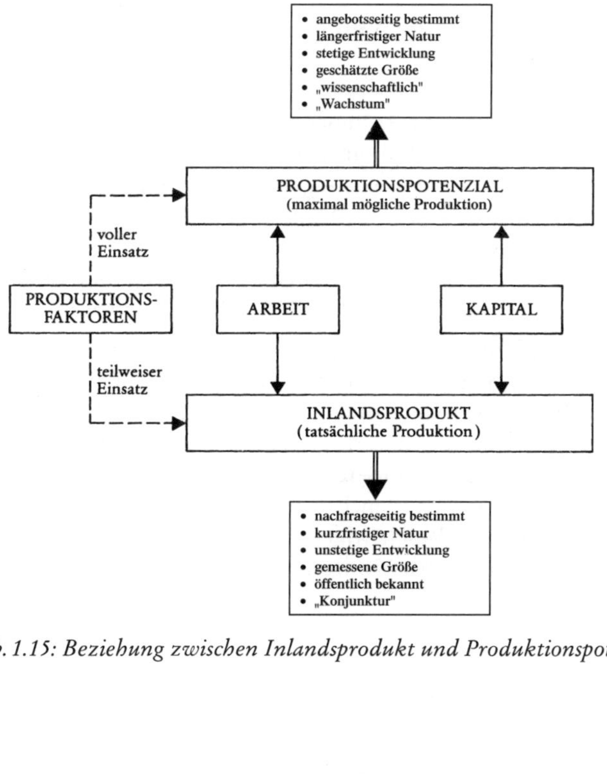

Abb. 1.15: Beziehung zwischen Inlandsprodukt und Produktionspotenzial

Vor diesem Hintergrund ergeben sich weitere Unterschiede zwischen den beiden Größen. Da die Kapazitäten einer Volkswirtschaft den Ausgangspunkt für die Produktion von Gütern bilden, ist das Produktionspotenzial angebotsseitig ausgerichtet und damit längerfristiger Natur. Seine Entwicklung verläuft naturgemäß vergleichsweise stetig. Allerdings ist diese Größe statistisch sehr schwierig zu messen, sie wird mit verschiedenen komplizierten Methoden geschätzt. Beachtung findet das Produktionspotenzial vor allem in wissenschaftlichen Analysen, z.B. bei der Deutschen Bundesbank oder in den Gutachten des Sachverständigenrates („Wirtschaftsweise"). Die Vergrößerung des Produktionspotenzials wird als (echtes) „Wachstum" interpretiert.

Demgegenüber kommt im Inlandsprodukt die gesamtwirtschaftliche Nachfrage zum Vorschein. Diese entwickelt sich erfahrungsgemäß unstetig. Insofern ist das Inlandsprodukt kurzfristiger Natur. Zur genauen statistischen Erfassung stehen die zuvor erläuterten drei Konzepte zur Verfügung. Im Gegensatz zum Produktionspotenzial wird das Inlandsprodukt in der Öffentlichkeit stark beachtet; dessen Zunahme bezeichnet man üblicherweise als Wachstum. Aus wissenschaftlicher Sicht, ist es hingegen angemessen, an den Veränderungen des realen Inlandsprodukts die „Konjunktur" abzulesen.

Einen Maßstab für die konjunkturelle Entwicklung bildet auch die Verknüpfung von Inlandsprodukt und Produktionspotenzial. Setzt man das reale Bruttoinlandsprodukt ins Verhältnis zum Produktionspotenzial, so errechnet sich hieraus als Quotient der **Auslastungsgrad des Produktionspotenzials**. Dieses Maß für die Konjunktur findet ebenfalls vorwiegend in der Wissenschaft besondere Beachtung.

IV. Globalgrößen des Arbeitsmarktes

Bereits aus der Etikettierung „Einkommens- und Beschäftigungstheorie" als alternativer Bezeichnung der makroökonomischen Theorie geht hervor, dass neben dem Volkseinkommen auch Beschäftigungsfragen im Zentrum der Überlegungen stehen. Es erscheint daher notwendig, die wichtigsten Kennziffern der Beschäftigung in einer Volkswirtschaft kurz zu erörtern. Die Ermittlung der einschlägigen statistischen Daten des Arbeitsmarktes geschieht in der Bundesrepublik durch das Statistische Bundesamt in Wiesbaden und die Bundesanstalt für Arbeit in Nürnberg.

Den Rahmen für die Höhe und Struktur der Beschäftigung bildet das **Erwerbspersonenpotenzial**. Diese Schätzgröße entspricht dem Arbeitskräfteangebot einer Volkswirtschaft. Zum Erwerbspersonenpotenzial gehören alle Personen, die eine unmittelbar oder mittelbar auf Erwerb gerichtete Tätigkeit ausüben oder suchen. Innerhalb des Erwerbspersonenpotenzials unterteilt die amtliche Statistik in Erwerbstätige und Arbeitslose. Zu den Erwerbstätigen zählen die im Produktionsprozess stehenden abhängig Beschäftigten (Arbeiter Angestellte, Beamte einschließlich Soldaten) sowie die Selbstständigen (einschließlich der Mithelfenden Familienangehörigen).

Als **Arbeitslose** gelten zunächst die bei den Arbeitsämtern als arbeitslos gemeldeten Personen, die dem Arbeitsmarkt bereit stehen. Über diese sog. **„registrierten Arbeitslosen"**, d. h. offiziell bekannten Arbeitssuchenden, berichtet die Bundesanstalt für Arbeit monatlich. Neben dieser „offenen" Arbeitslosigkeit existieren jedoch auch arbeitslose Personen, die nicht in die Zahl der amtlich bekannten Arbeitslosen eingehen. Dies können Personen sein, die sich um eine Arbeitsstelle bemühen, ohne die Arbeitsverwaltung einzuschalten, beispielsweise weil keine Ansprüche auf Leistungen aus der Arbeitslosenversicherung bestehen. Aber auch Arbeitslose, die sich in Fortbildungs- und Umschulungsprogrammen befinden oder ABM-Kräfte gelten nicht als „registrierte Arbeitslose". Diese Personenkreise werden als sog. **„Stille Reserve"** oder **„verdeckte Arbeitslose"** bezeichnet. Der genaue Umfang der verdeckten Arbeitslosigkeit lässt sich naturgemäß nur schwer ermitteln. Sie dürfte aber gegenwärtig beachtliche Ausmaße annehmen; für das Jahr 2006 gingen die Schätzungen der Bundesanstalt für Arbeit von ungefähr 1,6 Millionen Personen in Deutschland aus. Angesichts der statistischen Probleme ist die Stille Reserve jedoch nicht in den regelmäßig veröffentlichten Zahlen über die Arbeitslosen enthalten, sondern taucht nur als Schätzgröße auf.

Die Beurteilung der Lage auf dem Arbeitsmarkt geschieht üblicherweise anhand einer Negativdefinition, nämlich der **Arbeitslosenquote.** Aus volkswirtschaftlicher Sicht wäre das adäquate Maß für den solchermaßen ermittelten Beschäftigtenstand das Verhältnis von sämtlichen Arbeitslosen zum Erwerbspersonenpotenzial. Da hierin jedoch auch die erwähnten geschätzten Werte für die verdeckte Arbeitslosigkeit Eingang finden, verwendet die amtliche Statistik die sog. „registrierte Arbeitslosenquote" (ALQ^r). Sie ist definiert als

$$ALQ^r = \frac{\text{„registrierte" Arbeitslose}}{\text{Erwerbspersonen}} \cdot 100$$

Als Erwerbspersonen definiert man dabei die Summe von abhängigen Erwerbstätigen (Arbeitnehmer) und Selbstständigen sowie den registrierten Arbeitslosen. Diese Quote wurde in der Bundesrepublik Deutschland im Herbst 1989 aus Gründender internationalen Vergleichbarkeit offizell eingeführt. Bis zu diesem Zeitpunkt dienten im Nenner als Bezugsgröße lediglich die abhängigen Erwerbspersonen, wodurch die alte Quote um etwa einen Prozentpunkt über der neuen Quote lag. Gelegentlich finden sich auch Arbeitslosenquoten, die im Nenner explizit nur zivile Erwerbspersonen berücksichtigen. Aufgrund des vorhandenen detaillierten Zahlenmaterials besteht die Möglichkeit, spezifische Arbeitslosenquoten für unterschiedliche Regionen, Berufs- und Altersgruppen, Branchen und Geschlecht zu berechnen. Dadurch entsteht ein sehr differenziertes Bild über die Beschäftigungssituation in einer Volkswirtschaft, woran entsprechende arbeitsmarktpolitische Maßnahmen anknüpfen können. Abbildung 1.16 fasst die wichtigsten Kenngrößen des Arbeitsmarktes in schematischer Form zusammen (in Klammern die Werte für Deutschland für das Jahr 2006 in Millionen Personen, Inlandskonzept).

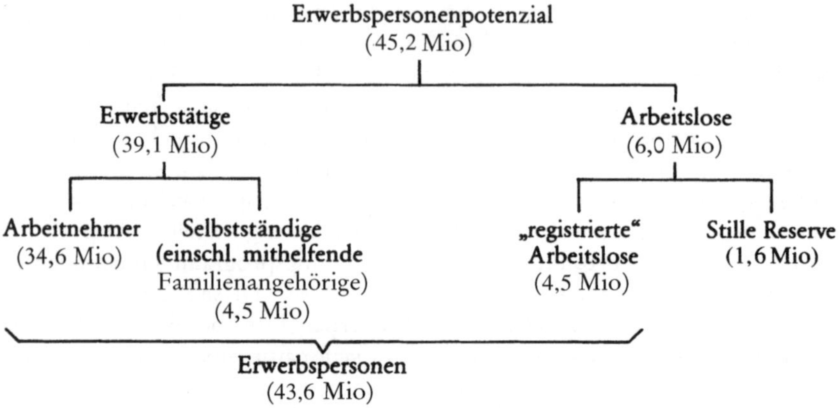

$$\text{Arbeitslosenquote} = \frac{\text{Arbeitslose}}{\text{Erwerbspersonenpotenzial}} \cdot 100 \quad (13{,}5\ \%)$$

$$\text{„registrierte" Arbeitslosenquote} = \frac{\text{„registrierte" Arbeitslose}}{\text{Erwerbspersonen}} \cdot 100 \quad (10{,}3\ \%)$$

Abb. 1.16: Kenngrößen des Arbeitsmarktes

Trotz der starken Beachtung, welche die registrierte Arbeitslosenquote in der Öffentlichkeit findet, darf indes nicht übersehen werden, dass dieser Beschäftigungsindikator eine ganze Reihe von **Problemen** aufweist, die seine Aussagekraft einschränken. So führt die Ausklammerung der Stillen Reserve aus der offiziellen Arbeitslosenquote zu einer Unterzeichnung der Arbeitslosigkeit. Dies dürfte insbesondere in der Rezession gelten, da die Stille Reserve offenbar prozyklisch mit der konjunkturellen Entwicklung schwankt. Auch geht die für die Beurteilung des Arbeitsmarktes wichtige Anzahl der offenen Stellen nicht in die Arbeitslosenquote ein. Dasselbe trifft auf Kurzarbeit und geleistete Überstunden zu; dieses Problem kann allerdings in einem Konzept, das auf die Erfassung der geleisteten Arbeitsstunden abzielt, eliminiert werden. Aus diesem – keineswegs vollständigen – Katalog von Problemen geht bereits hervor, dass die amtliche Arbeitslosenquote leicht zu Fehlinterpretationen hinsichtlich der Beschäftigungslage in einer Volkswirtschaft führen kann und deshalb nur mit Vorbehalten zu interpretieren ist.

Im Zusammenhang mit den Arbeitsmarktdaten stellt die sog. **Erwerbsquote** eine weitere vielbeachtete Größe dar. Sie setzt die Zahl der Erwerbspersonen ins Verhältnis zur Bevölkerung der Volkswirtschaft. Die Entwicklung dieses Quotienten hängt von Faktoren wie Ausbildungszeiten, Erwerbsbeteiligung von Frauen, Eintrittsalter in den Ruhestand oder Lebenserwartung ab.

Zweiter Teil:
Ex-ante-Analyse des Volkseinkommens und der Beschäftigung

I. Vorbemerkungen

1. Modelle

Bislang beschränkten sich die Ausführungen auf die Systematisierung und Erfassung gesamtwirtschaftlicher Grössen. Die **Ursachen** für das Zustandekommen dieser Aggregate blieben unbeachtet. An diesem Punkt setzt nun die makroökonomische Theorie an. Ihre Aufgabe besteht, wie schon erwähnt, in der Erklärung dieser Variablen, d. h. in der Aufdeckung von Ursache-Wirkungs-Zusammenhängen. Dies geschieht mithilfe von **Modellen,** die ein Abbild der Realität darstellen. Angesichts der komplexen Realität erscheint es allerdings unumgänglich, von Teilen der Wirklichkeit zu abstrahieren und nur solche Aspekte herauszugreifen, die bezüglich des Untersuchungszwecks und Ergebnisses als wichtig erachtet werden.

Wie schon beim Wirtschaftskreislauf, so stehen auch in der Ex-ante-Analyse verschiedene **Sprachsysteme** für die Modellbildung zur Verfügung. Am leichtesten verständlich dürfte wohl die verbale Sprache sein, die jedoch sehr umständlich wirken kann, wenn es um die Darstellung vielschichtiger Zusammenhänge geht. Verbreitet ist auch die graphische Sprache, die wegen ihrer Anschaulichkeit recht instruktiv wirkt, jedoch bei der Abbildung mehrdimensionaler Beziehungen versagt. Diesen Nachteil kennt die mathematische Sprache nicht. Sie bringt die Verknüpfung auch vieler Variablen in kurzer und klarer Form zum Ausdruck. Voraussetzung für die Verwendung dieser Sprache sind allerdings entsprechende „Sprachkenntnisse“.

Verbleibt man in der mathematischen Sprache, so drückt man die für ein Modell benötigten Bausteine in **Gleichungsform** aus. Hierfür kommen prinzipiell fünf verschiedene Typen von Gleichungen in Betracht:

- Verhaltensgleichungen,
- technische Gleichungen,
- institutionelle Gleichungen,
- Definitionsgleichungen (Identitätsgleichungen),
- Gleichgewichtsbedingungen.

Von zentraler Bedeutung sind zunächst **Verhaltensgleichungen.** In ihnen erfolgt die Bildung von Hypothesen bezüglich des ökonomischen Verhaltens von Wirtschaftssubjekten mithilfe von Funktionen. Sieht man beispielsweise das Investitionsverhalten als vom Zins (z) abhängig an, so lautet die Investitionsfunktion:

$I = I(z)$

Der Zins als unabhängige Größe ist in dieser Funktion formal die einzige Determinante der Investitionen. Andere mögliche Bestimmungsfaktoren wie beispielsweise Abschreibungs- oder Steuersätze finden in dieser Funktion keinen expliziten Eingang. Sie werden – ohne deshalb deren prinzipielle Bedeutung in Abrede zu stellen – entsprechend der **Ceteris-paribus-Klausel** als konstant angenommen. Die makroökonomische Theorie versucht nun, solche Determinanten zu ermitteln, die dem Durchschnittsverhalten der Wirtschaftssubjekte am nächsten kommen. Zumeist arbeitet man hierbei mit **monokausalen** Beziehungen, was zwar eine starke Vereinfachung gegenüber der Realität bedeutet, jedoch den Vorzug der analytisch einfachen Handhabung in sich birgt.

Als weitere Gleichungsart gelten **technische Gleichungen.** Hierbei geht es um die Darstellung technologischer Gegebenheiten und Vorgänge in Gleichungsform. Ein bekanntes Beispiel ist die Produktionsfunktion

$$Y = Y(B,K)$$

die besagt, dass die Ausbringungsmenge funktional vom Einsatz der Arbeit (B) und des Sachkapitals (K) abhängt.

Hinter den **institutionellen Gleichungen** steht das Verhalten von Institutionen wie dem Staat oder der Zentralbank. Diese Entscheidungsträger legen bestimmte ökonomische Größen aufgrund ihrer Autorität bzw. gesetzlicher Kompetenzen fest. So bringt etwa die Geldangebotsfunktion

$$M = \overline{M}$$

zum Ausdruck, dass die Zentralbank die im Umlauf befindliche Geldmenge (M) autonom festsetzt. Ebenso lassen sich für Staatsausgaben und Staatseinnahmen derartige Gleichungen aufstellen.

Ein weiterer Gleichungstyp läuft auf die bereits aus der Ex-post-Analyse bekannten **Definitionsgleichungen** hinaus. Nach Maßgabe des Untersuchungszwecks haben sie allgemein begriffliche Festlegungen zum Inhalt, indem bestimmte Größen miteinander in Beziehung gebracht werden. Deshalb können Definitionsgleichungen niemals falsch, sondern nur unzweckmäßig sein. Zum Beispiel stellt die aus dem dreipoligen Kreislauf hergeleitete Gleichung

$$Y = C + S$$

eine immer erfüllte Bedingung dar, weil das Einkommen definitionsgemäß entweder zu Konsumzwecken verwendet oder gespart werden kann. Eine andere Verwendungsmöglichkeit des Einkommens existiert nicht. Daher spricht man bei derartigen Gleichungen häufig auch von **Identitätsgleichungen.** Sie spielen in der makroökonomischen Theorie eine entscheidende Rolle, denn sie liefern die Basis für die Formulierung von Verhaltensgleichungen, in denen die definierten Variablen dann „erklärt“, d. h. auf ihre Bestimmungsgründe zurückgeführt werden.

Kennzeichnend für makroökonomische Modelle sind schließlich auch Gleichungen, in denen **Gleichgewichtsbedingungen** formuliert werden. Der Gleichgewichtsbegriff spielt in der ökonomischen Theorie eine zentrale Rolle. Unter Gleichgewicht versteht man prinzipiell einen Zustand, in dem die Wirtschaftssubjekte keine Veranlassung sehen, ihre Verhaltensweise zu ändern. Planrevisionen sind nicht erforderlich, geplante und realisierte Größen entsprechen sich, so dass keine ungeplanten Größen auftreten. Dies ist allgemein dann der Fall, wenn das geplante Angebot und die geplante Nachfrage übereinstimmen. Beispielsweise herrscht auf dem Gütermarkt ein Gleichgewicht, wenn geplantes Güterangebot und geplante Güternachfrage gleich hoch sind:

$$A_g = N_g$$

Grundsätzlich können sich auf sämtlichen Märkten als den ökonomischen Orten des Tausches in einer Volkswirtschaft Gleichgewichtszustände bilden. Die Makroökonomik analysiert neben dem Gütermarkt insbesondere den Geldmarkt und den Arbeitsmarkt.

Oft bezeichnet man ein Modell auch als **Theorie.** Diese besteht aus einem System von Hypothesen. Eine wesentliche Anforderung an Hypothesen bzw. eine Theorie stellt dabei deren empirische Überprüfbarkeit dar. Die Variablen und Gleichungen sollten eine Formulierung aufweisen, die eine Festellung darüber erlaubt, ob der unterstellte Kausalzusammenhang in der Realität auch zutrifft. Hält eine Hypothese bzw. eine Theorie einer empirischen Überprüfung stand, so gilt sie allerdings noch nicht als generell „richtig". Dagegen muss eine Hypothese als falsch abgelehnt werden, wenn sie sich in einem Test nicht bestätigen sollte (sog. „Asymmetrie der Falsifizierbarkeit").

Ein konstituierendes Merkmal eines jeden Modells ist der **Zeitaspekt.** In dieser Hinsicht unterscheidet man zwischen zwei Modelltypen. Beziehen sich sämtliche im Modell auftretenden Größen auf einen bestimmten Zeitpunkt, so liegt ein **statisches** Modell vor. Betrachtet man dagegen die Variablen im Zeitablauf, d.h. analysiert man Prozesse, so ist das Modell **dynamisch.** Eine Zwischenstellung nehmen **komparativ-statische** Modelle ein; in ihnen werden Zustände zu verschiedenen Zeitpunkten miteinander verglichen. Diese für die zeitliche Betrachtungsweise geltende Klassifikation darf nicht mit dem Begriffspaar „stationär-evolutorisch" verwechselt werden, welches sich auf eine nicht wachsende bzw. wachsende Wirtschaft bezieht.

Unter dem Aspekt der Beeinflussbarkeit kann man die in Modellen auftauchenden Variablen in **exogene** und **endogene** Größen einteilen. Exogen bedeutet „von außen vorgegeben", d.h. diese Größen werden außerhalb des Modells festgesetzt. Sie sind ein Datum und bedürfen keiner weiteren Erklärung. Ein Beispiel für eine exogene Größe ist der Steuersatz, den der Gesetzgeber festlegt. Gebräuchlich ist für derartige Variablen auch die Bezeichnung **„autonom".** Demgegenüber handelt es sich bei **endogenen** Größen um im Modell bestimmte Variablen, die in den Modellgleichungen als Abhängige erscheinen.

Eine weitere Unterscheidung im Rahmen der Modellanalyse betrifft schließlich die Betrachtungsebene. Sofern in ein Modell sämtliche makroökonomischen Fragestellungen eingehen, spricht man von einem **Totalmodell.** Erstreckt sich die Betrachtung hingegen lediglich auf bestimmte Aggregate oder einzelne Märkte, so liegt ein **Partialmodell** vor.

2. Die makroökonomischen Paradigmen

Angesichts der Komplexität des Wirtschaftsprozesses kann es nicht verwundern, dass im Laufe der Zeit verschiedene Theorien über das Wirtschaftsleben entwickelt wurden. Zum einen wird darin den spezifischen, einer Zeitepoche entspringenden Problemen Rechnung getragen, wobei diese einem steten Wandel unterliegen. Man bezeichnet diesen Tatbestand als den **„Raum-Zeit-Bezug"** einer Theorie. Zum anderen unterscheiden sich diese Theorien im Hinblick auf die zugrundeliegenden Prämissen sowie die unterstellten Kausalzusammenhänge. Gerade der letzte

Aspekt tritt beim Vergleich makroökonomischer Modelle in Form unterschiedlich formulierter Verhaltenshypothesen deutlich zutage.

Im Wesentlichen unterscheidet die Volkswirtschaftslehre zur Erklärung makroökonomischer Zusammenhänge zwei Modellansätze, nämlich die **klassische** und die **Keynesianische Theorie.** Dahinter verbergen sich zwei grundlegend verschiedene Vorstellungen über gesamtwirtschaftliche Zusammenhänge und deren Ergebnisse. Derartige Denkrichtungen heißen **Paradigmen;** sie beinhalten ganz bestimmte „Weltanschauungen". Zum besseren Verständnis des klassischen und des Keynesianischen Ansatzes, die im Mittelpunkt der folgenden Ausführungen stehen, erscheint es zweckmäßig, bereits vorab die zentralen Positionen und Ergebnisse dieser beiden Theorien kurz zu skizzieren. Sowohl in diesem ersten Überblick als auch in den nachfolgenden detaillierten Darstellungen werden dabei die theoretischen Standpunkte zum Teil bewusst überpointiert und rivalisierend vorgestellt, um die unterschiedlichen Sichtweisen deutlicher hervorzuheben.

a. Das klassische Paradigma

Dogmengeschichtlich verbindet man mit dem Begriff der Klassik die etwa von der Mitte des 18. Jahrhunderts bis zur Mitte des 19. Jahrhunderts anzutreffende Sicht wirtschaftlicher Vorgänge. Eine stattliche Zahl glanzvoller Arbeiten kennzeichnet den wirtschaftswissenschaftlichen Erkenntnisfortschritt dieser Epoche. Als Hauptvertreter gelten vor allem Adam Smith (1723–1790), David Ricardo (1772–1823) und Jean Baptiste Say (1767–1832). Die klassische Theorie ist allerdings in der Form, wie sie im Folgenden dargestellt wird, nicht unmittelbar einem oder einigen wenigen Autoren zurechenbar. Vielmehr soll der Grundtenor der damaligen mehrheitlichen Auffassung zahlreicher Autoren, die teilweise nur bestimmte Problembereiche behandelten, vermittelt werden. Insofern tragen die nachfolgenden Ausführungen einen synoptischen Charakter.

Die Arbeiten der Klassiker sind vor dem Hintergrund der sozialen und wirtschaftlichen Verhältnisse der **industriellen Revolution** sowie der geistig-philosophischen Ideen der **Aufklärung** zu sehen und zu verstehen. Entsprechend fielen die Fragestellungen und die Sichtweise bezüglich des Wirtschaftsprozesses aus. Das Interesse galt in erster Linie der Angebotsseite einer Volkswirtschaft. Im Vordergrund standen Untersuchungen über die Mehrung des Wohlstandes durch Produktionssteigerung sowie Verteilungsfragen. Die Weiterentwicklung der klassischen Lehre verengte sich in der zweiten Hälfte des 19. Jahrhunderts zur Mikrotheorie. Diesen Zeitabschnitt bezeichnet man als die **Neoklassik.** Hinsichtlich makroökonomischer Analysen ist sie untrennbar mit dem Namen von Knut Wicksell (1851–1926) verknüpft. Sowohl „rein" klassische als auch neoklassische Gedanken werden im Folgenden unter dem Etikett „Klassik" behandelt.

Grundlegend für die klassische Sichtweise wirtschaftlicher Zusammenhänge ist der Glaube an die **inhärente** (innewohnende) **Stabilität des privaten Sektors.** Danach sind die Privathaushalte und die privaten Unternehmen in einem privatwirtschaftlich-kapitalistisch organisierten Wirtschaftssystem prinzipiell in der Lage, mit ihren wirtschaftlichen Problemen selber fertig zu werden. Aus heutiger Sicht könnte man sagen, dass eine Volkswirtschaft auf längere Sicht von sich heraus das in § 1 Stabilitäts- und Wachstumsgesetz geforderte „gesamtwirtschaftliche Gleichgewicht", also das magische Viereck, erreicht. So tritt beispielsweise Arbeitslosigkeit allenfalls kurzfristig auf, langfristig herrscht in der Volkswirtschaft Vollbeschäftigung. Diese Optimalzustände erscheinen nach klassischer Auffassung möglich, weil sich zum einen die Wirtschaftssubjekte utilitaristisch verhalten, indem sie ihr individuelles Wohl zu maximieren versuchen, was letztlich auch zu einem maximalen Gesamtwohl führt. Zum anderen sollte den Dingen gemäß des dem Liberalismus entstammenden „Laissez-faire-Prinzips" freier Lauf gelassen werden. Es existieren Selbstheilungskräfte, eine unsichtbare Hand („invisible hand") sorgt für befriedigende Gleichgewichtszustände. Ökonomisch steht dahinter ein voll funktionsfähiger Preismechanismus und damit ein funktionierender Wettbewerb auf allen Märkten.

Daraus folgen unmittelbar die wirtschaftspolitischen Konsequenzen. Der Staat hat mit der Schaffung entsprechender **Rahmenbedingungen** wie freiem Marktzutritt oder Sicherung des Privateigentums ordungspolitische Aufgaben wahrzunehmen. Insbesondere ist der Preismechanismus durch eine funktionstüchtige **Wettbewerbspolitik** zu flankieren. Ansonsten sollte der Staat dem Wirtschaftsgeschehen fernbleiben („Nachtwächterstaat"). Die Finanzierung der öffentlichen Aufgaben hat unter Beachtung des jährlichen Budgetausgleichs zu erfolgen.

Spätestens mit Ausbruch der Weltwirtschaftskrise im Jahre 1929 wurde der Glaube an die klassische Theorie jedoch erschüttert, und es dauerte rund dreißig Jahre, bis klassische Gedanken wieder verstärkte Beachtung fanden. Vor allem die Bekämpfung der aufkommenden Inflation nach dem 2. Weltkrieg führte zu einer Renaissance der Klassik in Gestalt einer Strömung, die die Bezeichnung **„Monetarismus"** trägt und untrennbar mit dem Namen von M. Friedman verbunden ist. Er betont die Rolle des Geldes und die Bedeutung der Geldpolitik. Sie hat für Preisniveaustabilität als dem obersten Ziel der Wirtschaftspolitik zu sorgen, um den Allokationsmechanismus zu erhalten. Das Inflationsproblem trat vor allem in den siebziger Jahren als Folge der drastischen Erhöhung der Rohstoffpreise in den Vordergrund. Zu dessen Lösung sowie den damit verbundenen Problemen auf der Angebotsseite der Volkswirtschaft kristallisierte sich eine wirtschaftspolitische Konzeption heraus, die ebenfalls auf klassischen Gedanken basiert. Sie ist jedoch umfassender als der Monetarismus und findet unter dem Etikett der **„Angebotsorientierten Wirtschaftspolitik"** zunehmende Beachtung. Häufig bezeichnet man auch diesen Ansatz als **„Neoklassik"**. Es handelt sich dabei um eine längerfristig angelegte Strategie der Wirtschaftspolitik, die in erster Linie auf eine Verbesserung der Rahmenbedingungen für die Leistungserstellung im privaten Sektor abzielt.

b. Das Keynesianische Paradigma

Die von 1929 bis 1933 andauernde **Weltwirtschaftskrise** erforderte ein Überdenken der klassischen Theorie. Sie war nicht in der Lage, die damalige Massenarbeitslosigkeit in Verbindung mit drastischen Produktionsrückgängen und Preissenkungen zu erklären. Allerdings lagen in dieser Zeit bestimmte Voraussetzungen der Klassik, wie etwa die Flexibilität der Preise, nicht mehr vor. Während dieser Zeit entwickelten daher verschiedene Ökonomen neue Ansätze zur Erklärung einer langanhaltenden Wirtschaftskrise. Von ihnen erlangte die „Allgemeine Theorie" des Engländers John Maynard **Keynes** (1883–1946) die mit Abstand größte Bekanntheit. Keynes, der sämtliche vor seiner Zeit abgefassten Arbeiten der Klassik zurechnete, übernahm bzw. erweiterte verschiedentlich die bis dahin anzutreffenden Lehrmeinungen. In zahlreichen Punkten entwickelte er jedoch entgegengesetzte Positionen, die in Lehrbuchdarstellungen teilweise bewusst überpointiert dargestellt werden.

Nach Auffassung von Keynes neigen hochentwickelte Volkswirtschaften prinzipiell zu **wirtschaftlichen Störungen,** da der Marktmechanismus versagt. Der private Sektor weist eine **inhärente Instabilität** auf. Dadurch kann es zu länger anhaltenden Krisen im Wirtschaftsprozess kommen. Wirtschaftspolitisch gesprochen läuft dies auf die Nichterreichnung des im Stabilitäts- und Wachstumsgesetzes verankerten „gesamtwirtschaftlichen Gleichgewichts“ hinaus, d.h. es kommt zu Verletzungen der „magischen Ziele“. Die Ursachen für wirtschaftliche Krisen liegen nach Keynesianischer Meinung primär in einer **zu geringen gesamtwirtschaftlichen Nachfrage.** Sie schöpft die vorhandenen Produktionsmöglichkeiten nicht voll aus. Diese Überlegungen machen bereits deutlich, dass im Keynesianischen Paradigma den volkswirtschaftlichen **Kreislaufzusammenhängen** eine dominierende Rolle zukommt.

Neigt eine privatwirtschaftlich organisierte Volkswirtschaft zu Instabilitäten, so bedarf es konsequenterweise der Steuerung der Gesamtnachfrage („demand management“). Die Wirtschaftspolitik sollte **nachfrageorientiert** sein. Damit besitzt diese Strategie einen kurzfristigen Charakter. Falls die Möglichkeiten der Beeinflussung der privaten Nachfrage versagen sollten, muss der Staat als geeignete Instanz aktiv in Erscheinung treten. Damit nimmt die **Fiskalpolitik** mit ihren konjunkturell gezielt einsetzbaren Veränderungen der Staatsausgaben und Staatseinnahmen („Konjunkturprogramme“) eine Schlüsselrolle ein. Zur Finanzierung der notwendigen „ausgleichenden Ausgaben“ kann sich der Staat vorübergehend durchaus verschulden, d.h. konjunkturelle Haushaltsdefizite bilden. In diesem Postulat sehen viele Anhänger der Keynesianischen Theorie die prinzipielle Legitimation für die Staatsverschuldung. Wie noch zu zeigen sein wird, entspricht diese pauschale Schlussfolgerung jedoch nicht den Intentionen von Keynes.

Da die Arbeiten von Keynes nicht immer leicht verständlich geschrieben sind, wurden sie von J.R. Hicks und A.H. Hansen in eine einfachere Form „übersetzt“. Diese Interpretation liegt den meisten gängigen Lehrbuchdarstellungen zugrunde und soll auch hier Verwendung finden. Ebenso wie die Klassik erlebte auch die Keynesianische Theorie in den sechziger Jahren eine Renaissance in Gestalt der so genannten Postkeynesianischen bzw. Neokeynesianischen Theorie. Hierin erfolgt eine Weiterentwicklung und Neuinterpretation der Theorie von Keynes. Auf diese Aspekte wird jedoch im Rahmen dieses Buches nicht näher eingegangen.

Ein abschließender Überblick verdeutlicht nochmals die wichtigsten Positionen der beiden rivalisierenden Theorien (Abbildung 2.1):

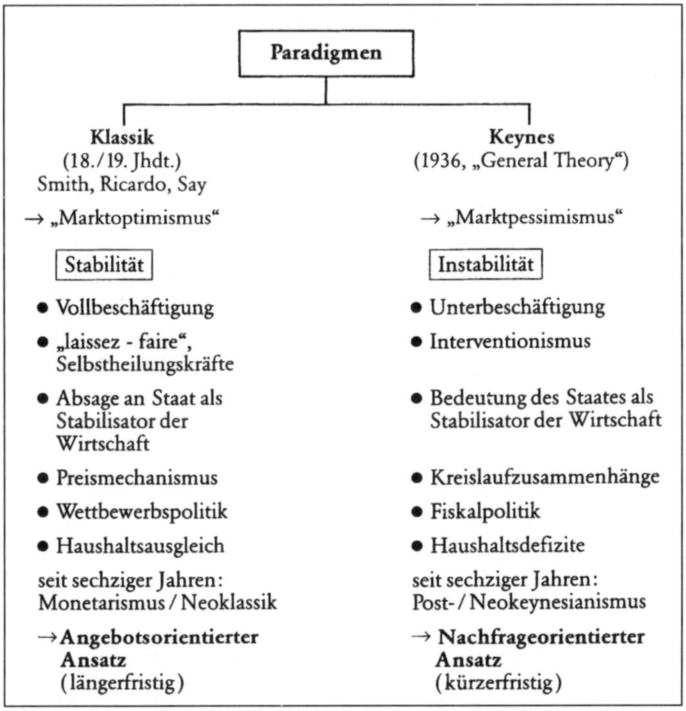

Abb. 2.1: Makroökonomische Paradigmen

3. Weitere Vorgehensweise

Unabhängig von den unterschiedlichen Standpunkten beschäftigen sich beide Paradigmen mit demselben Erkenntnisobjekt, nämlich der Volkswirtschaft. Ziel ist die Erklärung des Wirtschaftsprozesses. Er umfasst die Gesamtheit der Tauschhandlungen, die auf den Märkten stattfinden. Üblicherweise reduzieren die makroökonomischen Modelle die zahllosen Märkte auf drei globale Typen, nämlich den Gütermarkt, den Geldmarkt und den Arbeitsmarkt.

Auf dem **Gütermarkt** stehen sich Käufer und Verkäufer von Waren und Dienstleistungen gegenüber. Entsprechend gilt das Interesse der Höhe und Struktur des gesamtwirtschaftlichen Angebots sowie der gesamtwirtschaftlichen Nachfrage. Die Analyse des Gütermarktes umfasst auch das Sparen und Investieren, wobei diese Aktivitäten gelegentlich in einem gesonderten Markt, dem sog. Kapitalmarkt, Eingang finden. Der Begriff **„Geldmarkt"** darf in makroökonomischen Betrachtungen nicht banktechnisch als Geldhandel innerhalb des Finanzsektors verstanden werden. Volkswirtschaftlich geht es hierbei um die Geldnachfrage, d.h. den Geldbedarf aller Wirtschaftssubjekte, sowie um das Geldangebot, also die Bereitstellung des Geldes durch das Bankensystem. Auf dem **Arbeitsmarkt** treffen sich das Arbeitsangebot der Haushalte und die Arbeitsnachfrage der Unternehmungen.

Diese drei Märkte bilden den Gegenstand der weiteren Überlegungen. Sie werden sowohl aus klassischer als auch aus Keynesianischer Sicht dargestellt. Angesichts der außerordentlichen Komplexität dieser Märkte erweist es sich als zweckmäßig, diese zunächst isoliert zu betrachten, d.h. eine Partialanalyse durchzuführen, um sie dann in einem weiteren Schritt zu einem Ganzen zusammenzufügen (Totalanalyse).

Daraus ergibt sich das weitere Vorgehen des Buches (siehe die schematische Darstellung in Abbildung 2.2; dort sind in Klammern die Gliederungspunkte angegeben). Zunächst erfolgt die Erörterung des Gütermarktes, die in das güterwirtschaftliche Gleichgewicht mündet. Entsprechendes gilt für die anschließende Analyse des Geldmarktes und des Arbeitsmarktes. Die Anbindung dieser drei Teilmärkte mündet in die Betrachtung des gesamtwirtschaftlichen Gleichgewichts. Den Abschluss des Buches bilden schließlich einige wirtschaftspolitische Schlussfolgerungen, die aus der klassischen und der Keynesianischen Theorie resultieren.

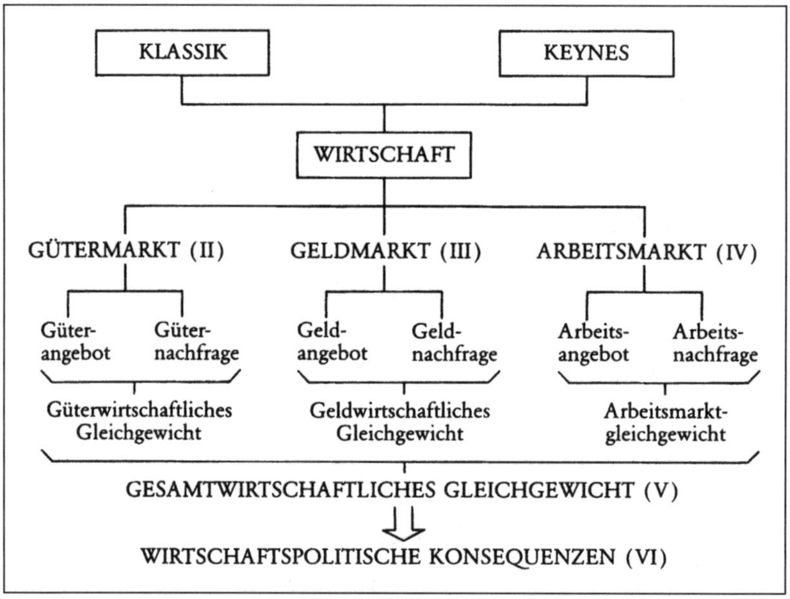

Abb. 2.2: Schematische Darstellung des weiteren Vorgehens

II. Der Gütermarkt

Im Mittelpunkt des realwirtschaftlichen Sektors stehen die Güternachfrage und das Güterangebot. Da die Herstellung von Waren und Dienstleistungen mithilfe des Einsatzes von Produktionsfaktoren erfolgt, ist mit dem Angebot untrennbar die Beschäftigung verknüpft. Die Aufgabe der Ex-ante-Analyse ist es nun, die Determinanten dieser Aggregate sowie deren Interdependenzen aufzudecken. In einem ersten Überblick lassen sich die Positionen der rivalisierenden Paradigmen wie folgt skizzieren:

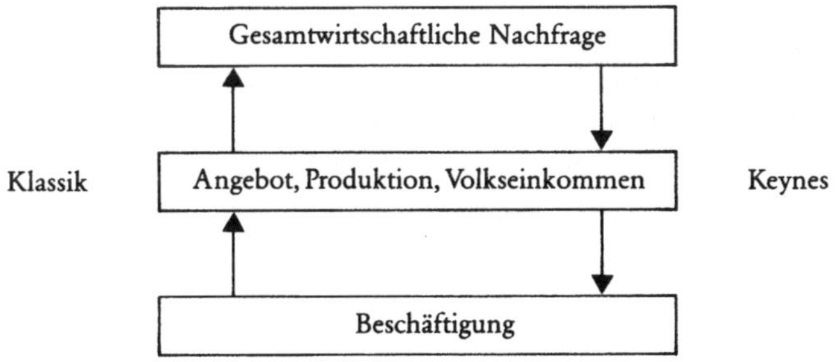

Abb. 2.3: Rivalisierende Kausalzusammenhänge auf dem Gütermarkt

Die **Klassiker** gehen von der Beschäftigung aus. Sie bestimmt die Produktion, die auf den Märkten das Angebot und damit die Höhe des Volkseinkommens bildet. Dieses wiederum entscheidet über die in der Volkswirtschaft getätigten Käufe, d. h. über die Nachfrage. Genau entgegengesetzt sieht **Keynes** die Zusammenhänge. Nach seiner Ansicht bildet die Güternachfrage den Ausgangspunkt des realwirtschaftlichen Geschehens. Die auf den Märkten auftretenden Kaufwünsche entscheiden über den Umfang der Angebotserstellung, die ihrerseits das Beschäftigungsvolumen festlegt. Eine genauere Analyse dieser rivalisierenden Auffassungen bildet den Gegenstand der folgenden Ausführungen, die sich zunächst der Klassik zuwenden.

1. Der klassische Ansatz

Die klassische Sicht des güterwirtschaftlichen Sektors wird verständlich, wenn man sich die wirtschaftlichen und sozialen Verhältnisse des 18. und 19. Jahrhunderts vergegenwärtigt. Während dieser Phase der aufkommenden Industrialisierung bestand eine große Massenarmut. Der Wunsch der Menschen nach mehr Gütern war nur allzu verständlich. Daher gingen die Klassiker von **unbegrenzten Bedürfnissen** hinsichtlich des Erwerbs von Gütern aus. Dies bedeutet eine Ablehnung der sog. Sättigungsthese.

In der damaligen Zeit war jedoch die Güterproduktion im Verhältnis zu den Bedürfnissen viel zu gering. Es lag eine Angebotslücke vor, die klassische Wirtschaft war **angebotsbeschränkt.** Zur Lösung dieses Problems bietet sich kurzfristig ein möglichst effizienter Einsatz der vorhandenen Produktionsfaktoren an. Eine solche optimale Faktorallokation setzt jedoch die volle Funktionsfähigkeit der Märkte, insbesondere die freie Preisbildung, voraus. Auf längere Sicht hingegen bedarf es zur Ausweitung des Güterangebots einer Erhöhung bzw. Verbesserung der Einsatzfaktoren. Daher achten die Klassiker primär auf die Produktionssphäre.

a. Produktionsfunktion

Den formalen Rahmen der Herstellung von Gütern bildet die Produktionsfunktion. Sie beschreibt den quantitativen Zusammenhang zwischen dem Einsatz von Produktionsfaktoren als den unabhängigen Variablen und der Ausbringungsmenge als abhängiger Größe. Bekanntlich richtet sich die Gestalt der Produktionsfunktion nach dem Einsatzverhältnis der Produktionsmittel. Nach klassischer Ansicht sind die Produktionsmittel komplementär mit variablem Einsatzverhältnis, d.h. begrenzt substituierbar. Bezogen auf die makroökonomisch relevanten Produktionsfaktoren heißt dies zunächst, dass mit zunehmendem (abnehmendem) Einsatz von Arbeit oder Kapital auch eine Zunahme (Abnahme) der Ausbringungsmenge verbunden ist. Die Produktionszuwächse werden jedoch immer geringer, d.h. die **Grenzerträge nehmen ab**. Bei gegebener Technik und Qualität der Arbeit lautet die Produktionsfunktion:[1]

$$\mathbf{Y = Y(B,K)}\text{, mit}$$

$$\frac{dY}{dB} > 0, \frac{dY}{dK} > 0, \text{ und } \frac{d^2Y}{dB^2} < 0, \frac{d^2Y}{dK^2} < 0$$

Graphisch dargestellt folgt hieraus das Ertragsgebirge (Abb. 2.4):

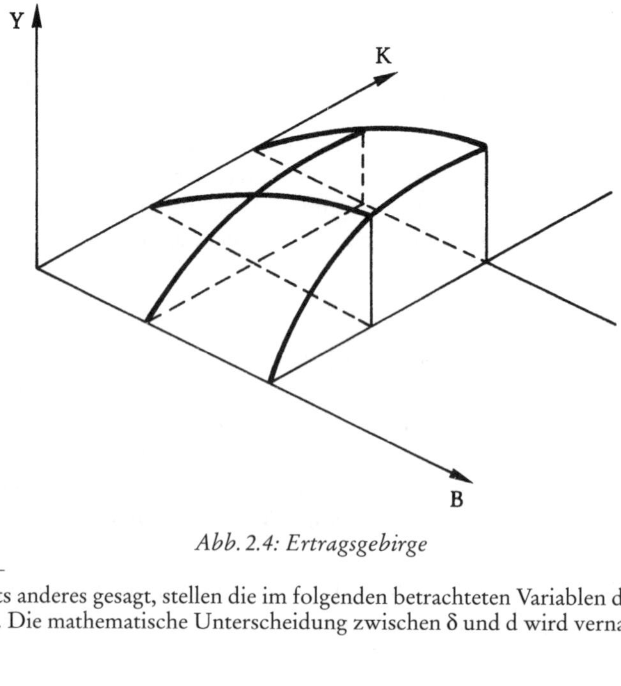

Abb. 2.4: Ertragsgebirge

[1] Sofern nichts anderes gesagt, stellen die im folgenden betrachteten Variablen durchweg reale Größen dar. Die mathematische Unterscheidung zwischen δ und d wird vernachlässigt.

Zumeist betrachtet man produktionstheoretische Zusammenhänge anhand partieller Faktorvariationen, indem man nur einen Produktionsfaktor variiert und alle übrigen konstant hält. Daraus folgen dann die partiellen Produktionsfunktionen für den Faktor Arbeit (bei gegebenem Kapitalbestand K) bzw. Kapital (bei gegebener Arbeitsmenge B) sowie deren erste Ableitungen (Abb. 2.5):

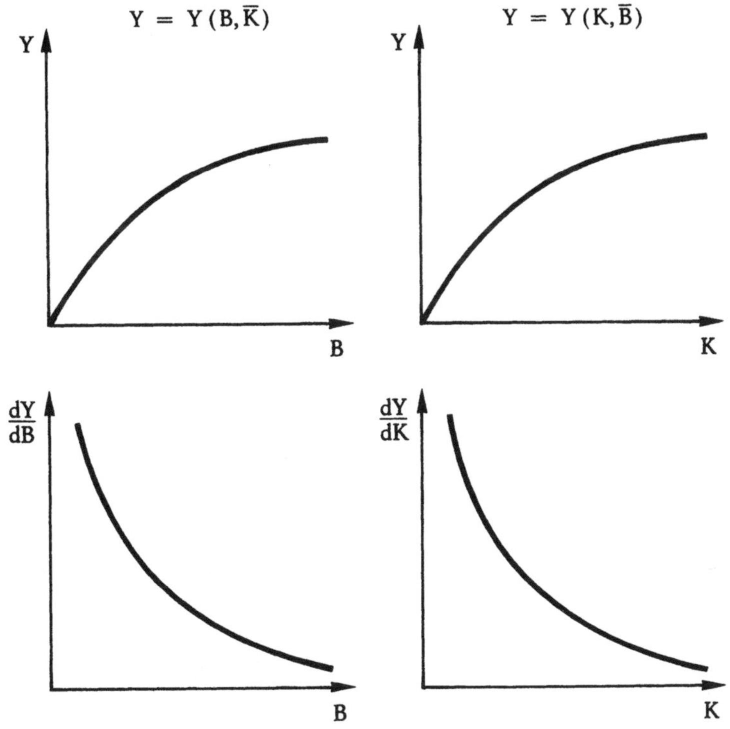

Abb. 2.5: Partielle Produktionsfunktionen und erste Ableitungen

Zur Verschiebung einer Produktionsfunktion kommt es immer dann, wenn sich eine bisher konstant gehaltene Größe verändert. Beispielsweise verschiebt sich die partielle Produktionsfunktion des Faktors Arbeit nach oben, falls die Maschinen zahlenmäßig erhöht oder technisch verbessert werden.

Die in den Produktionsfunktionen enthaltenen Variablen Y, B und K bilden die Basis für verschiedene wichtige Definitionen, in denen diese Variablen zueinander ins Verhältnis gesetzt werden. Diese Quotienten tauchen im Rahmen ganz unterschiedlicher Fragestellungen der Volkswirtschaftslehre immer wieder auf. Im Einzelnen handelt es sich dabei um folgende Relationen:

- $\frac{Y}{B}$ = **durchschnittliche Arbeitsproduktivität**; eine Produktivität gibt allgemein das Verhältnis zwischen output und input an. Dementsprechend setzt die durchschnittliche Arbeitsproduktivität das Sozialprodukt in Relation zur Einsatzmenge des Produktionsfaktors Arbeit.
- $\frac{Y}{K}$ = **durchschnittliche Kapitalproduktivität** hierbei setzt man den gesamtwirtschaftlichen Output in Beziehung zum Sachkapitalbestand.

- $\frac{dY}{dB}$ = **Grenzproduktivität der Arbeit**; dieser auch als physisches Grenzprodukt der Arbeit bezeichnete Ausdruck zeigt die Veränderung des Outputs bei einer Veränderung des Arbeitsinputs um eine Einheit.
- $\frac{dY}{dK}$ = **Grenzproduktivität des Kapitals**; entsprechend gibt dieses physische Grenzprodukt des Kapitals an, wie die Produktion auf eine Variation des Kapitaleinsatzes reagiert.
- $\frac{B}{Y}$ = **Arbeitskoeffizient**; hierbei handelt es sich um den Kehrwert der durchschnittlichen Arbeitsproduktivität, also um das Verhältnis vom gesamten Arbeitsinput zum gesamtwirtschaftlichen Output.
- $\frac{K}{Y}$ = **Kapitalkoeffizient**; er liefert Informationen über den Kapitaleinsatz pro erzeugter Gütereinheit.
- $\frac{K}{B}$ = **Kapitalintensität**; dieser Quotient setzt die beiden Input-Faktoren zueinander ins Verhältnis. Aus ihm gehen die Kosten eines Arbeitsplatzes in der Volkswirtschaft hervor.
- $\frac{B}{K}$ = **Arbeitsintensität**; sie stellt den Kehrwert der Kapitalintensität dar, also die Relation zwischen dem Produktionsfaktor Arbeit und dem Produktionsfaktor Kapital.

b. Gleichgewicht in der stationären Wirtschaft

Die Bestimmung des Gleichgewichtseinkommens ist mithilfe der Produktionsfunktion alleine nicht möglich. Hierzu sind genauere Kenntnisse über den Faktoreinsatz erforderlich. Wie noch an späterer Stelle nachgewiesen wird, neigt die Volkswirtschaft nach klassischer Auffassung zur Vollbeschäftigung (B*), so dass die Beschäftigungsmenge der Produktionsfaktoren Arbeit und Kapital bekannt ist. Damit liegt auch die gleichgewichtige Produktionsmenge (Y*) fest (ein Stern bedeutet, dass diese Größe dem Gleichgewichtswert entspricht). Für die partielle Produktionsfunktion des Faktors Arbeit ergibt sich folgendes Bild:

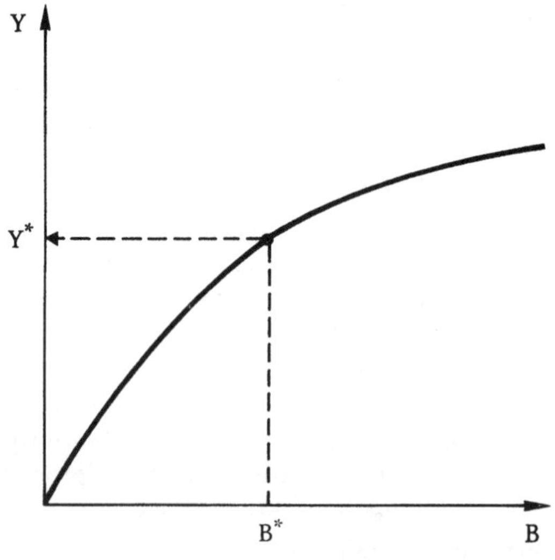

Abb. 2.6: Gleichgewichtseinkommen

Über die **Produktionsstruktur** liegen allerdings keine Informationen vor. Prinzipiell denkbar ist, dass die gleichgewichtige Produktionsmenge Y^*

(1) nur ein einziges Konsumgut

(2) verschiedene Konsumgüter

(3) Konsum- und Investitionsgüter

enthält. Die ersten beiden Fälle bedingen eine stationäre Wirtschaft, auf deren Implikationen zunächst eingegangen wird. Aus dem dritten Fall folgt eine evolutorische Wirtschaft, deren Erörterung im Anschluss geschieht.

Als einfachster Typ einer stationären Wirtschaft kommt die sog. „Ein-Gut-Wirtschaft" in Betracht. Sie beruht auf der heroischen Prämisse, die Produktion bestehe aus nur einem einzigen Konsumgut (C_x):

$$Y = C_x$$

Infolge der Konstanz des vorhandenen Sachkapitalbestandes verharrt die Produktion des Gutes C_x im Zeitablauf auf einem unveränderten Niveau. Die Herstellung des Gutes erzeugt in gleicher Höhe Einkommen. Da in einer stationären Wirtschaft kein Sparen erfolgt, verausgaben die Haushalte ihr Einkommen vollständig. Auf diese Weise findet das gesamte Angebot auch seinen Absatz.

Komplizierter liegen die Dinge in einer stationären **Mehr-Güter-Wirtschaft.** Aus Vereinfachungsgründen soll dieser Fall anhand eines Zwei-Güter-Modells darge-

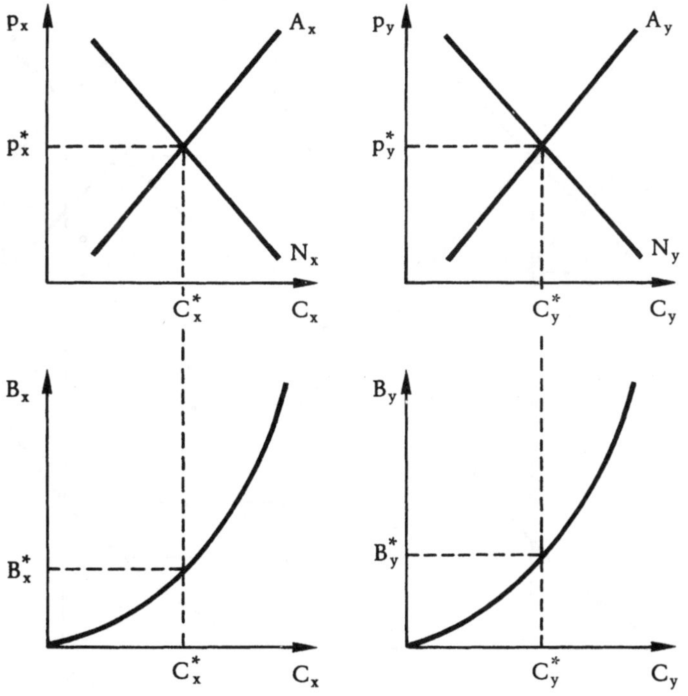

Abb. 2.7: Gleichgewicht in der Zwei-Güter-Wirtschaft

stellt werden. Die Gesamtproduktion setzt sich aus zwei verschiedenen Konsumgütern (C_x und C_y) zusammen:

$Y = C_x + C_y$

Im Ausgangszeitpunkt herrsche auf dem Gütermarkt ein Gleichgewicht, das Angebot (A) an Konsumgütern stimmt bei den Preisen p_x^* und p_y^* mit der jeweiligen Nachfrage (N) überein. Bei gegebener Kapitalausstattung steht mit der Produktionsstruktur auch die Aufteilung des Arbeitseinsatzes fest (vgl. Abb. 2.7; aus darstellerischen Gründen werden dabei die Achsen der Produktionsfunktionen vertauscht).

Die entscheidene Frage lautet nun: Bleibt das güterwirtschaftliche Gleichgewicht bei einer Veränderung der Nachfragestruktur erhalten? Um dies zu prüfen, soll von einer Verringerung der Nachfrage nach C_x ausgegangen werden. Dadurch verschiebt sich die Nachfragefunktion N_x nach links (Abb. 2.8), was bei Flexibilität der Preise zu einem Rückgang von $p_{x,1}$ auf $p_{x,2}$ führt. Die damit einhergehende Reduzierung des Umsatzes schmälert den Gewinn in der C_x-Branche; dies hat eine Produktionseinschränkung von $C_{x,1}$ auf $C_{x,2}$ zur Folge. Die geringere C_x-Produktion zieht nach Maßgabe des Verlaufs der Produktionsfunktion Entlassungen in diesem Bereich nach sich.

Da in dieser Modellwirtschaft jedoch kein Sparen zugelassen ist, muss die geänderte Bedürfnisstruktur notwendigerweise mit einer Mehrnachfrage nach dem Konsumgut C_y verbunden sein. Dadurch kommt es auf diesem Markt zu Preissteige-

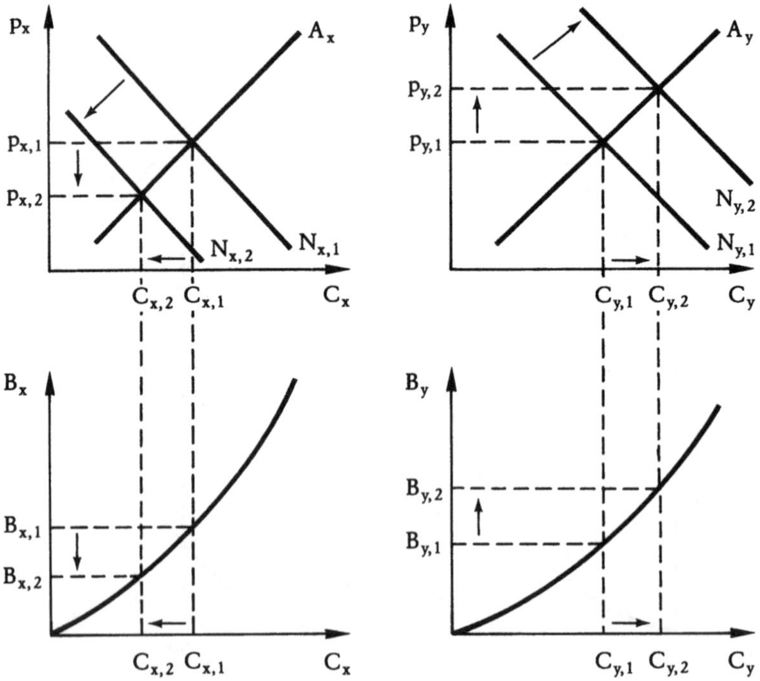

Abb. 2.8: Veränderung der Nachfragestruktur

rungen (von $p_{y,1}$ auf $p_{y,2}$). Die hierdurch ausgelöste Gewinnsteigerung veranlasst die Unternehmer zu einer Ausdehnung ihres Angebots auf $C_{y,2}$. Produktionstechnisch steht dem nichts im Wege, denn die benötigten Arbeitskräfte wurden in der x-Branche freigesetzt und sind somit für die Herstellung der C_y-Güter verfügbar.

Das Beispiel zeigt, dass die Umschichtung von Produktionsfaktoren (weg vom „absterbenden" hin zum „aufblühenden" Markt) durch Preissignale ausgelöst wird. Sie übernehmen sozusagen die Rolle eines Verkehrsleitsystems und zeigen den Unternehmern an, wo sich der Einsatz von Produktionsfaktoren lohnt bzw. nicht lohnt. Die Preise übernehmen damit die für das Funktionieren einer Marktwirtschaft so wichtige Aufgabe der **Allokationsfunktion.** Die Preisbewegungen lenken den Einsatz der Produktivleistungen an den Ort, d.h. auf den Markt, wo die Effizienz am höchsten ist.

Sähen sich die C_y-Produzenten infolge der Gewinnsteigerung zu einer Kapazitätsausweitung veranlasst, so würde sich die Angebotsfunktion A_y nach rechts verschieben. Gemäß der Funktionsverläufe käme es dabei zu einer Abschwächung des Preisanstiegs. Entsprechendes gilt für den Markt des Gutes C_x.

Damit liegt die Antwort auf die eingangs gestellte Frage vor. Trotz einer geänderten Bedarfsstruktur bleibt das güterwirtschaftliche Gleichgewicht aufrechterhalten. Der Angebotsüberschuss (Nachfrageüberschuss) auf dem Markt des Gutes C_x (C_y) verschwindet bei unendlicher Reaktionsgeschwindigkeit der Märkte sofort wieder, so dass weiterhin Gesamtangebot und Gesamtnachfrage übereinstimmen. Ein Gleichgewicht, welches nach einer Störung wiederhergestellt wird, heißt **stabiles Gleichgewicht.**

Das Niveau der Produktion ist trotz der geänderten Bedürfnisstruktur unverändert geblieben. Allerdings hat die Produktionsstruktur eine Änderung erfahren:

$$\overline{Y} = \overset{\downarrow}{C_x} + \overset{\uparrow}{C_y}$$

Ursache hierfür war der Wandel in der Nachfragestruktur; er zog gegenläufige Preisbewegungen nach sich. Während auf dem Markt des Gutes C_x die Preise und als Folge hiervon die Mengen rückläufig waren, stiegen auf dem Markt des Gutes C_y die Preise und Mengen. Aus diesem Ergebnis werden zwei wichtige Aspekte der Klassik ersichtlich:

- Bezüglich der zeitlichen Abfolge reagieren **zuerst die Preise** und erst **dann die Mengen.** Preiseffekte lösen also Mengeneffekte aus.
- Eine Änderung der Produktionsstruktur tritt nur dann ein, falls sich das Verhältnis der Preise untereinander verschiebt. Es muss mit anderen Worten zu einer Veränderung der sog. **relativen Preise** kommen.

Die Annahme einer unendlich hohen Reaktionsgeschwindigkeit erweist sich jedoch als unrealistisch. So ist es durchaus vorstellbar, dass die Unternehmer bei der Produktionsplanung zunächst abwarten, ob die neue Bedarfsstruktur nur vorübergehender Natur ist oder für längere Zeit Gültigkeit haben dürfte. Auch bestehen unter Umständen technologische bzw. institutionelle Hindernisse bei der Produktionsveränderung und dem damit einhergehenden geänderten Faktoreinsatz (z.B. Kündigungsschutz). Die Klassiker konzedierten derartige Probleme und hielten **vorübergehend** auftretende **Ungleichgewichte** für durchaus möglich. Auf Dauer bleibt jedoch nach ihrer Auffassung die Übereinstimmung von Gesamtangebot und Gesamtnachfrage aber erhalten.

Die bisher geschilderten Zusammenhänge bilden den Inhalt des bekannten **Sayschen Theorems.** Es wird häufig auf den einfachen Nenner gebracht: **„Jedes Angebot schafft sich seine eigene Nachfrage".** Dahinter steht zunächst die Vorstellung, dass die Menschen unendlich große Bedürfnisse haben, die nur durch Nutzung von Gütern zu befriedigen sind. Hierzu ist aber der Erwerb dieser Güter erforderlich, was seinerseits den Erhalt von Einkommen voraussetzt. Dieses kann aber nur durch Beteiligung am Produktionsprozess verdient werden. Das hierbei erstellte Angebot führt zu einem wertgleichen Einkommen, welches angesichts der unendlichen Bedürfnisse voll verausgabt, also zu gleich hoher Nachfrage verwendet wird. Abbildung 2.9 verdeutlicht diese Zusammenhänge in schematischer Form:

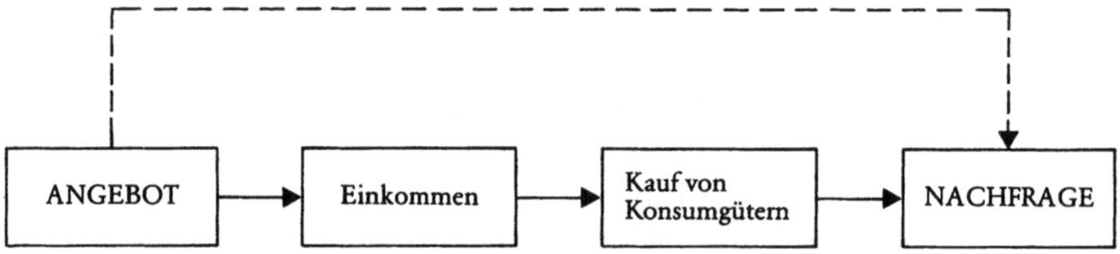

Abb. 2.9: Saysches Theorem in der stationären Wirtschaft

Sofern auf Teilmärkten eine Überschußnachfrage existiert, steht dieser auf anderen Teilmärkten ein gleich hohes Überschußangebot („Verstopfung der Absatzwege") gegenüber. Dieser partielle Ungleichgewichtszustand ist allerdings nur vorübergehender Natur. Der Preismechanismus sorgt auf Dauer wieder dafür, dass es **keine allgemeine Überproduktion** gibt. Damit wird auch die durch den Strukturwandel verursachte Arbeitslosigkeit lediglich zu einem temporären Problem.

c. Die Sparfunktion

Die bisherigen Überlegungen galten für eine stationäre Wirtschaft. Nunmehr soll geprüft werden, ob die Einführung des Sparens und Investierens an den grundsätzlichen Ergebnissen der Klassik etwas ändert. Hierzu ist es zunächst notwendig, die den Übergang zur **evolutorischen Wirtschaft** kennzeichnenden Größen S und I zu „erklären", d. h. auf ihre Ursachen zurückzuführen.

Bereits an früherer Stelle wurde das Sparen als Nichtverbrauch von Einkommensteilen definiert. Diese Aussage ist jedoch zu relativieren, wenn der Zeitaspekt berücksichtigt wird. In der Tat bedeutet das während einer Zeitperiode vorgenommene Sparen einen Nachfrageausfall. Die Ersparnisse können jedoch bereits in der darauf folgenden Periode aufgelöst und damit wieder nachfragewirksam werden. **Sparen** bedeutet mithin einen Verzicht auf Gegenwartskonsum zugunsten des **Zukunftskonsums.**

An diesem Punkt setzt die Erklärung der Klassiker an. Nach Auffassung von E. v. Böhm-Bawerk, dem in diesem Zusammenhang das Hauptverdienst gebührt, besteht bei den Wirtschaftssubjekten grundsätzlich eine **Höherschätzung von Gegenwartsgütern** im Vergleich zu Zukunftsgütern. Da sich die Haushalte annahmegemäß nutzenmaximierend verhalten, ist das Sparen, d. h. der Verzicht auf den höher bewerteten Gegenwartsnutzen, offenbar nicht rational. Der Sparentschluss erscheint nur dann als sinnvoll, falls derjenige, der auf den unmittelbaren Genuss von Gegenwartsgütern verzichtet, als Belohnung hierfür ein Mehr an Zukunftsgütern erhält. Dieses Aufgeld, auch **„Agio"** genannt, ist nichts anderes als der Zins. Er entspricht der Wertdifferenz zwischen Gegenwarts- und Zukunftsgütern. Dieser Tatbestand macht auch die gelegentlich anzutreffende Bezeichnung **„Zeitpräferenzäquivalent"** verständlich. Je höher der Zins liegt, umso größer ist die Bereitschaft, den Konsum in die Zukunft zu verlagern, also zu sparen, und umgekehrt. Der Zins (z) ist nach klassischer Ansicht die entscheidende Determinante des Sparens. Die nutzentheoretisch fundierte **Sparfunktion** der Klassik lautet somit:

S = S(z)

Graphisch dargestellt ergibt sich folgendes Bild:

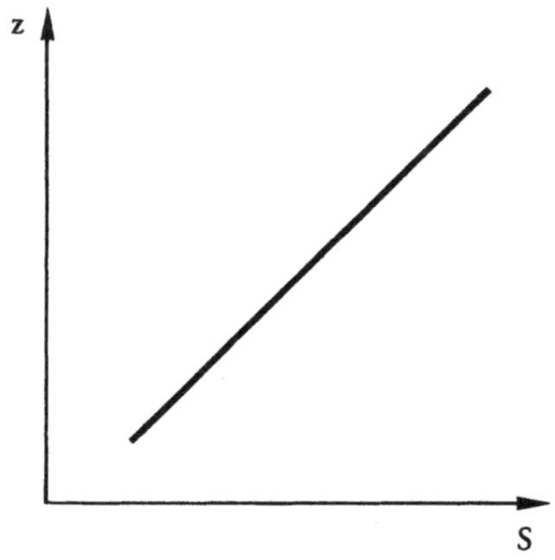

Abb. 2.10: Die klassische Sparfunktion

Im Hinblick auf die Sparformen stand dem „klassischen Sparer" allerdings bei weitem nicht die heute anzutreffende breite Palette von Anlagemöglichkeiten zur Verfügung. Die einzige Form des Sparens besteht nach klassischer Ansicht im Erwerb **festverzinslicher Wertpapiere;** sie werden auch als Anleihen, Renten, Obligationen oder „Bonds" bezeichnet. Insbesondere schied die Bildung eines Barvermögens aus, da sowohl Bargeld als auch Giroguthaben praktisch keine Verzinsung erbringen, die einen Ausgleich für den entgangenen Gegenwartsnutzen darstellt. Die Haltung von Geld zur Bildung von Vermögen, das heißt zur Wertaufbewahrung, ist nach klassischer Auffassung irrational und kommt deshalb nicht in Frage.

Da festverzinsliche Wertpapiere in der makroökonomischen Theorie eine große Rolle spielen, soll diese Anlageform etwas genauer erläutert werden. Es handelt sich dabei um Wertpapiere, die von Unternehmen und öffentlichen Stellen zwecks Beschaffung finanzieller Mittel verkauft (emittiert) werden. Sie lauten auf einen bestimmten Betrag, den sog. Nominalwert, der nach Ablauf einer vereinbarten Laufzeit an den Besitzer des Wertpapiers zurückbezahlt wird. Der Preis der Obligation ist der Kurs; er kann während der Laufzeit durchaus vom Nominalwert abweichen.

Zu bestimmten Terminen (üblicherweise jährlich) zahlt der Emittent an den Wertpapierbesitzer einen vorab fest vereinbarten Zins, den sog. **Nominalzins** oder **Kontraktzins** (j). Er bezieht sich auf den Nominalwert des Papiers und bleibt während der gesamten Laufzeit unverändert. Je nach Höhe von Kurs und Nominalzins errechnet sich eine bestimmte **Rendite**; sie entspricht der sog. **Effektivverzinsung** (z) des Wertpapiers. Ein Zahlenbeispiel soll diese Zusammenhänge verdeutlichen:

Tab. 1: Verzinsung von Obligationen

Anlage summe	Kontrakt-zins (j)	feste Zins-zahlung[1]	Kurs	Anzahl der Wertpapiere	Zinsertrag	Effektiv-zins (z)
1000,–	6 %	6,–	200	5 Stk.	30,–	3 %
1000,–	6 %	6,–	100	10 Stk.	60,–	6 %
1000,–	6 %	6,–	50	20 Stk.	120,–	12 %

[1] bezogen auf einen Nominalwert von 100,– EUR

Bei einem festverzinslichen Wertpapier errechnet man die Effektivverzinsung (unter Vernachlässigung der Spesen und bei unendlicher Laufzeit) nach der Formel:

$$z = \frac{j}{\text{Kurs}} \cdot 100$$

Zwischen Kurs und Effektivzins besteht also ein inverses Verhältnis.

Die Klassik geht davon aus, dass die Haushalte die Obligationen direkt bei den Unternehmungen erwerben. Es werden also weder Kreditvermittler noch Geschäftsbanken eingeschaltet. Das Angebot an Sparmitteln ist daher identisch mit der Nachfrage nach Obligationen (O). Je höher der Kurs, desto niedriger die Effektivverzinsung und desto geringer die Nachfrage nach festverzinslichen Wertpapieren:

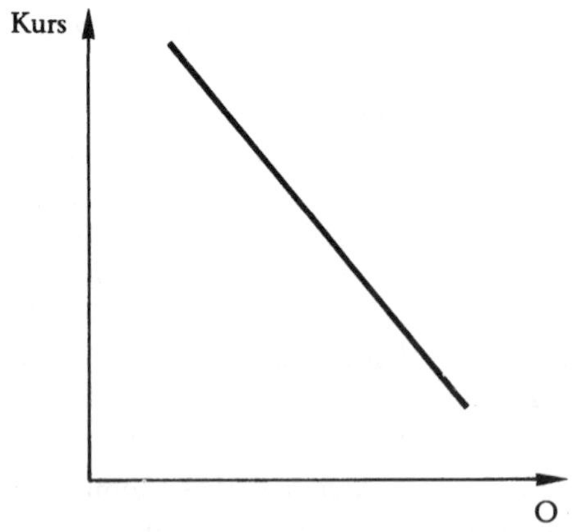

Abb. 2.11: Nachfrage nach festverzinslichen Wertpapieren

Den Rahmen für die Ausgabenentscheidungen der Haushalte bildet das Einkommen. Da der Nichtkonsum (S) zinsabhängig ist, folgt hieraus in Verbindung mit der Budgetrestriktion

$$Y = C + S$$

auch die Zinsabhängigkeit des Konsums als komplementärer Größe. Die **Konsumfunktion** hat in der Klassik somit die Form:

$$\mathbf{C = C(z)}$$

wobei zwischen Konsum und Zins eine negative Beziehung besteht.

d. Die Investitionsfunktion

Neben den Ersparnissen sind die Investitionen konstituierendes Element der evolutorischen Wirtschaft. Während Ersparnisse als Zukunftskonsum interpretiert werden können, handelt es sich bei den **Investitionen** um **Zukunftsproduktion.** Investitionen vergrößern den Sachkapitalbestand im Zeitablauf:

$$\frac{dK}{dt} = I$$

Bei gegebener Arbeitsmenge und Faktorqualität ist eine Erhöhung der künftigen Produktion nur durch eine Ausweitung des Kapitalstocks möglich. Die Herstellung von Investitionsgütern bindet allerdings Produktionsfaktoren, die nicht für die Produktion von Konsumgütern zur Verfügung stehen. Erst längerfristig sorgt dann die Erweiterung der Produktionskapazitäten für ein erhöhtes Konsumgüterangebot. Diesen Tatbestand umschreibt die Klassik mit der sog. „Mehrergiebigkeit von Produktionsumwegen".

Aus güterwirtschaftlicher Sicht ist die künftige Mehrproduktion von Konsumgütern insofern eine Notwendigkeit, als die spätere Auflösung von Ersparnissen eine künftige Mehrnachfrage nach Konsumgütern impliziert. Sie muss auf ein entsprechend höheres Güterangebot stoßen, wenn das Sparen lohnend bleiben soll. Um festzustellen, ob die Spar- und Investitionspläne einander entsprechen, sind genauere Kenntnisse über die Bestimmungsgründe der Investitionen erforderlich.

Ihrer angebotsorientierten Grundidee folgend, fundiert die Klassik die Bildung von neuem Sachkapital **produktionstheoretisch.** Hierbei bedient sie sich des mikroökonomischen Ansatzes der Gewinnmaximierung. Der Gewinn ist definiert als Differenz zwischen Erlös (als Produkt aus Preis und Menge) und Kosten, wobei hier lediglich die Kosten des variablen Produktionsfaktors Kapital berücksichtigt sind (i = Kapitalkostensatz). Um den Gewinn zu maximieren, muss die Gleichung für den Gewinn nach K abgeleitet werden; daraus folgt dann der für das Gewinnmaximum erforderliche Kapitaleinsatz:

$$G = P \cdot Y - i \cdot K$$

$$\frac{dG}{dK} = P \cdot \frac{dY}{dK} - i = 0$$

$$P \cdot \frac{dY}{dK} = i$$

$$\frac{dY}{dK} = \frac{i}{P} = i_r$$

Dieses Ergebnis ist nichts anderes als der bekannte **Grenzproduktivitätssatz.** Für den Investor heißt dies, dass er seine gewinnmaximale Position dann erreicht, wenn der mithilfe einer zusätzlichen Maschine erzielte Umsatz (Grenzwertprodukt des Kapitals) gleich dem Kapitalkostensatz ist. Oder anders ausgedrückt, wenn das physische Grenzprodukt des Kapitals dem realen Kapitalkostensatz ($i_r = \frac{i}{\dot{P}}$) entspricht. Der Unternehmer wird gemäß dieser Regel so lange zusätzliche Maschinen beschaffen, also investieren, bis er diese gewinnmaximale Situation erreicht.

Graphisch dargestellt entspricht die Investitionsnachfrage der ersten Ableitung der partiellen Produktionsfunktion des Kapitals:

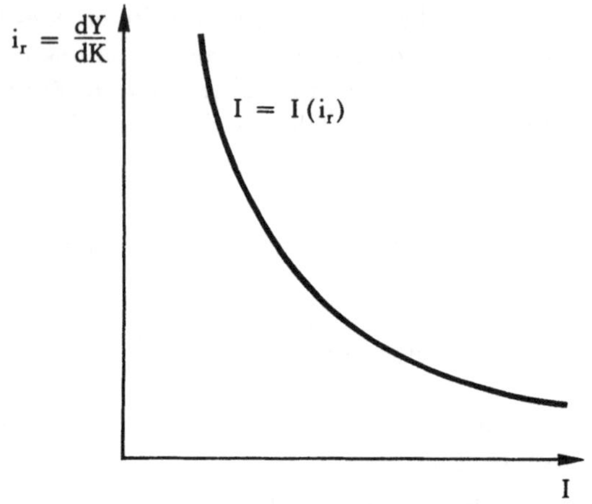

Abb. 2.12: Klassische Investitionsfunktion

Je höher also der reale Kapitalkostensatz liegt, desto geringer fällt die Investitionstätigkeit aus und umgekehrt. Die **Investitionsfunktion** lautet:

$\mathbf{I = I(i_r)}$

Zur Finanzierung der Investitionen emittiert der Unternehmer die bereits beschriebenen Obligationen. Die Nachfrage nach Investitionsgütern ist somit identisch mit dem Angebot an festverzinslichen Wertpapieren (Abb. 2.13).

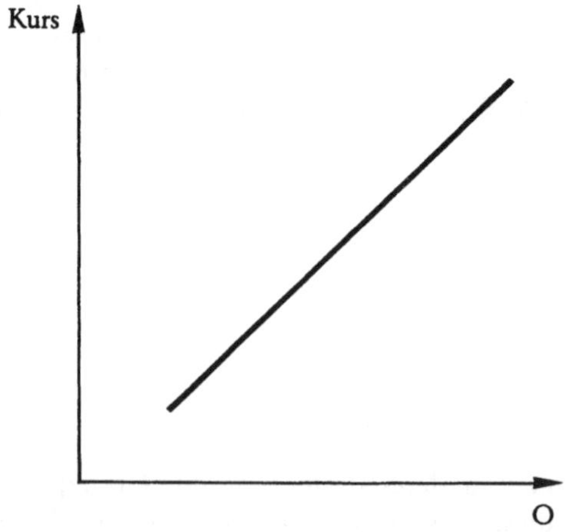

Abb. 2.13: Angebot an festverzinslichen Wertpapieren

Bei hohem Kurs und damit hohem Mittelaufkommen für die Unternehmer ist die Bereitschaft für Wertpapieremissionen groß, dagegen fällt das Bondsangebot bei niedrigen Kursen gering aus.

e. Gleichgewicht in der evolutorischen Wirtschaft

Die Kenntnis der das Sparen und Investieren betreffenden Funktionalzusammenhänge erlaubt nunmehr die Herleitung des Gleichgewichts in einer wachsenden Wirtschaft. Bekanntlich liegt dieser Zustand dann vor, wenn geplantes Sparen und geplantes Investieren übereinstimmen. Bildhaft gesprochen, wenn das „Loch" in der Nachfrage (Sparen) von den Unternehmern freiwillig „gestopft" wird (Investieren). Wie gezeigt, sind beide Variablen zinsabhängig, so dass die Gleichgewichtsbedingung lautet:

$S(z) = I(i_r)$

Im Gleichgewicht ist damit der „Sparzins" gleich dem „Investitionszins", es gilt also:

$z = i_r$

Damit kann die **Gleichgewichtsbedingung für den Kapitalmarkt** auch geschrieben werden als:

$\mathbf{S(z) = I(z)}$

Das Gleichgewicht auf dem Kapitalmarkt stellt nichts anderes dar als das **Gleichgewicht auf dem Gütermarkt**. Dies macht eine einfache Überlegung deutlich. Die Gleichgewichtsbedingung auf dem Gütermarkt lautet allgemein:

geplantes Angebot = geplante Nachfrage.

Aus Sicht der Klassik kann hierfür geschrieben werden:

$C(z) + S(z) = C(z) + I(z)$

Der Konsum kann herausgekürzt werden, so dass übrig bleibt:

$S(z) = I(z)$

Da der Zins in der Klassik zugleich das Sparen und das Investieren determiniert, führt er das Gleichgewicht auf dem Kapital- bzw. Gütermarkt herbei. Schematisch ergibt sich folgendes Bild:

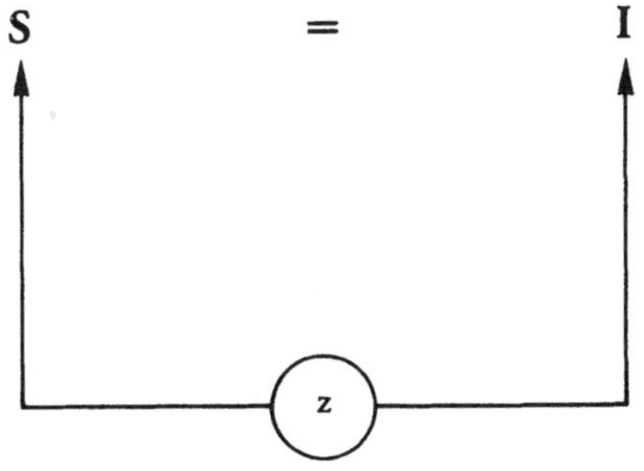

Abb. 2.14: Rolle des Zinses in der Klassik

Die Unternehmer sorgen bei einem bestimmten Zins (Gleichgewichtszinssatz) mit ihren Investitionen freiwillig für den Nachfrageausgleich, der in der Volkswirtschaft durch das Sparen, d.h. die von den Haushalten hinterlassene Nachfragelücke entsteht. Unter Zugrundelegung der Spar- und Investitionsfunktion hat das Gleichgewicht graphisch folgendes Aussehen:

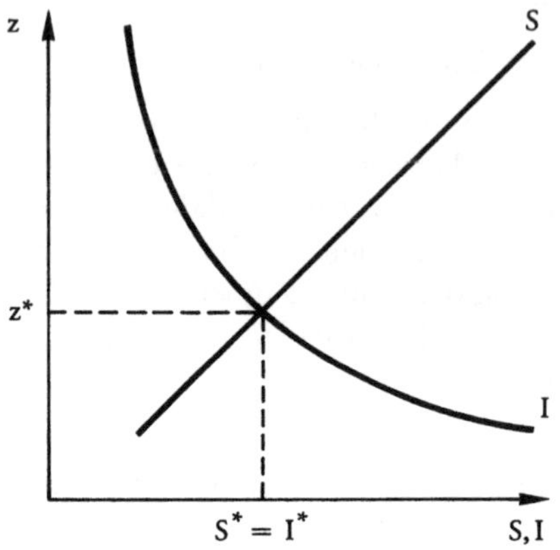

Abb. 2.15: S-I-Gleichgewicht in der Klassik

Für den Ausgleich von Spar- und Investitionsplänen ist die freie Beweglichkeit des Zinses erforderlich. Nach klassischer Ansicht ist diese Voraussetzung stets erfüllt, da der Kapitalmarkt, auf dem sich Sparen und Investieren gegenüberstehen, ein Konkurrenzmarkt ist.

Wie bereits erwähnt, erfolgt die Ersparnisbildung technisch ausschließlich durch den Kauf festverzinslicher Wertpapiere. Ebenso können sich die Unternehmer ihre für Investitionen benötigten Mittel nur durch den Verkauf von Obligationen beschaffen. Es gilt somit:

Sparen = Angebot an Kapital = Obligationsnachfrage bzw.

Investieren = Nachfrage nach Kapital = Obligationsangebot

Aufgrund dieses Sachverhalts lässt sich das Gleichgewicht auf dem Kapitalmarkt auch mithilfe des Bondsmarkts ermitteln (Abb. 2.16):

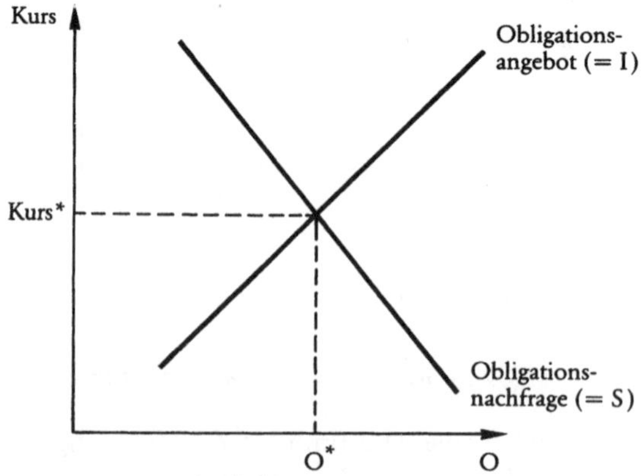

Abb. 2.16: Gleichgewicht auf dem Bondsmarkt

Die Beweglichkeit des Kurses als dem Preis der festverzinslichen Wertpapiere garantiert auf diesem Markt die Herbeiführung eines Gleichgewichts.

Analog zur stationären Zwei-Güter-Welt kann man auch in der evolutorischen Wirtschaft prüfen, welche Auswirkungen bei einer **Änderung der Nachfragestruktur** eintreten. Ausgangspunkt sei eine Verringerung der Konsumgüternachfrage. Als Folge hiervon sinken Preis und Menge auf dem Konsumgütermarkt (linkes Diagramm in Abb. 2.17):

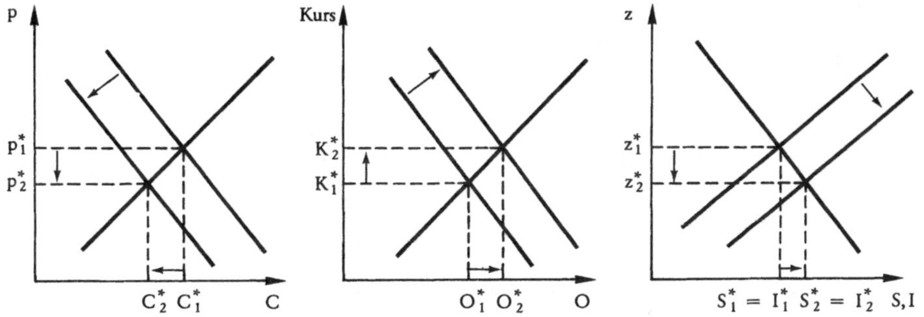

Abb. 2.17: Erhöhung des Zukunftskonsums

Der Nachfragerückgang nach Gegenwartsgütern führt simultan zu einem Anstieg der Nachfrage nach Zukunftsgütern, d.h. zu höherem Sparen. Die Folge ist eine Rechtsverschiebung der Nachfragefunktion auf dem Obligationenmarkt; dadurch steigen dort der Kurs und die Menge an. Ebenso wie in der stationären Zwei-Güter-Welt finden auch hier gegenläufige Preis-Mengen-Bewegungen statt. Allerdings kommt es hier nicht zu einer Umschichtung innerhalb der Produktion von Gegenwartsgütern, sondern zwischen Gegenwarts- und Zukunftsgütern. Dies folgt deutlich aus der Betrachtung des S-I-Marktes. Hier verschiebt sich die Sparfunktion nach rechts. Dadurch geht der Zins zurück, was seinerseits die Investitionstätigkeit auf das Niveau des erhöhten Sparens anhebt. Das **Gleichgewicht** bleibt somit **erhalten.**

Aus diesen Überlegungen geht hervor, dass die Nachfragestruktur der Haushalte die **Produktionsstruktur** bestimmt. Schätzen die Haushalte den Gegenwartskonsum geringer ein, so impliziert dies eine höhere Konsumgüternachfrage in der Zukunft. Darauf stellen sich die Unternehmungen ein, indem sie über Investitionen die Produktionskapazitäten erweitern. Die hierdurch ermöglichte Mehrproduktion ist erforderlich, um den Sparern zu einem späteren Zeitpunkt ein Güteräquivalent für ihre Zinseinkommen bereitzustellen. Der damit verbundene höhere Nutzen, der in der Zukunft entsteht, stellt die Belohnung für den durch das Sparen zunächst entgangenen Gegenwartsnutzen dar.

Umgekehrt ist eine Zunahme der Konsumgüternachfrage, d.h. des Gegenwartskonsums, mit einem Rückgang des Sparens verbunden. Aufgrund des dabei eintretenden Zinsanstiegs verringern die Unternehmungen ihre Investitionen. Dieser Fall ist ebenfalls anhand von Abbildung 2.17 leicht nachvollziehbar und braucht nicht näher ausgeführt werden.

Graphisch lässt sich die Produktionsstruktur, also die Aufteilung der Gesamtproduktion in Konsumgüter und Investitonsgüter, auf einfache Weise ermitteln. Hierzu wird der Kapitalmarkt (aus zeichnerischen Gründen sind die Achsen vertauscht) mit der Produktionsfunktion verknüpft:

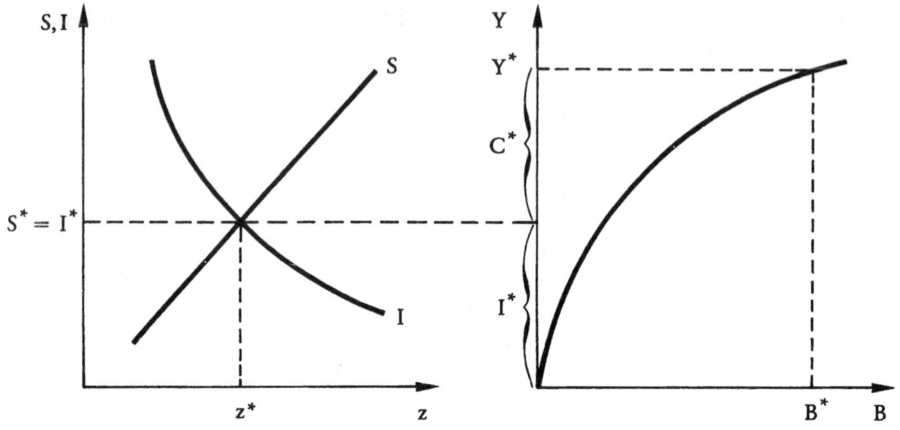

Abb. 2.18: Produktionsstruktur

Das **Saysche Theorem** behält aber nach wie vor seine Gültigkeit. Weiterhin schafft sich jedes Angebot seine eigene Nachfrage. Die Modifikation besteht in einer evolutorischen Wirtschaft nur darin, dass die im Zuge der Angebotserstellung entstandenen Einkommen nicht sofort vollständig für die Konsumgüternachfrage verwendet, sondern teilweise gespart werden. An die Stelle des durch das Sparen der Haushalte hervorgerufenen Nachfrageausfalls an Konsumgütern tritt eine gleich hohe Nachfrage nach Wertpapieren. Den Verkaufserlös verwenden die Unternehmungen zum Kauf von Investitionsgütern, womit die durch das Sparen entstandene Nachfragelücke wieder geschlossen wird. Das Saysche Theorem gilt also auch partiell auf dem Kapitalmarkt. Dort schafft sich wegen der Wirksamkeit des Preis- bzw. Zinsmechanismus jedes Kapitalangebot (Sparen) seine Kapitalnachfrage (Investieren):

Auch in der evolutorischen Wirtschaft kann es jedoch infolge der bereits erwähnten Gründe im Zuge der Umstellung der Produktionsstruktur vorübergehend zu

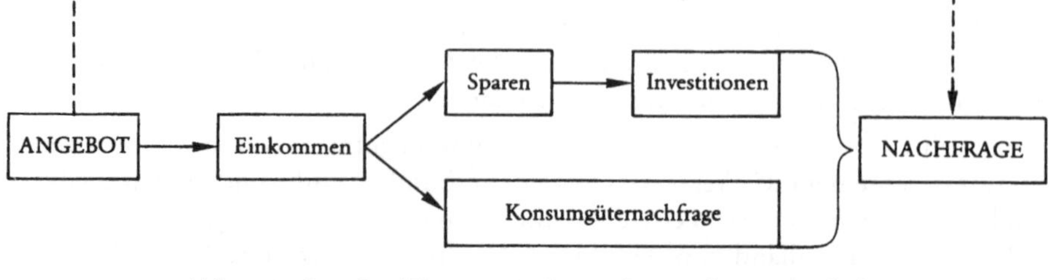

Abb. 2.19: Saysches Theorem in der evolutorischen Wirtschaft

Friktionen kommen. Auf Dauer stellt sich hingegen in der Volkswirtschaft die Übereinstimmung von Güterangebot und Güternachfrage wieder ein.

Zusammenfassend kann man die klassische Sichtweise des realwirtschaftlichen Sektors auf wenige wesentliche Punkte reduzieren. Diese theoretischen Ergebnisse bilden zugleich die Basis für wirtschaftspolitische Konsequenzen:

- Aufgrund der Gültigkeit des **Sayschen Theorems** existiert langfristig immer ein güterwirtschaftliches Gleichgewicht. Da sich jedes Angebot seine eigene Nachfrage schafft, kann es keine allgemeine Überproduktion geben.
  Voraussetzung ist allerdings, dass die angebotenen Güter auch auf entsprechende Bedürfnisse stoßen. Auf längere Sicht erfordert dies die Einführung neuer Waren und Dienstleistungen, d. h. das Auftreten von Innovationen. Für die Wirtschaftspolitik folgt hieraus die Aufforderung, für ein forschungsfreundliches Klima zu sorgen sowie eine entsprechende Forschungs- und Entwicklungspolitik (F&E) zu betreiben.
- Entscheidend für die Erfüllung des Sayschen Theorems ist die **Funktionsfähigkeit des Preismechanismus.** Auf sämtlichen Güter- und Faktormärkten müssen die Preise (Güterpreise, Löhne, Zinsen) vollkommen flexibel sein. Dadurch werden alle Märkte jederzeit geräumt.
  Wiederum folgen hieraus Implikationen für die Wirtschaftspolitik. In diesem Punkt ist primär die Wettbewerbspolitik gefordert. Sie hat dafür Sorge zu tragen, dass der Wettbewerb nicht durch Wettbewerbsbeschränkungen, d. h. wettbewerbsbeschränkendes Verhalten und wettbewerbsbeschränkende Marktstrukturen gestört, sondern erhalten und gefördert wird.
- Die Haushalte legen mit ihren Spar- bzw. Konsumplänen die **Produktionsstruktur** fest. Zeitlich gesehen geht das Sparen stets dem Investieren voraus. Dabei sorgt der **Zins** für die Übereinstimmung von Sparen und Investieren.
  Allerdings hängt die Investitionstätigkeit in der Realität nicht nur vom Zinssatz, sondern auch von weiteren Determinanten wie Unternehmensbesteuerung, Arbeitskosten oder Regulierungen ab. Hier ist es Hauptaufgabe der Wirtschaftspolitik, für geeignete Rahmenbedingungen bezüglich der Investitions- und damit der Produktionstätigkeit der Unternehmen zu sorgen, also die „Standortbedingungen“ zu verbessern.

2. Der Keynesianische Ansatz

Die klassische Theorie gelangte zu dem Ergebnis, dass in einer Volkswirtschaft ein dauerhaftes Ungleichgewicht auf dem Gütermarkt ebenso unmöglich ist wie eine schwere Beschäftigungskrise. Vollkommene Märkte garantieren langfristig ein Gleichgewicht auf dem Gütermarkt bei Vollbeschäftigung. Spätestens gegen Ende der zwanziger Jahre dieses Jahrhunderts schien jedoch die **Weltwirtschaftskrise** die Gültigkeit der klassischen Theorie zu widerlegen. Diese historische Entwicklung sollte indes nicht vorschnell dazu verleiten, die klassische Lehre als „falsch“ abzutun. Vielmehr waren in den zwanziger Jahren die Prämissen der Klassik nicht erfüllt. Vor allem der Preismechanismus wurde durch aufkommende Kartellierungs- und Monopolisierungstendenzen zunehmend außer Kraft gesetzt. Damit zerbrach eine entscheidende Säule der klassischen Theorie.

Als Auslöser der Weltwirtschaftskrise gilt der Börsencrash an der New Yorker Börse am 24. Oktober 1929 („schwarzer Donnerstag"). Innerhalb weniger Tage brachen die zuvor spekulativ in die Höhe getriebenen Aktienkurse fast um die Hälfte ein. Die darauf einsetzenden Liquiditätsschwierigkeiten führten zum Rückruf von Krediten, die unter anderem an Deutschland gewährt wurden bzw. zum Abzug von Geldern, die in Deutschland angelegt waren. Dies bedeutete einen massiven Abfluss von Devisen aus Deutschland. Verstärkt wurde diese Tendenz durch einen stark rückläufigen Welthandel, d. h. sinkende Exporte. Zu diesem Zeitpunkt basierte das internationale Währungssystem auf dem sog. „Gold-Devisen-Standard"; dieser lief darauf hinaus, dass der Banknotenumlauf durch die vorhandenen Gold- und Devisenbestände zu decken war. Aufgrund des Devisenabflusses musste die Reichsbank ein Absinken der Geldmenge zulassen.

Fehlendes Vertrauen in die wirtschaftliche und politische Zukunft veranlasste die Anleger in Deutschland, ihre Guthaben von den Banken abzuziehen. Die solchermaßen entstandene Bankenkrise gipfelte im Juli 1931 in Schalterschließungen. Angesichts der Liquiditätsprobleme schränkten die Banken ihre Kreditvergabe ein, wodurch sich der Rückgang der Geldmenge zusätzlich beschleunigte. Mit der gesunkenen Geldmenge ging ein Rückgang des Preisniveaus um ca. 20 % einher, es kam zu Deflation. Die Reichsregierung unterstützte diese Entwicklung durch Verordnungen von Preis- und Lohnsenkungen.

Die Folgen waren verheerend. Sinkende Preise schmälerten die Investitionen, die um mehr als die Hälfte zurückgingen. Die niedrigeren Löhne erzwangen bei den privaten Verbrauchern eine Verringerung der Konsumnachfrage; zusätzlich verstärkt wurde die Kaufzurückhaltung in Erwartung weiterer Preissenkungen. Da die Sparpolitik der Regierung ebenfalls geringere Ausgaben nach sich zog und die Güterexporte rückläufig waren, brach die Nachfrage auf breiter Front ein. Die Deflation wurde dadurch weiter vorangetrieben. Das Ergebnis war ein Rückgang der gesamtwirtschaftlichen Produktion um ca. 40 %, verbunden mit einem Anstieg der Arbeitslosenquote auf über 30 %.

Vor dem Hintergrund dieser historischen Gegebenheiten verfasste Keynes verschiedene Abhandlungen. Sein Hauptwerk „General Theory of Employment, Interest, and Money" erschien im Jahr 1936. Die Exegese dieses nicht leicht verständlichen Werkes sowie anderer Veröffentlichungen von Keynes bildet den Gegenstand der Keynesianischen Theorie, die im Folgenden in den Grundzügen vorgestellt wird. Inzwischen zeigte sich allerdings, dass die gemeinhin bekannte Auslegung der Arbeiten von Keynes nicht immer mit dessen Intentionen übereinstimmt. Daher stößt man in jüngerer Zeit auf einige Arbeiten, die eine Neuinterpretation der Werke von Keynes vorschlagen. Gleichwohl soll in den weiteren Ausführungen im Wesentlichen an der insgesamt „bewährten" Präsentation der Keynesschen Theorie festgehalten werden. Sie geht vor allem auf die beiden Ökonomen J. R. Hicks und A. H. Hansen zurück. Die Etikettierungen „Keynes" und „Keynesianer" werden im Folgenden synonym verwendet.

Grundlegend für die Position von Keynes ist die Auffassung, dass die entscheidende Ursache wirtschaftlicher Krisen auf der Nachfrageseite liegt. Nicht ein zu geringes Angebot, sondern eine zu geringe Nachfrage bildet das Hauptproblem hochentwickelter Industriestaaten. Infolge technischer Neuerungen kommt es verstärkt zur Massenproduktion. Dadurch treten auf den entsprechenden Märkten allmählich **Sättigungstendenzen** auf. Keynesianer sind also „Sättigungspessimisten"; die **Bedürfnisse** der Menschen werden als **endlich** eingestuft. Die Volkswirtschaften sind also prinzipiell **nachfragebeschränkt,** d.h. auf den Gütermärkten muss mit einem Nachfragemangel gerechnet werden. In der Tat entsprach dies den historischen Verhältnissen der „Goldenen zwanziger Jahre"; dem damals zu verzeichnenden enormen Ausbau der Produktionskapazitäten stand letztlich kein entsprechender Anstieg der Nachfrage gegenüber.

Nach Keynes entscheidet die Höhe der effektiven Nachfrage über das Produktionsvolumen. Diese Sichtweise erscheint durchaus plausibel. Denn sinkt beispielsweise die Nachfrage, wird also weniger gekauft, so gehen bei den Firmen die Auftragseingänge zurück. Daraufhin sehen sich die Unternehmen veranlasst, ihre Produktion zu drosseln, die Auslastung der Kapazitäten geht zurück. **Die Nachfrage schafft sich sozusagen ihr eigenes Angebot,** das Saysche Theorem wird also umgedreht. Da die Produktion nach Maßgabe der technischen Gegebenheiten die Beschäftigung fixiert, entscheidet die Nachfrage letzlich auch über den Beschäftigungsgrad in einer Volkswirtschaft. Für den Fall eines Nachfragerückgangs ist mit Kurzarbeit und steigender Arbeitslosigkeit zu rechnen.

Im Zentrum der Keynesianischen Theorie steht damit die **gesamtwirtschaftliche Nachfrage.** Sie bildet den Inhalt der bekannten Verwendungsgleichung des Inlandsprodukts:

$$Y = C + I^b + G + Ex - Im$$

Diese Gleichung stellt den formalen Ausgangspunkt der Keynesianischen Analyse des güterwirtschaftlichen Sektors dar. In ihr kommt die konjunkturelle Entwicklung einer Volkswirtschaft zum Ausdruck. Da die Komponenten der volkswirtschaftlichen Endnachfrage kurzfristig starken Schwankungen unterliegen können, impliziert die Betonung der Nachfrage deutlich den **kurzfristigen** Charakter der Keynesianischen Theorie. Es ging Keynes letzlich darum, der Wirtschaftspolitik theoretisch fundierte Handlungsanweisungen zu liefern, mithilfe derer die Wirtschaft schnellstmöglich aus einer „Talsohle" herausgeführt werden kann. Im Folgenden sind daher die Bestimmungsgründe der Nachfragekomponenten sowie deren volkswirtschaftliche Bedeutung herauszuarbeiten.

a. Konsum- und Sparfunktion

Der private Konsum ist ein äußerst komplexes Aggregat, in das eine Vielzahl von Waren und Dienstleistungen eingeht, welche die privaten Haushalte nachfragen. Entsprechend vielfältig sind auch die in Betracht kommenden Determinanten:

- Bevölkerungsgröße
- Altersaufbau
- Einkommensverteilung
- Veränderungen des Preisniveaus
- Werbung
- Prestigedenken

Die Liste ließe sich leicht verlängern. All diese Faktoren sind zweifellos bedeutsam für Konsumentscheidungen. Die wichtigste Größe ist jedoch nach Keynesianischer Ansicht das **Einkommen,** welches die Haushalte beziehen. Unter Anwendung der Ceteris-paribus-Klausel, d.h. bei Konstanz der oben erwähnten sowie sonstiger denkbarer Einflussgrößen lautet die **Konsumfunktion** allgemein:

C = C(Y)

Es handelt sich hierbei um eine typische Verhaltensgleichung, mit der die Konsumpläne der privaten Haushalte erklärt werden. Da die Ex-ante-Analyse grundsätzlich mit Plangrößen arbeitet, kann in den folgenden Ausführungen auf die entsprechende Indizierung (g = geplant) verzichtet werden. Keynes geht davon aus, dass die Haushalte ihre Konsumentscheidungen am realen Einkommen orientieren. Unterstellt man ein im Zeitablauf konstantes Preisniveau mit dem Wert von Eins (und davon wird in den weiteren Überlegungen zunächst ausgegangen), so ist die Unterscheidung zwischen nominellem Konsum (C) und realem Konsum (C_r) nicht erforderlich. Aus Vereinfachungsgründen wird zunächst auch vom Staat und vom Ausland abstrahiert, es liegt mit anderen Worten ein dreipoliges Kreislaufmodell zugrunde. Dadurch steht den Haushalten das verdiente Einkommen vollständig zur freien Verfügung.

Aufgrund der Budgetrestriktion (Y = C + S) steht über den Konsum automatisch auch das Sparen fest, das bei Keynes logischerweise ebenfalls vom Einkommen abhängt. Die **Sparfunktion** lautet daher:

S = S(Y)

Im Gegensatz zur Klassik spielt in der Keynesianischen Theorie die Verzinsung der Ersparnisse auf gesamtwirtschaftlicher Ebene nur eine untergeordnete Rolle. Aus dieser Prämisse folgen, wie noch näher zu zeigen sein wird, weit reichende Konsequenzen für das güterwirtschaftliche Gleichgewicht.

An dieser Stelle sollte nochmals auf das Wesen monokausaler Erklärungen hingewiesen werden. Die Reduzierung auf nur eine einzige Determinante geschieht einerseits aus Gründen der analytischen Vereinfachung. Zum anderen geht man davon aus, dass die abhängige Variable zwar durchaus von verschiedenen Faktoren abhängen kann; im Vergleich zu den zahlreichen anderen in Betracht kommenden Bestimmungsfaktoren übt jedoch die explizit in der Funktion auftauchende Determinante einen dominanten Einfluss auf die abhängige Variable aus.

Der kurzfristigen Betrachtungsweise folgend, sieht Keynes den laufenden Konsum als abhängig vom laufenden Einkommen an. Üblicherweise bezeichnet man diese Annahme über das makroökonomische Konsumverhalten als die **„absolute Einkommenshypothese".** Plausibel erscheint eine – auch empirisch anzutreffende – positive Beziehung zwischen C und Y, d. h. mit steigendem Einkommen nimmt der Konsum zu und umgekehrt.

Für eine genauere Spezifikation der Konsum- und damit auch der Sparfunktion ist es notwendig, die Konsum- und Spargewohnheiten der Bevölkerung exakt zu definieren. Bezieht man die gesamten Konsumausgaben auf das Volkseinkommen, so erhält man die **durchschnittliche Konsumquote** (c). Setzt man hingegen die Veränderung der Konsumausgaben ins Verhältnis zur Einkommensveränderung, so ergibt sich die **marginale Konsumneigung** (c'). Analoges gilt für die Spargewohnheiten. Mithin lauten die Definitionen:

$$c = \frac{C}{Y} = \text{durchschnittliche Konsumquote}$$

$$c' = \frac{dC}{dY} = \text{marginale Konsumneigung}$$

$$s = \frac{S}{Y} = \text{durchschnittliche Sparquote}$$

$$s' = \frac{dS}{dY} = \text{marginale Sparneigung}$$

Die Konstanz von c' impliziert einen linearen Verlauf der Konsum- und damit auch der Sparfunktion. Dagegen bedingt ein abnehmendes c' einen degressiven Verlauf der Konsumfunktion bzw. eine progressiv verlaufende Sparfunktion.

Eine weitere Eigenschaft des Konsumverhaltens betrifft den so genannten **autonomen Konsum** ($\bar{C}$). Diese auch als Basiskonsum bezeichneten Konsumausgaben tätigen die Haushalte unabhängig von der Höhe des Einkommens. Sofern ein autonomer Konsum vorliegt, verlaufen die Konsum – und damit die zugehörige Sparfunktion nicht durch den Ursprung, sie sind inhomogen.

Damit kommen prinzipiell vier Funktionstypen in Betracht (Abbildung 2.20). Das Einkommen als unabhängige Variable ist auf der Abszisse und zusätzlich zusammen mit dem Konsum auf der Ordinate abgetragen. Die gestrichelt gezeichnete 45°-Linie entspricht der sog. **„Einkommenslinie"**; sie bildet auf Dauer eine Obergrenze für den Konsum. Die dem jeweiligen Einkommen zugeordneten Sparwerte lassen sich als vertikaler Abstand zwischen 45°-Linie und Konsumfunktion ermitteln. Liegt der Konsum oberhalb des Einkommens (Funktionstypen 2 und 4), so ist das Sparen negativ, was ökonomisch als Auflösung vorhandener Ersparnisse interpretiert werden kann.

Am Beispiel der Funktion 2 sind die durchschnittliche Konsumquote und marginale Konsumneigung dargestellt. Letztere ist nichts anderes als die Steigung der Konsumfunktion. Dagegen benötigt man zur Ermittlung der durchschnittlichen Konsumquote einen Fahrstrahl, also eine Gerade vom Nullpunkt durch einen beliebigen Punkt auf der Konsumfunktion. Der Tangens des eingeschlossenen Winkels entspricht der durchschnittlichen Konsumquote, also dem Wert von c.

Die Eigenschaften der unterschiedlichen Konsumfunktionen sind in Tabelle 2 zusammengestellt (analoges ließe sich leicht für die Sparfunktion herleiten).

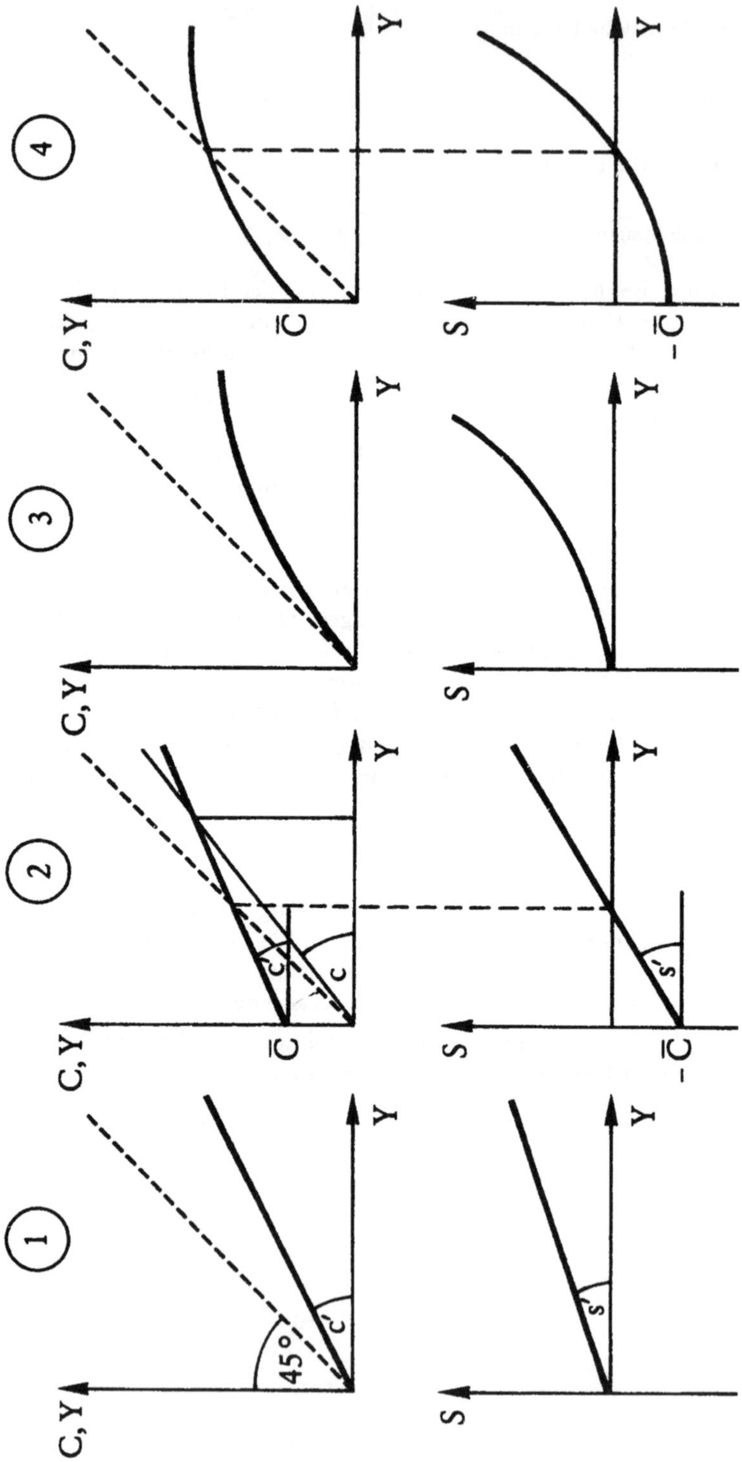

Abb. 2.20: Keynesianische Konsum- und Sparfunktionen

Tab. 2: Eigenschaften unterschiedlicher Konsumfunktionen

Linearität \ Homogenität	homogen	inhomogen
linear	TYP ① c' = konstant c = konstant 0 < c' = c < 1 Beispiel: C = 0.8 Y	TYP ② c' = konstant c = abnehmend 0 < c' < c < 1 Beispiel: C = 20 + 0.8 Y
nicht linear	TYP ③ c' = abnehmend c = abnehmend 0 < c' < c < 1 Beispiel: $C = Y^{0,5}$	TYP ④ c' = abnehmend c = abnehmend 0 < c' < c < 1 Beispiel: $C = 20 + Y^{0,5}$

Aus der Ableitung der Gleichung

$Y = C + S$

nach Y folgt:

$\frac{dY}{dY} = \frac{dC}{dY} + \frac{dS}{dY}$, und damit

$1 = c' + s'$

wobei üblicherweise gilt: $0 < s' < c' < 1$.

Die marginale Konsum- und Sparneigung ergänzen sich notwendigerweise immer zu Eins. Gleiches gilt für die Durchschnittsquoten:

$Y = C + S$, bzw.

$\frac{Y}{Y} = \frac{C}{Y} + \frac{S}{Y}$, und damit

$1 = c + s$

In der Tatsache, dass der Konsumzuwachs geringer ausfällt als der Einkommenszuwachs, die marginale Konsumneigung also größer als Null aber kleiner als Eins ist, sieht Keynes ein **„fundamentales psychologisches Gesetz"**, d. h. mit steigendem Einkommen nimmt der private Konsum nur unterproportional zu. Dies bedeutet aber nichts anderes wie das Auftreten von **Sättigungstendenzen**. In diesem Punkt unterscheidet sich die Keynesianische Theorie wesentlich von der Klassik. Während letztere von unendlichen Bedürfnissen ausging und damit Sättigungstendenzen für unwahrscheinlich hielt, sind nach Keynesianischer Auffassung die Bedürfnisse zumindest auf mittlere Sicht endlich. Die Folge ist ein Stagnieren der Konsumnachfrage.

Gleichwohl sollen die weiteren Überlegungen an Hand des Funktionstyps 1, also einer linear homogenen Konsum- und Sparfunktion durchgeführt werden. Dieser

Funktionstypus ist analytisch der einfachste. Die Verwendung einer komplizierteren Funktion würde an den prinzipiellen Ergebnissen der Keynesianischen Theorie jedoch nichts ändern.

Die Einfachheit des gewählten Funktionstyps geht aus folgendem Zahlenbeispiel hervor:

Tab. 3: Linear homogene Konsum- und Sparfunktion

Y	C	c	c'	S	s	s'
(1)	(2)	(3)	(4)	(5)	(6)	(7)
50	40	0,8	0.8	10	0,2	0,2
100	80	0,8	0,8	20	0,2	0,2
150	120	0,8	0,8	30	0,2	0,2
200	160	0,8	0,8	40	0,2	0,2
250	200	0,8	0,8	50	0,2	0,2
300	240	0,8	0,8	60	0,2	0,2
:	:	:	:	:	:	:

Trägt man die Werte in ein Koordinatensystem ein, so ergibt sich der bereits bekannte Verlauf der Konsum- und Sparfunktion. Für jedes Einkommen existiert ein bestimmter Wert für C und S. Durch Vertikaladdition der Konsum- und Sparfunktion erhält man die Winkelhalbierende (Abbildung 2.21). Beispielsweise belaufen sich bei einem Einkommen von 100 die Konsumausgaben auf 80 und die Ersparnisse auf 20. Hinter der solchermaßen konstruierten Einkommenslinie steht also die Summe von C und S:

$$Y = C(Y) + S(Y)$$

Da das Einkommen aber wertgleich dem Angebot ist, stellt die 45°-Linie nichts anderes als einen Ausdruck für das **volkswirtschaftliche Güterangebot** (A) dar (siehe Abbildung 2.21).

Neben Keynes sehen auch zahlreiche andere Ökonomen im Einkommen die entscheidende Determinante des Konsums, allerdings innerhalb eines längerfristigen Zeithorizonts. Nach der **„permanenten Einkommenshypothese“** (Friedman) werden die Konsumentscheidungen nicht nur vom gegenwärtigen, sondern auch vom künftig erwarteten Einkommen geprägt. In diese fiktive Größe fließen neben Zukunftserwartungen auch Vergangenheitserfahrungen ein. Die **„Lebenszyklushypothese“** (Ando/Modigliani) dehnt ihre Betrachtung auf die Beziehung zwischen dem während des ganzen Lebens getätigten Konsum und dem in dieser Zeit verdienten Einkommen aus. Das nur zögernde Reagieren des Konsums auf Einkommensveränderungen bildet den Inhalt der **„Habit-Persistence-Hypothese“** (Brown). Gemäß der **„relativen Einkommenshypothese“** (Duesenberry) hängen die Konsumausgaben von der relativen Einkommensposition der privaten Haushalte und damit von deren sozialer Stellung ab.

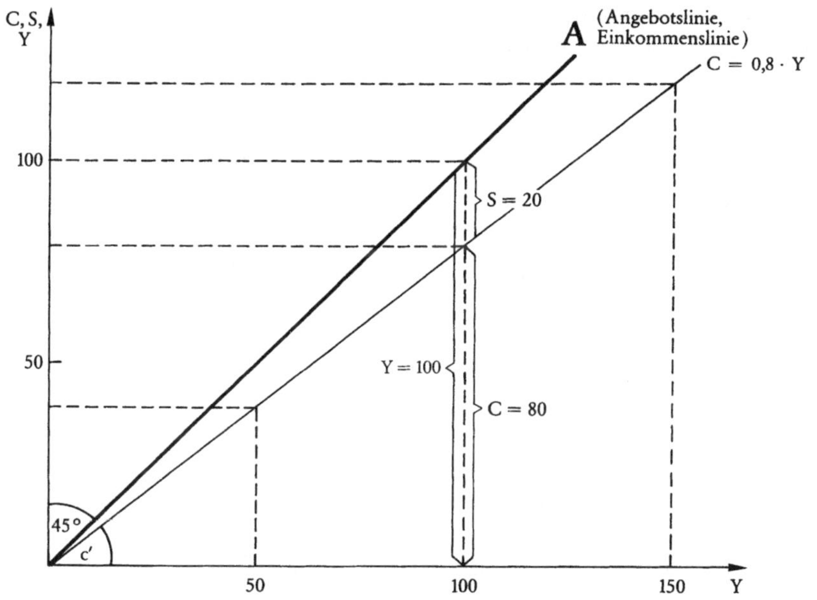

Abb. 2.21: Herleitung der Angebotslinie

Daneben existieren noch weitere Konsumhypothesen, auf die aber an dieser Stelle nicht weiter eingegangen werden soll. Im Folgenden steht vielmehr wieder die kurzfristig konzipierte absolute Einkommenshypothese Keynesianischer Prägung im Vordergrund.

b. Gleichgewicht und Ungleichgewicht bei autonomen Investitionen

Bislang beschränkten sich die Betrachtungen vor allem auf das güterwirtschaftliche Angebot. Zur Ermittlung des Gleichgewichts bedarf es aber noch der Einführung der Nachfrage. Aufgrund der Modellannahmen beinhaltet die Gesamtnachfrage zunächst lediglich den Konsum und die Investitionen. Nachdem die Konsumnachfrage bereits erklärt wurde, ist nunmehr auf die Investitionen genauer einzugehen. Die folgenden Überlegungen basieren auf dem Geschehen im 3-poligen Kreislauf, d. h. die Größe I enthält lediglich private Nettoinvestitionen.

Die Bestimmungsgründe der Investitionstätigkeit sind vielfältig. Absatzerwartungen, Zinsen, steuerliche Vorschriften usw. beeinflussen die Entscheidungen der Unternehmer, ihre Produktionskapazitäten zu erweitern. Zunächst soll jedoch die explizite Berücksichtigung der Investitionsdeterminanten außer Acht bleiben. Es erweist sich für die elementaren Gleichgewichtsüberlegungen als zweckmäßig, in einem ersten Schritt von **autonomen Investitionen** ($\bar{I}$) auszugehen:

$$I = \bar{I}$$

Diese **Investitionsfunktion** besagt, dass die Unternehmer aus nicht näher bekannten Gründen eine bestimmte Investition planen. Sie bedeutet für uns eine vorgegebene Größe, die sich aber im Zeitablauf durchaus verändern kann, ohne dass die Ursachen hierfür bekannt sind. Da die autonomen Investitionen unter anderem auch nicht vom Einkommen abhängen, resultiert für die Investitionsfunktion in Bezug auf das Einkommen folgender Verlauf:

Abb. 2.22: Autonome Investitionen

Für die gesamtwirtschaftliche geplante Nachfrage folgt hieraus:

$N = C + I,$ bzw.

$N = C(Y) + \bar{I}$

Unter Verwendung einer linear-homogenen Konsumfunktion erhält man:

$\mathbf{N = c' Y + \bar{I}}$

Zeichnerisch kann die gesamte Nachfrage durch Vertikaladdition der Konsum- und Investitionsfunktion konstruiert werden. Der jeweilige Wert des einkommensabhängigen Konsums wird also einfach um den konstanten Betrag der Investitionen aufgestockt. Dadurch verschiebt sich die Konsumfunktion um die Strecke der autonomen Investitionen parallel nach oben (siehe Abb. 2.23).

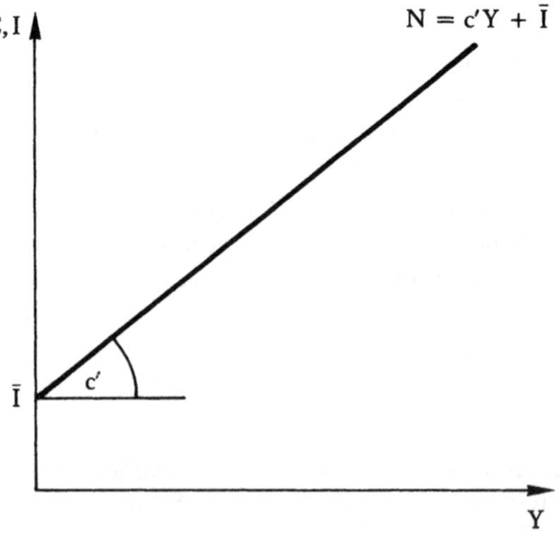

Abb. 2.23: Gesamtwirtschaftliche Nachfrage bei autonomen Investitionen

Güterwirtschaftliches Gleichgewicht herrscht, wenn geplantes Angebot und geplante Nachfrage bzw. geplantes Sparen und geplantes Investieren übereinstimmen. Abbildung 2.24 verdeutlicht nochmals den Unterschied zwischen der Übereinstimmung im Ex-post-Sinne und im Ex-ante-Sinne. In diesem Zusammenhang ist die Unterscheidung zwischen geplanten und ungeplanten Größen explizit erforderlich.

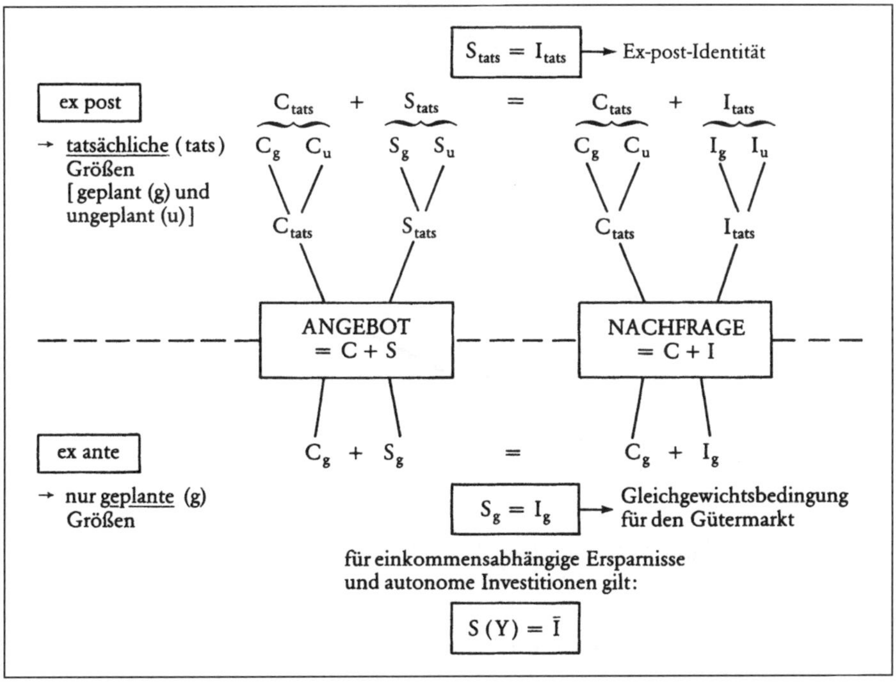

Abb. 2.24: Übereinstimmung von Sparen und Investieren im Ex-post- und im Ex-ante-Sinne

Zeichnerisch kann das güterwirtschaftliche Gleichgewicht auf zwei Wegen dargestellt werden. Entweder bringt man die Angebotslinie mit der gesamtwirtschaftlichen Nachfragefunktion oder aber die Spar- und Investitionsfunktion zum Schnitt. Abbildung 2.25 zeigt die alternative Ermittlung des Gleichgewichtseinkommens und damit des güterwirtschaftlichen Gleichgewichts.

Die beiden Graphiken machen deutlich, dass nur **ein einziger Einkommenswert** existiert, der das Gleichgewicht auf dem Gütermarkt garantiert.

Das Gleichgewichtseinkommen kann auch rechnerisch ermittelt werden. Im Gleichgewicht gilt die Bedingung:

$A = N$

Da das Angebot mit dem Einkommen identisch ist, gilt immer:

$A = Y$

Die Nachfrage lautet in ihrer einfachsten Form:

$N = c' Y + \bar{I}$

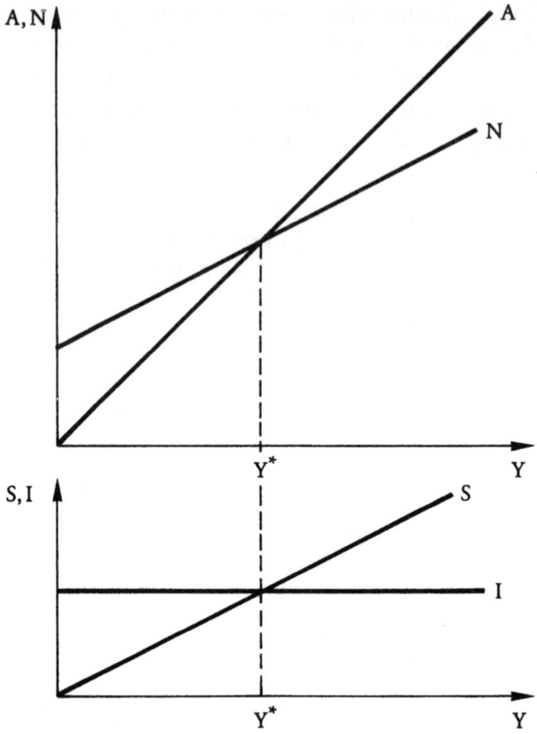

Abb. 2.25: Ermittlung des Gleichgewichtseinkommen

Durch Einsetzen in die Gleichgewichtsbedingung ergibt sich

$Y = c' Y + \bar{I}$

Löst man diese Gleichung nach Y auf, so erhält man das Gleichgewichtseinkommen:

$Y - c' Y = \bar{I}$

$Y (1 - c') = \bar{I}$

$$Y^* = \frac{1}{1 - c'} \cdot \bar{I}$$

Die Verwendung einer Konsumfunktion mit autonomem Konsum modifiziert das Ergebnis entsprechend. Wegen

$C = \bar{C} + c' Y$

errechnet sich das Gleichgewichtseinkommen über die Gleichung

$Y = \bar{C} + c' Y + \bar{I}$

als

$$Y^* = \frac{1}{1 - c'} \cdot (\bar{C} + \bar{I})$$

An dieser Stelle ist ausdrücklich darauf hinzuweisen, dass das Symbol N in der Nachfragegleichung nur dann durch das Symbol Y ersetzt werden darf, wenn ein Gleichgewicht vorliegt.

Die Gleichgewichtsüberlegungen kann man leicht verständlich anhand einer Tabelle nachvollziehen. Dabei wird auf die bereits in Tabelle 3 verwendeten Werte für die marginale Konsum- und Sparneigung (0,8 bzw. 0,2) zurückgegriffen, die autonomen Investitionen haben einen Wert von 40.

Tab. 4: Gleichgewicht und Ungleichgewichte auf dem Gütermarkt

Fall	geplantes = realisiertes Angebot = Volkseinkommen A = Y	geplanter Konsum (c' = 0,8) C	geplantes Sparen (s' = 0,2) S	geplante Investition $\bar{I}$	geplante Nachfrage ($C + \bar{I}$) N
(1)	(2)	(3)	(4)	(5)	(6)
1	50	40	10	40	80
2	100	80	20	40	120
3	150	120	30	40	160
4	200	160	40	40	200
5	250	200	50	40	240
6	300	240	60	40	280

Während sich das geplante Angebot aus der Summe der Spalten 3 und 4 berechnet, erhält man die Nachfrage aus der Addition der Spalten 3 und 5.

In den Fällen 1 bis 3 haben die Produzenten die Nachfrage unterschätzt, es besteht eine sog. Angebotslücke. Hier liegt der beabsichtigte Nachfrageausfall der Haushalte (= Sparen) unter der Nachfrage der Unternehmer (= Investieren). Umgekehrt verhält es sich in den Fällen 5 und 6, wo eine Überproduktion bzw. Nachfragelücke herrscht. Lediglich bei einem Einkommen von 200 (Fall 4) stimmen die Pläne der Anbieter und Nachfrager überein.

Es gilt also immer:

$A = N \leftrightarrow S = I$ Gleichgewicht

$$\left.\begin{array}{l} A < N \leftrightarrow S < I \\ A > N \leftrightarrow S > I \end{array}\right\} \text{Ungleichgewicht}$$

Im Gleichgewicht tauchen keinerlei ungeplante Größen auf. Anders dagegen verhält es sich bei Vorliegen eines Ungleichgewichts. Hierbei treten notwendigerweise ungeplante Größen auf, wie sie bereits an früherer Stelle erörtert wurden. In den Fällen 1 bis 3 kann die Ex-post-Gleichheit von A und N bzw. S und I durch folgende möglichen Vorgänge zustandekommen:

- Die Unternehmer befriedigen die überschüssige Nachfrage durch Rückgriff auf bestehende Lagervorräte, d. h. durch **Lagerabbau** ($-I_u$);

- Die **Preise** werden **hochgesetzt;** dadurch entstehen bei den Unternehmern ungeplante Gewinne ($S_{u,U}$). Die Haushalte müssen auf einen Teil des geplanten Konsums verzichten ($-C_u$), es entsteht also das sog. „Zwangssparen" ($S_{u,H}$);
- Die Unternehmer reagieren mit **Lieferfristen;** dadurch müssen die Haushalte auf einen Teil des in der betrachteten Periode geplanten Konsums verzichten ($-C_u = S_{u,H}$).

Entsprechend umgekehrt verhält es sich in den Fällen 5 und 6. Die exakten Werte für die jeweiligen Fälle sind in Tabelle 5 aufgeführt.

Die Betrachtungen haben gezeigt, dass die Realisierung eines **güterwirtschaftlichen Gleichgewichts reiner Zufall** ist. Da jedes Einkommens- und damit Produktionsniveau mit einem ganz bestimmten Beschäftigungsgrad verbunden ist, deutet sich schon an dieser Stelle die Zufälligkeit der Erreichung eines Vollbeschäftigungszustandes an. Realistischerweise dürfte in der Regel wohl kaum mit dem Zustandekommen eines gleichgewichtigen Einkommens zu rechnen sein. Damit erhebt sich aber die Frage, welche Konsequenzen aus einer Ungleichgewichtssituation resultieren. Dies ist der Gegenstand des folgenden Punktes.

c. Anpassungsprozesse

Definiert man Gleichgewicht als einen Zustand, bei dem für die Wirtschaftssubjekte kein Anlass zu Planrevisionen besteht, so folgt hieraus unmittelbar, dass ein Ungleichgewichtszustand zu Änderungen der Wirtschaftspläne führt. Planrevisionen lösen jedoch ihrerseits Anpassungsprozesse aus. Derartige Vorgänge lassen sich allerdings nicht mehr mithilfe der bislang verwendeten statischen (zeitpunktbezogenen) Betrachtungsweise erfassen. Erforderlich ist hierfür vielmehr eine **dynamische** Analyse, in der ökonomische Entwicklungen im Zeitablauf betrachtet werden.

Zur Beschreibung der Verhaltensweisen von Wirtschaftssubjekten im Zeitablauf bedarf es der Einführung von **Reaktionshypothesen.** Sie enthalten Annahmen über die zeitliche Abhängigkeit ökonomischer Variablen. Für den Sektor der **Haushalte** wäre es beispielsweise vorstellbar, dass er seine Konsumausgaben am zukünftig erwarteten Einkommen orientiert. Auch könnte er das laufende Einkommen als Plandatum des laufenden Konsums ansehen. Ebenso denkbar erscheint die Orientierung der Konsumausgaben einer Periode am Einkommen der Vorperiode; diese zeitliche Verzögerung des Konsums nennt man den „Robertsonlag".

Für die Produktionstätigkeit der **Unternehmungen** wird bei Keynes die Abhängigkeit von der Nachfrage, d. h. den Verkaufserfolgen, unterstellt. Unter zeitlichem Aspekt können die Unternehmer die Produktion einer Periode vergangenheitsbezogen, gegenwartsbezogen oder zukunftsbezogen planen. Rechnen die Unternehmer beispielsweise damit, dass sie das Verkaufsergebnis des Vorjahres auch im laufenden Jahr wieder erreichen werden, so wird die laufende Produktion genau in der Höhe der Nachfrage der vergangenen Periode geplant. Damit nehmen die Reaktionshypothesen folgende Gestalt an (t = Zeitindex) (siehe Seite 82):

Tab. 5: Ex-post-Ausgleichsmöglichkeiten güterwirtschaftlicher Ungleichgewichte sowie Gleichgewicht

geplantes = realisiertes Angebot = Volkseinkommen	geplantes = realisiertes Konsumangebot	geplantes (autonome) Investitionen	geplantes Konsumnachfrage (C = 0,8 Y)	geplantes Sparen (S = 0,2 Y	geplantes Nachfrage = (3) + (4)	EX-ANTE-(UN)GLEICHGEWICHTSZUSTAND	EX-POST-AUSGLEICH: Realausgleich (= Lagerbestandsveränderungen I_u)		Preisausgleich (= ungeplante Unternehmergewinne S_u^U bzw. ungeplanter Konsum C_u)			Lieferfristen	
$A = Y$	C^A	$\bar{I}$	C_g^N	S_g	N_g		I_u	Ex-post-Übereinstimmung von A und N bzw. S und I	S_u^U	Ex-Post-Übereinstimmung von A und N bzw. S und I	C_u	C_u	S_u^H
(1)	(2)	(3)	(4)	(5)	(6)	(7)	(8)	(9)	(10)	(11)	(12)	(13)	(14)
50	10	40	40	10	80	$A_g < N_g$	– 30	$S_g = I_g + I_u$	+ 30	$S_g + S_u = I_g$	– 30	– 30	+ 30
100	60	40	80	200	120		– 20		+ 20		– 20	– 20	+ 20
150	110	40	120	30	160	$S_g < I_g$	– 10	$S_{tats} = I_{tats}$	+ 10	$S_{tats} = I_{tats}$	– 10	– 10	+ 10
200	160	40	160	40	200	$A_g = N_g$ $S_g = I_g$	0	$I_u = 0$	0	$S_u = 0$ $C_u = 0$	0	0	0
250	210	40	200	50	240	$A_g > N_g$	+ 10	$S_g = I_g + I_u$	– 10	$S_g + S_u = I_g$	+ 10		
300	260	40	240	60	280	$S_g > I_g$	+ 20	$S_{tats} = I_{tats}$	– 20	$S_{tats} = I_{tats}$	+ 20		

Reaktionshypothesen

Haushalte:	Unternehmer:
$C_t = C_t(Y_t)$	$A_t = N_t$
$C_t = C_t(Y_{t+1})$	$A_t = N_{t+1}$
$C_t = C_t(Y_{t-1})$ (= „Robertson-lag")	$A_t = N_{t-1}$ (= „Lundberg-lag")

Für die weiteren Überlegungen wird von einem unverzögerten Konsumentenverhalten

$C_t = c' Y_t$

sowie einem verzögerten Produzentenverhalten, d. h. dem Lundberg-lag

$A_t = N_{t-1}$

ausgegangen.

Am einfachsten kann man sich die Folgen eines Ungleichgewichtszustandes wiederum anhand eines Zahlenbeispiels vor Augen führen. Den Ausgangspunkt hierfür bilden die bereits in Tabelle 4 verwendeten Daten für das Verhalten der Haushalte und der Unternehmungen. Anhand des dort aufgeführten Falles 5 soll der Anpassungsprozess zahlenmäßig durchgespielt werden. In dieser Situation beträgt die gesamtwirtschaftliche geplante Nachfrage 240 und reicht damit nicht aus, um das Angebot von 250 vollständig aus dem Markt zu nehmen. Diese Konstellation liegt in Tabelle 6 der Ausgangsperiode 1 zugrunde.

Kurzfristig können die Unternehmer ihre Lagerbestände aufstocken (wie in Tab. 6 unterstellt) bzw. Preisabschläge beschliessen. In der nächsten Periode werden sie jedoch die Produktion auf die Höhe der Nachfrage von Periode 1, also auf 240, zurücknehmen. Dadurch sinkt aber in der Periode 2 auch das Einkommen auf 240. Dies veranlasst die Haushalte zu einer Reduzierung ihres Konsums. Bei gleich bleibenden Investitionen geht die gesamtwirtschaftlichen Nachfrage auf 232 zurück, was die Unternehmer mit einer weiteren Produktionsdrosselung in der Periode 3 beantworten. Der Prozess setzt sich solange fort, bis schrittweise ein

Tab. 6: Kontraktionsprozess

Periode	A = Y	C (c' = 0,8)	S (s' = 0,2)	$\bar{I}$	N (= C + $\bar{I}$)	I_u
(1)	(2)	(3)	(4)	(5)	(6)	(7)
1	250	200	50	40	240	+ 10
2	240	192	48	40	232	+ 8
3	232	185,6	46,4	40	225,6	+ 6,4
4	225,6	.	.	.	.	.
.	.	.	.	.	.	.
.	.	.	.	.	.	.
.	.	.	.	.	.	.
n	200	160	40	40	200	0

Gleichgewicht beim Einkommen von 200 erreicht wird. Streng mathematisch dauert dieser Anpassungsprozess, hinter dem sich eine unendliche geometrische Reihe verbirgt, allerdings unendlich viele Zeitperioden an.

Sollten die Unternehmer die Erhöhung der Lagerbestände einer Periode in die Produktionspläne der folgenden Periode einkalkulieren, so würde dies an den prinzipiellen Ergebnissen des Prozesses nichts ändern. Der Prozess liefe zwar in größeren Schritten ab. Der Endwert bliebe jedoch derselbe, da in der Periode n die Ersparnisse auf den Wert der Investitionen schrumpfen müssen. Dieser Zustand erfordert aufgrund der vorgegebenen Zahlen ein Gleichgewichtseinkommen von 200.

Der beschriebene Anpassungsprozess lässt sich auch graphisch darstellen:

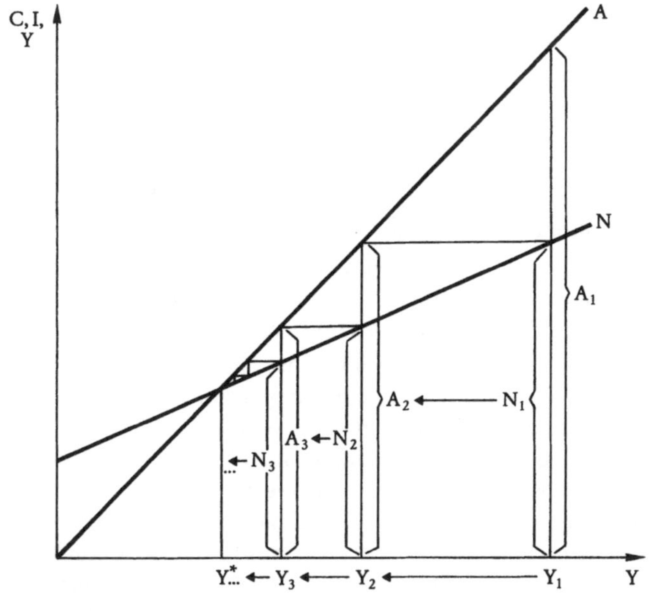

Abb. 2.26: Graphische Darstellung des Kontraktionsprozesses

Die Annäherung an das Gleichgewichtseinkommen erfolgt treppenförmig, wobei die „Treppenstufen“ immer niedriger werden.

Auch bei Keynes tendiert die Volkswirtschaft also zu einem Gleichgewicht auf dem Gütermarkt. Zu dessen Herbeiführung sind allerdings – im Gegensatz zur Klassik – Einkommensänderungen erforderlich. Verantwortlich für die Rückbildung des Einkommens ist eine sog. **Nachfragelücke** oder **Kontraktionslücke.**

Im Zuge des Kontraktionsprozesses kann es, wie bereits erwähnt, durchaus zu einer Rückbildung des Preisniveaus, d.h. zu einer Deflation kommen, denn das Angebot an Gütern ist größer als die Güternachfrage. Daher bezeichnet man die Situation A > N bzw. S > I häufig auch als **„deflatorische Lücke“**. Der Ex-post-Ausgleich würde in diesem Fall über einen positiven ungeplanten Konsum hergestellt. Das Auftreten deflatorischer Tendenzen kann den Abschwungprozess in der Wirtschaft sogar beschleunigen. Denn wenn die Preise erst einmal zu sinken beginnen, erwarten die Wirtschaftsakteure möglicherweise weitere Preisrückgänge. Diese Preiserwartungen führen zu einer Kaufzurückhaltung, wodurch die gegenwärtige Nachfrage noch stärker einbricht. Es entstehen sog. **kumulative deflatorische Prozesse.** Allerdings muss eine Deflation nicht zwangsläufig als Begleiterscheinung eines Kontraktionsprozesses auftreten. Die Bezeichnung „deflatorische Lücke" sollte daher mit gewissen Vorbehalten verwendet werden.

Bisher erstreckten sich die Betrachtungen auf die Situation A > N. Liegt das Einkommen hingegen unterhalb der Nachfrage bzw. das Sparen unterhalb des Investierens, so spricht man von einer **Angebotslücke.** Sie trägt auch die Bezeichnungen **„Expansionslücke"** oder **„inflatorische Lücke".** Auf eine ausführliche Darstellung dieses Falles, der zu den entsprechend umgekehrten Ergebnissen führt, soll jedoch verzichtet werden.

Generell kann man festhalten, dass bei Vorliegen eines Ungleichgewichts auf dem Gütermarkt systemimmanente Kräfte wirksam werden, die schließlich ein neues Gleichgewicht herbeiführen. Das güterwirtschaftliche Gleichgewicht ist mithin **stabil.** Der Anpassungsprozess hin zu einem neuen Gleichgewicht läuft dabei über die Anpassung der Ersparnisse an die Investitionen ab. Aufgrund der Einkommensabhängigkeit des Sparens verändert sich auf dem Weg zum Gleichgewicht stets das Volkseinkommen, d. h. die Produktion.

Möglicherweise kommt es dabei zu Veränderungen des Preisniveaus. In jedem Falle aber reagieren **zuerst die Mengen** und erst **dann** die **Preise.** Die zeitliche Abfolge von Mengen- und Preiseffekten ist damit genau umgekehrt wie in der Klassik.

Im Zuge der Veränderung der Produktion ist auch mit Rückwirkungen auf den **Arbeitsmarkt** zu rechnen. Im Falle einer Expansionslücke bedarf es zur Steigerung der Produktion des Mehreinsatzes von Arbeitskräften. Eine Lücke I > S bedeutet somit eine günstige Voraussetzung zum Abbau von Arbeitslosigkeit. Umgekehrt geht von einer Kontraktionslücke die Gefahr von Unterbeschäftigung in der Volkswirtschaft aus („konjunkturelle Arbeitslosigkeit"). Die explizite Einbeziehung des Arbeitsmarktes erfolgt jedoch ebenso wie die Berücksichtigung von Preisniveauveränderungen erst an späterer Stelle. Einen zusammenfassenden Überblick der Ungleichgewichtssituationen und ihrer makroökonomischen Konsequenzen vermittelt Abbildung 2.27.

Die Realisierungschancen des Gleichgewichts auf dem Gütermarkt schätzte Keynes als sehr gering ein. Dieser Gleichgewichtspessimismus erscheint verständlich, wenn man bedenkt, dass Sparer und Investoren verschiedene **Personengruppen** sind. Sie stellen ihre Wirtschaftspläne aufgrund ihrer individuellen wirtschaftlichen Interessen unabhängig voneinander auf. Eine „Benachrichtigung" zwischen den beiden Gruppen über die erstellten Wirtschaftspläne geschieht nicht. Damit wäre eine Übereinstimmung der Spar- und Investitionspläne reiner Zufall.

Was den Typ des Ungleichgewichts anbetrifft, so ging Keynes davon aus, dass „reife" Volkswirtschaften zu **kontraktiven Lücken** (S > I) und damit zu Wirtschaftskrisen neigen. In dieser Einschätzung tritt der **„Marktpessimismus"** von Keynes deutlich zutage. Zum einen liegt das Zustandekommen einer Kontraktionslücke an der längerfristigen **Zunahme der Sparneigung.** Sie findet ihre Erklärung u. a. im „psychologischen Gesetz" sowie in einer zunehmenden Ungewissheit über die Zukunft („Krisensparen"). Zum anderen ist ein tendenzieller **Rückgang der Investi-**

Typ des Ungleichgewichts	**Bezeichnung**	**Auswirkungen**
A > N bzw. S > I	Nachfragelücke, Kontraktionslücke deflatorische Lücke	Konjunkturabschwung, Kontraktionsprozess Produktions- und Einkommensrückgang, Lageraufbau, Tendenz zu Preissenkungen, Anstieg der Arbeitslosigkeit
A < N bzw. S < I	Angebotslücke, Expansionslücke inflatorische Lücke	Konjunkturaufschwung, Expansionsprozess Produktions- und Einkommenszunahme, Lagerabbau, Tendenz zu Preissteigerungen, Rückgang der Arbeitslosigkeit

Abb. 2.27: Ungleichgewichte auf dem Gütermarkt und Auswirkungen

tionen zu befürchten. Das Investitionsrisiko steigt infolge der immer ungewisseren Zukunft, vor allem wegen einer ständigen Verbreiterung der Produktpalette und der damit verbundenen Gefahr, am Markt „vorbeizuproduzieren".

Daraus wird deutlich, dass Keynes die volkswirtschaftliche Bedeutung des Sparens gänzlich anders sieht als die Klassik. Ein höheres Sparen zieht nach klassischer Auffassung höhere Investitionen nach sich. Bei Keynes hingegen ist eine Zunahme der Sparneigung zwar einzelwirtschaftlich eine Tugend, gesamtwirtschaftlich aber schädlich, denn es stellt einen Nachfrageausfall dar, dem die Unternehmer mit Produktionseinschränkungen begegnen (sog. **„Sparparadoxon"**). Abbildung 2.28 verdeutlicht die rivalisierenden Positionen in schematischer Form.

Im Zuge dieses Vergleichs tritt ein weiterer wichtiger Unterschied zwischen den beiden Paradigmen nochmals deutlich hervor: **Das Scharnier zur Erreichung eines neuen Gleichgewichts ist in der Klassik der Zins, bei Keynes hingegen das Einkommen.**

Kommt es in einer hochentwickelten Volkswirtschaft zu dem von Keynes erwarteten Schrumpfungsprozess des Volkseinkommens und der damit einhergehenden Arbeitslosigkeit, so muss es Aufgabe der Wirtschaftspolitik sein, durch Schaffung von Nachfrage die Kontraktionslücke zu schließen bzw. in eine Expansionslücke umzukehren. Aus wirtschaftspolitischer Sicht bieten sich vor allem die Investitionen als eine zur Steuerung geeigneten privaten Nachfragekomponente an. Die Auswirkungen von Änderungen der Investitionen auf das Volkseinkommen kann man dabei, zumindest theoretisch, exakt beziffern. Diese Berechnung ist Gegenstand des nächsten Punktes.

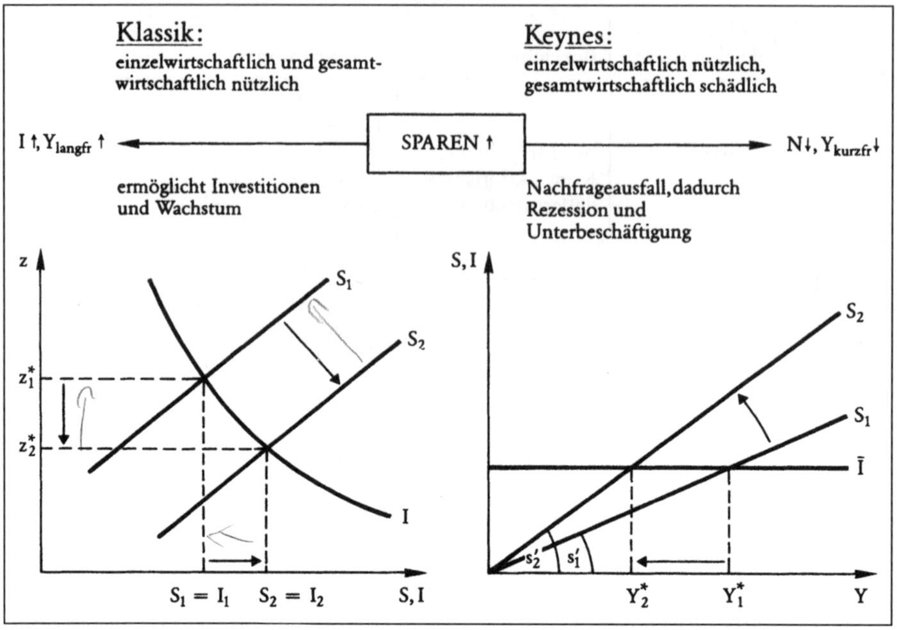

Abb. 2.28: Sparen in der Klassik und bei Keynes

d. Investitionsmultiplikator

Die Kreislaufeffekte von Änderungen einer Nachfragekomponente sollen im Folgenden am Beispiel einer Erhöhung der Investitionen durchgespielt werden. Die entsprechenden Ergebnisse gelten sinngemäß auch für eine Reduzierung der Investitionstätigkeit. Da es sich bei den Investitionen annahmegemäß weiterhin um eine autonome Größe handelt, bedarf deren Anstieg keiner weiteren Erklärung. Der Einkommenseffekt (ΔY) kann graphisch exakt ermittelt werden:

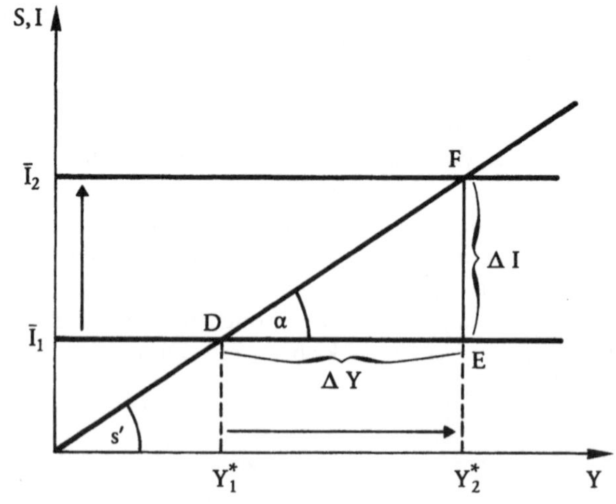

Abb. 2.29: Graphische Herleitung des Investitionsmultiplikators

Ausgehend vom Dreieck DEF berechnet man den Einkommenseffekt mithilfe einer komparativ-statischen Betrachtungsweise über das Verhältnis von Gegenkathete ($EF = \Delta I$) zu Ankathete ($DE = \Delta Y$):

$$\text{tg}\,\alpha = s' = \frac{\Delta I}{\Delta Y}$$

hieraus folgt:

$$\Delta Y = \frac{\Delta I}{s'} = \frac{1}{s'} \cdot \Delta I$$

wegen $c' + s' = 1$

gilt auch:

$$\mathbf{\Delta Y = \frac{1}{1 - c'} \cdot \Delta I}$$

Dieser Ausdruck zeigt das **Prinzip des Investitionsmultiplikators.** Dabei bringt der reziproke Wert der marginalen Sparneigung den **Investitionsmultiplikator im engeren Sinne** zum Ausdruck. Da die marginale Sparneigung üblicherweise zwischen Null und Eins liegt, ist der Wert des Bruches größer Eins. Somit führt die Veränderung der Investitionen um einen bestimmten Betrag zu einer gleichgerichteten Änderung des Volkseinkommens um ein **Mehrfaches.** Die „Durchschlagskraft“ hängt von der Höhe der marginalen Sparneigung ab: Je niedriger (höher) s’, desto größer (kleiner) ist die Wirkung auf das Einkommen. Damit kommt den Konsum- und Spargewohnheiten der Bevölkerung eine entscheidende Bedeutung für die Kreislaufeffekte von Investitionen zu.

Den Investitionsmultiplikator kann man auch auf mathematischem Wege herleiten. Hierzu wird die Gleichung

$$Y = C(Y) + \bar{I}$$

nach I differenziert, wodurch man Aufschluss über die Auswirkungen einer Investitionsänderung auf das Einkommen erhält:

$$\frac{dY}{dI} = \frac{dC}{dY} \cdot \frac{dY}{dI} + 1$$

$$\frac{dY}{dI}\left(1 - \frac{dC}{dY}\right) = 1$$

$$\frac{dY}{dI} = \frac{1}{1 - \frac{dC}{dY}} = \frac{1}{1 - c'}$$

Die mathematische Herleitung des Investitonsmultiplikators liefert also dasselbe Ergebnis wie die graphische Herleitung. Im Übrigen würde man bei Verwendung einer linear-inhomogenen Konsumfunktion zum analogen Resultat gelangen. In diesem Fall hätte eine Veränderung des autonomen Konsums den gleichen Einkommenseffekt wie eine Veränderung der autonomen Investitionen.

Die gesamte Einkommenssteigerung erhält man allerdings nicht „schlagartig“, sondern erst allmählich, d. h. im Zeitablauf. Dies macht die graphische Darstellung deutlich; sie zeigt eine treppenförmige Annäherung an ein neues Gleichgewicht (siehe Abb. 2.30).

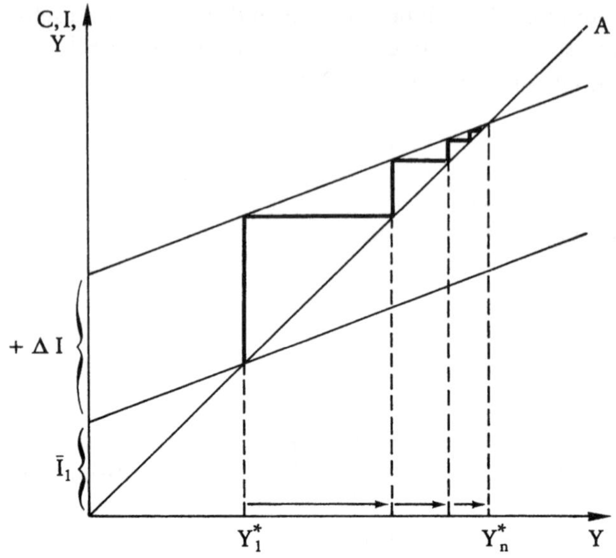

Abb. 2.30: Anpassungsprozess bei einer dauerhaften Investitionszunahme

Die Investitionszunahme reißt sozusagen eine expansive Lücke (I > S) auf, in deren Gefolge ein Expansionsprozess abläuft. Er dauert so lange an, bis schließlich der gestiegenen Nachfrage ein gleich hohes Angebot gegenübersteht.

Ein Zahlenbeispiel verdeutlicht die schrittweise Anpassung an das neue Gleichgewicht (siehe Tab. 7).

Tab. 7: Investitionsmultiplikator bei dauerhafter Investitionserhöhung

Periode	A = Y	C ($c' = 0{,}8$)	S ($s' = 0{,}2$)	$\bar{I}$	N ($= C + \bar{I}$)	I_u
(1)	(2)	(3)	(4)	(5)	(6)	(7)
1	200	160	40	40	200	0
2	200	160	40	50	210	– 10
3	210	168	42	50	218	– 8
4	218	174,4	43,6	50	224,4	– 6,4
5	224,4	179,5	44,9	50	229,5	– 5,1
.	.	.	.	.	.	.
.	.	.	.	.	.	.
n	250	200	50	50	250	0

Ausgangspunkt ist in Periode 1 die bereits aus Tabelle 4 bekannte Gleichgewichtssituation mit einem Gleichgewichtseinkommen von 200. Nun steigen in der Periode 2 die autonomen Investitionen um 10 auf den Wert von 50 an (Spalte 5); auf diesem Niveau verharren sie für die weitere Zukunft, ohne dass die Gründe hierfür bekannt sind. Daraus ergibt sich eine expansive Lücke. Als Ex-post-Ausgleich sind in der Tabelle wieder ungeplante Investitionen aufgeführt; über den Abbau von Lagerbeständen wird die gestiegene Nachfrage kurzfristig befriedigt (Spalte 7). Jedoch reagieren die Unternehmer in der 3. Periode gemäß des Lundberg-lags mit einer Produktionsausweitung. Das dabei entstehende höhere Einkommen ermöglicht den Haushalten höhere Konsumausgaben. Zusammen mit den erhöhten Investitionen übersteigt die Nachfrage jedoch weiterhin das Angebot. Der Prozess setzt sich so lange fort, bis die expansive Lücke nach unendlich vielen Perioden verschwindet. Im Zuge dieses Expansionsprozesses erreicht das Einkommen schließlich in der Periode n den neuen Gleichgewichtswert von 250. Der durch die Multiplikatorformel errechnete Wert für die Einkommenssteigerung kommt also hier in der Differenz zwischen Anfangs- und Endeinkommen zum Ausdruck.

Eine Modifikation ist zu verzeichnen, sofern die Zunahme der Investitionen nicht dauerhaft, sondern lediglich **einmalig** geschieht. In Tabelle 8 steigen die autonomen Investitionen in der Periode 2 plötzlich um 10 an; jedoch kehren sie ab der Periode 3 wieder auf ihren ursprünglichen Wert zurück. Dies löst folgenden Anpassungsprozess aus:

Tab. 8: Investitionsmultiplikator bei einmaliger Investitionserhöhung

Periode	A = Y	C (c' = 0,8)	S (s' = 0,2)	$\bar{I}$	N (= C + $\bar{I}$)	I_u
(1)	(2)	(3)	(4)	(5)	(6)	(7)
1	200	160	40	40	200	0
2	200	160	40	50	210	– 10
3	210	168	42	40	208	+ 2
4	208	166,4	41,6	40	206,4	+ 1,6
5	206,4	.	.	.	.	.
.	.	.	.	.	.	.
.	.	.	.	.	.	.
n	200	160	40	40	200	0

Wie man sieht, folgt hieraus in der Periode 2 zunächst wiederum eine expansive Lücke. In diesem Fall steigt das Einkommen aber nur vorübergehend auf den „Spitzenwert" von 210. Denn bereits in der 3. Periode dreht sich das Ungleichgewicht zu einer kontraktiven Lücke, die in den folgenden Perioden erhalten bleibt. Dadurch bildet sich das Einkommen wieder sukzessive auf den ursprünglichen Gleichgewichtswert von 200 zurück. Der sich nach der Multiplikatorformel errechnete Einkommenszuwachs von 50 gilt aber auch hier. Allerdings besteht die Modifikation jetzt darin, dass der Einkommensanstieg von 50 der Summe aller gegenüber dem Ausgangswert entstehenden Einkommenszuwächse der einzelnen Perioden entspricht.

Eine schematische Darstellung verdeutlicht nochmals den Ablauf des Multiplikatorprozesses für den Fall einer einmaligen Investitionserhöhung (siehe Abbildung 2.31). In jeder „Runde" verliert ein Teil des zusätzlich entstandenen Einkommens an Nachfragewirksamkeit in Gestalt der Ersparnisbildung. Das Sparen

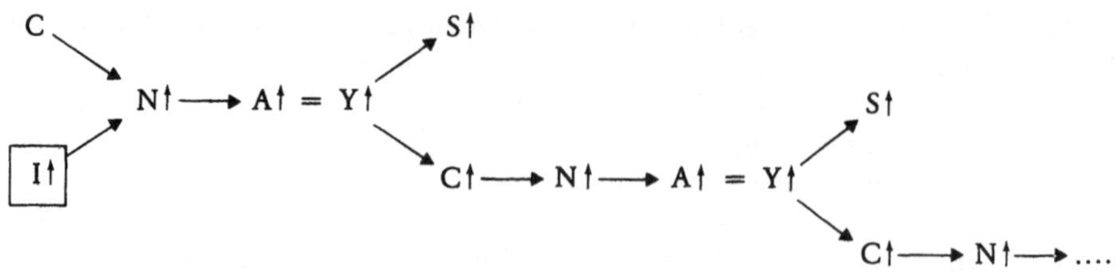

Abb. 2.31: Schematische Darstellung des Prinzips des Investitionsmultiplikators

„versickert" und kehrt nicht wieder in den Wirtschaftskreislauf zurück. Je höher dieser Abfluss ausfällt, desto geringer wird verständlicherweise der Einkommeneffekt der Investitionen – ein Tatbestand, der im Nenner der Multiplikatorformel seinen Niederschlag findet.

Die Überlegungen zum Investitionsmultiplikator machen einen weiteren wichtigen Aspekt der Keynesianischen Theorie deutlich: **Investitionen gehen zeitlich dem Sparen voraus.** Investitionen induzieren das Sparen über das Einkommen. Auch in diesem Punkt zeigt sich der Gegensatz zur Klassik, wo das Sparen über den Zins die Investitionen nach sich zog, d. h. die zeitliche Abfolge umgekehrt war.

Trotz der formalen Eleganz des Multiplikatoransatzes sind verschiedene **Kritikpunkte** anzumelden, die überwiegend die **kurzfristige** Betrachtungsweise des Multiplikatormodells betreffen. So erscheint es fraglich, ob die Konsum- und Spargewohnheiten der Bevölkerung während streng genommen unendlich vieler Zeitperioden unverändert bleiben. Auch die Vorstellung von nicht im Kreislauf regenerierenden Ersparnissen ist problematisch, denn viele Wirtschaftssubjekte üben lediglich einen vorübergehenden Konsumverzicht im Sinne eines Anschaffungssparens, z. B., um ein Auto kaufen zu können, so dass die zukünftige Nachfragewirksamkeit der Ersparnisse zumindest teilweise als gesichert gelten kann.

Ein weiterer Kritikpunkt beinhaltet die Behandlung der Investitionen. Prinzipiell vereinen Investitionen kurz- und langfristige Eigenschaften, weshalb man gelegentlich auch vom „Januskopf" der Investitionen spricht. Der kurzfristige Aspekt enthält die Nachfrage der Unternehmer nach Investitionsgütern, bei deren Herstellung Einkommen entsteht. Die langfristige Seite der Investitionen ist in der Vergrößerung der Produktionskapazitäten zu sehen, die ein höheres Angebot ermöglichen, nachdem die Investitionsgüter fertig gestellt sind:

Einkommenseffekt (kurzfristig, Nachfrage) ← Investitionen → Kapazitätseffekt (langfristig, Angebot)

Der Multiplikatoransatz betont ausschließlich den Einkommenseffekt, also die kurzfristige Einkommenswirkung der Investitionen. Hingegen wird der längerfristig wirksame Kapazitätseffekt vernachlässigt. Dieser steht erst im Rahmen der Postkeynesianischen Wachstumstheorie im Vordergrund.

Des weiteren betrachtet man den Entwicklungspfad der Volkswirtschaft nur unter Nachfragegesichtspunkten. Angebotsseitige Aspekte bleiben völlig außer Acht. Hierzu gehören etwa exogene Preisschocks oder technologische Neuerungen, in deren Gefolge ein struktureller Wandel einsetzt, der die weitere wirtschaftliche Entwicklung beeinflusst.

Schließlich geht der Multiplikatoransatz von einem konstanten Preisniveau aus. Kurzfristig mag dies zutreffen, über viele Perioden hinweg erscheint diese Annahme jedoch unrealistisch. Im Hinblick auf den Begriff „Perioden" wäre noch anzumerken, dass über die Länge dieser Zeiträume keine konkreten Angaben gemacht werden.

Allerdings stoßen die erwähnten Kritikpunkte insofern ins Leere, als Keynes seine Theorie ganz bewusst unter kurzfristigen Gesichtspunkten konzipierte. Sein berühmt gewordenes Zitat „In the long run, we are all dead" untermauert seine Betrachtungsweise sehr drastisch.

Ungeachtet der genannten Vorbehalte impliziert die Erkenntnis, dass Änderungen in der Investitionstätigkeit zumindest kurzfristig einen starken Einfluss auf das Volkseinkommen ausüben, die prinzipielle Bedeutung des Multiplikatorprinzips für die Wirtschaftspolitik. Zur Überwindung einer Depression ist es demnach notwendig, die Investitionstätigkeit zu beleben.

Eine Beeinflussung der privaten Investitionstätigkeit erscheint auf vielerlei Wegen möglich. Geänderte Abschreibungsmodalitäten, Investitionshilfen, steuerliche Maßnahmen oder Zinssatzvariationen können die Unternehmer durchaus zu einer entsprechenden Veränderung ihres Kapitalbestandes veranlassen. Die Effizienz derartiger Maßnahmen hängt aber sicherlich von der jeweiligen wirtschaftlichen Ausgangslage ab. Herrscht eine schwere Depression, so erscheint es sehr fraglich, ob sich die Unternehmer angesichts brachliegender Kapazitäten zum Kauf zusätzlicher Produktionsmittel entschließen.

In einer solchen Situation liegt es nach Auffassung von Keynes am Staat, durch **„ausgleichende Ausgaben"** eine höhere Nachfrage, d. h. eine expansive Lücke zu schaffen. Die gesamtwirtschaftlichen Auswirkungen zusätzlicher staatlicher Ausgaben, insbesondere öffentlicher Investitionen, sind dabei, wie gleich näher zu zeigen sein wird, prinzipiell dieselben wie bei privaten Investitionen. Bereits eine einmalige öffentliche Investition kann dazu führen, dass die privaten Unternehmer infolge des vom Staat ausgelösten Aufschwungs positive Zukunftserwartungen entwickeln und ebenfalls mehr investieren. Die öffentliche Hand gibt also die **„Initialzündung"** („pump priming") für eine Steigerung der privaten wirtschaftlichen Aktivitäten. Der Staat kann die expansiven Maßnahmen auf seiner Ausgabenseite noch über die Einnahmenseite unterstützen, indem er Steuern und Abgaben senkt, um so die private Nachfrage zu stärken. Zusätzlich wirken in der Abschwungsphase sog. **„automatische Stabilisatoren"** („built-in-flexibility"): Zum einen werden in einem progressiven Steuersystem die sinkenden Einkommen überproportional steuerlich entlastet, zum anderen fallen erhöhte Ausgaben für die gestiegene Arbeitslosigkeit an. All diese Faktoren begünstigen die Ankurbelung der Güternachfrage.

In Anbetracht der Wirtschaftskrise und der damit verbundenen niedrigeren Steuereinnahmen dürfte dem Staat die Finanzierung derartiger Konjunktur- und Beschäftigungsprogramme zweifellos Schwierigkeiten bereiten. Zur Lösung dieses Problems plädiert Keynes für die Bildung von **Haushaltsdefiziten („deficit spending")**. Diese Forderung stellt eine klare Abkehr vom klassischen Prinzip des

Haushaltsausgleichs dar. Nach Ansicht von Keynes ist die Finanzierungslücke jedoch nur ein temporäres Problem; die Haushaltsdefizite sind **konjunktureller** Natur. Denn im Zuge des einsetzenden konjunkturellen Aufschwungs können die Staatsausgaben wieder gesenkt und steuerliche Erleichterungen rückgängig gemacht werden. Ein zusätzlicher Finanzierungseffekt für die öffentlichen Kassen geht wiederum von den automatischen Stabilisatoren aus; das progressives Steuersystem sorgt für überproportional steigende Staatseinnahmen, während sich rezessionsbedingte öffentliche Ausgaben wie Arbeitslosengelder von selbst zurückbilden. Die sich solchermaßen im Aufschwung bildenden überschüssigen Kassenmittel können dazu verwendet werden, die Schuldendienste aus der Rezession zu bedienen bzw. Haushaltsüberschüsse zu bilden, mit denen der nächste Abschwung bekämpft werden kann. Das konjunkturelle Defizit finanziert sich also im Aufschwung von selbst.

Damit tritt an die Stelle des von Klassikern geforderten Budgetausgleichs innerhalb eines Haushaltsjahres bei Keynes ein Budgetausgleich über den Konjunkturzyklus hinweg. Abbildung 2.32 verdeutlicht diese Zusammenhänge in stilisierter Form. Die Strategie der Wirtschaftspolitik, Rezessionen und Boomphasen zu bekämpfen, also die Ausschläge der konjunkurellen Entwicklung zu glätten und die Gesamtnachfrage in Richtung Normalauslastung zu „drücken“, nennt man **antizyklische Konjunkturpolitik**. Wird diese „stop-and-go“Politik von den öffentlichen Haushalten betrieben, so liegt eine antizyklische Fiskalpolitik vor.

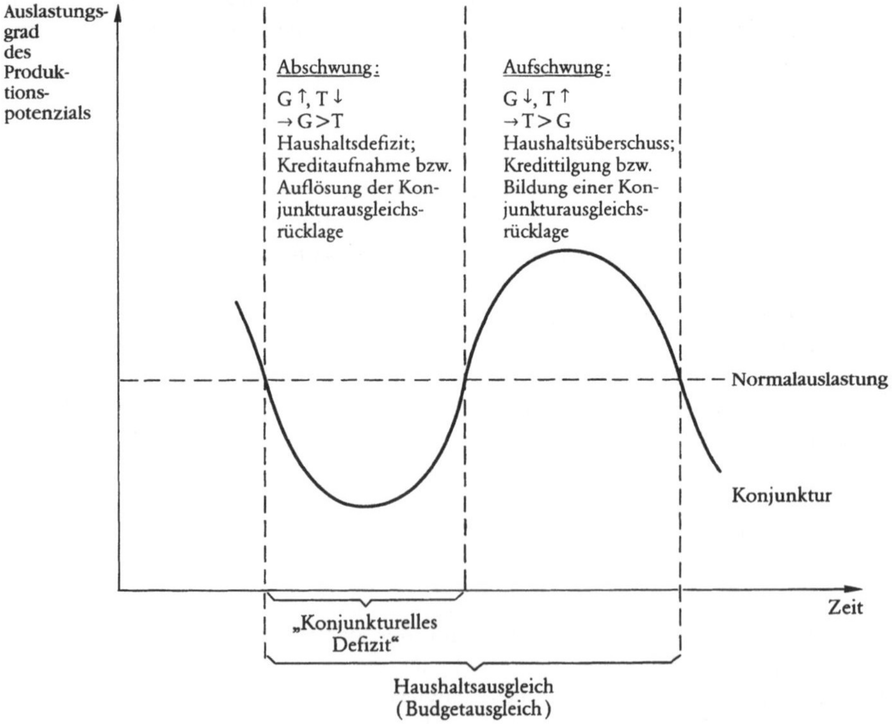

Abb. 2.32: Budgetausgleich im Konjunkturzyklus

Schon an dieser Stelle ist allerdings darauf hinzuweisen, dass es bei der praktischen Umsetzung des Konzeptes der antizyklischen Konjunkturpolitik zu vielschichtigen Problemen kommen kann. Dies gilt in besonderem Maße für die Fiskalpolitik. Dem Erfolg des Konzept eines sich selbst finanzierenden Budgetdefizits stehen vor allem die politische Durchsetzbarkeit der erforderlichen Maßnahmen, Mitnahmeeffekte, das nicht vorhersagbare Konsum- und Investitionsverhalten, zeitliche Verzögerungen (time lags) sowie ein zu schwacher Aufschwung, der strukturelle Defizite zur Folge hat, entgegen. Auch liegen die Hintergründe für eine „schwache Wirtschaft" vielfach nicht auf der Nachfrageseite, sondern auf der Angebotsseite der Volkswirtschaft. Zu erwähnen sind hierbei insbesondere ungünstige Rahmenbedingungen für Investitionen wie hohe Unternehmensteuern oder zu viele Regulierungen. Auf diese Aspekte wird an späterer Stelle im Rahmen der Erörterung der wirtschaftspolitischen Konsequenzen noch näher eingegangen.

Die Bedeutung der staatlichen ökonomischen Aktivitäten im Wirtschaftskreislauf soll nunmehr genauer beleuchtet werden.

e. Einbeziehung des Staates

Die bei der Erfüllung staatlicher Aufgaben anfallenden Kreislaufströme wurden bereits im Rahmen der Ex-post-Analyse aufgezeigt. Es geht nunmehr darum, die Kreislaufwirkungen der relevanten Ströme herauszuarbeiten. In Betracht kommen insbesondere die staatlichen Ausgaben für den Kauf von Waren und Diensten sowie Transferzahlungen und Staatseinnahmen.

Die Erklärung dieser Ströme bereitet in der makroökonomischen Theorie keine großen Probleme. Im Gegensatz zum Sparen und dessen komplementärer Größe, dem Konsum, bedarf es nicht der Suche nach Determinanten und der Formulierung von Verhaltensgleichungen. Die staatlichen Aktivitäten werden durch **institutionelle Gleichungen** erfasst. Dies bedeutet, dass etwa die Höhe der Staatsausgaben oder der Steuereinnahmen das Ergebnis politischer Entscheidungen sind, deren Bestimmungsgründe keiner weiteren Hinterfragung bedürfen.

Bezieht man die **staatlichen Ausgaben,** die autonom getätigt werden ($\overline{G}$), mit in die Betrachtungen ein, so erweitert sich die Nachfragegleichung um diese Komponente. Im Folgenden enthält I weiterhin nur die privaten Investitionen, während die staatlichen Investitionen dem Posten G zugeschlagen werden. Dann gilt:

$$N = C + \overline{I} + \overline{G}$$

Aus Vereinfachungsgründen sei zunächst unterstellt, dass der Staat zur Finanzierung seiner Ausgaben auf bestehende Haushaltsüberschüsse zurückgreift. Diese Mittel kann und soll der Staat nach Keynesianischer Auffassung während einer Boomphase bilden (sog. Konjunkturausgleichsrücklagen). Für das Gleichgewichtseinkommen folgt dann:

$$Y = c'Y + \overline{I} + \overline{G}, \quad \text{bzw. nach Y aufgelöst}$$

$$Y^* = \frac{1}{1 - c'}(\overline{I} + \overline{G})$$

Hieraus geht hervor, dass die Kreislaufwirkungen von Veränderungen der Staatsausgaben denen der privaten Investitionen exakt entsprechen:

$$\Delta Y = \frac{1}{1 - c'} \cdot \Delta G$$

Den **„Staatsausgabenmultiplikator“** berechnet man also auf dieselbe Weise wie den Investitionsmultiplikator. In der graphischen Darstellung würde sich die Nachfrage- bzw. Investitionsfunktion parallel um die Strecke der Änderungen der Staatsausgaben verschieben. Da die Anpassungsprozesse im Prinzip gleich ablaufen wie beim bereits ausführlich behandelten Investitionsmultiplikator, kann im folgenden auf graphische und tabellarische Darstellungen der Staatsausgabenmultiplikatoren weitgehend verzichtet werden.

Die Kreislaufwirkungen von **Steuern** sollen ebenfalls isoliert hergeleitet werden. Nimmt man an, dass der Staat unabhängig von der Leistungsfähigkeit und anderen Kriterien von jedem Haushalt denselben Steuerbetrag erhebt ($\overline{T}$ = „Kopfsteuer“ oder „Pauschalsteuer“), so kommt bei den Haushalten eine weitere Komponente der Einkommensverwendung hinzu:

$$Y = C + S + \overline{T}$$

Der den Haushalten verbleibende Teil des Einkommens, das Nettoeinkommen oder „verfügbare“ Einkommen (Y_v) ist folglich definiert als

$$Y_v = Y - \overline{T}$$

An diesem Einkommen orientieren die Haushalte ihre Konsum- und Sparpläne. Allgemein lauten dann die Konsumfunktion:

$$C = C(Y_v)$$

sowie die Sparfunktion:

$$S = S(Y_v)$$

Sofern der Staat die Steuereinnahmen stilllegt, lautet die gesamtwirtschaftliche Nachfrage:

$$N = C + \overline{I}$$

$$N = c'Y_v + \overline{I}$$

$$N = c'(Y - \overline{T}) + \overline{I}$$

Das Gleichgewichtseinkommen errechnet sich dann als

$$Y = c'(Y - \overline{T}) + \overline{I}$$

$$Y - c'Y = \overline{I} - c'\overline{T}$$

$$Y(1 - c') = \overline{I} - c'\overline{T}$$

$$Y^* = \frac{1}{1 - c'} (\overline{I} - c'\overline{T})$$

Separiert man den Einfluss von Steuern auf das Volkseinkommen durch partielle Differentiation der Gleichung nach T, so ist (bei endlichen Veränderungen):

$$\Delta Y = -\frac{c'}{1 - c'} \cdot \Delta T$$

Der Quotient von marginaler Konsumneigung und marginaler Sparneigung ist der **„Steuermultiplikator“,** der sich im Zähler und im Vorzeichen vom Staatsausgabenmultiplikator unterscheidet. Daraus geht hervor, dass die Änderung der

Steuern nach Maßgabe der Konsum- und Spargewohnheiten das Einkommen in entgegengesetzter Richtung verändert. Beträgt die marginale Konsumneigung beispielsweise 0,8, so führt eine Steuersenkung um 10 Mrd. EUR zu einem Einkommensanstieg um 40 Mrd. EUR. Der „Vervielfacher" ist beim Steuermultiplikator also geringer als beim Staatsausgabenmultiplikator:

$$\frac{c'}{1-c'} < \frac{1}{1-c'}$$

Seine ökonomische Erklärung findet dieser Tatbestand darin, dass durch zusätzliche Staatsausgaben in genau diesem Umfang eine neue Nachfrage durch den Staat geschaffen wird. Senkt der Staat hingegen die Steuern, so fließt das solchermaßen gestiegene Nettoeinkommen wegen der Spartätigkeit der Haushalte nicht voll, sondern nur teilweise dem Konsum zu, wird also nur teilweise nachfragewirksam. Ein einfaches Zahlenbeispiel verdeutlicht diesen Sachverhalt.

Allgemein gilt:

$$C = c' \cdot Y_v = c'(Y - \overline{T})$$

In der Ausgangssituation seien

$$Y = 100$$

$$c' = 0{,}8\,,\ s' = 0{,}2$$

$$\overline{T}_1 = 20$$

daraus folgt

$$C_1 = 0{,}8\,(100 - 20) = 0{,}8 \cdot 80 = 64$$

Nun senke der Staat die Steuern um 10 Einheiten:

$$\overline{T}_2 = 10$$

dann ist

$$C_2 = 0{,}8\,(100 - 10) = 0{,}8 \cdot 90 = 72$$

Bei einer marginalen Konsumneigung von 0,8 steigt die Konsumnachfrage also um 8, wenn die Steuern um 10 gesenkt werden. Der Rest des zusätzlichen verfügbaren Einkommens, nämlich 2 Geldeinheiten, fließt dem Sparen zu.

Bisher wurden die Kreislaufeffekte von Staatsausgaben und Steuern getrennt betrachtet. Geht man davon aus, dass diese staatlichen Aktivitäten gleichzeitig auftreten, so folgt für die gesamtwirtschaftliche Nachfrage:

$$N = c'Y_v + \overline{I} + \overline{G}$$

und für das Gleichgewichtseinkommen

$$Y = c'(Y - \overline{T}) + \overline{I} + \overline{G}, \text{ bzw.}$$

$$Y^* = \frac{1}{1-c'}(\overline{I} + \overline{G} - c'\overline{T})$$

Die **Kombination** von Staatsausgabenmultiplikator und Steuermultiplikator fördert ein interessantes Ergebnis zutage. Erhöht nämlich der Staat die Kopfsteuer um einen bestimmten Betrag, den er in vollem Umfang wieder verausgabt, so steigert dieser Vorgang per Saldo das Volkseinkommen. Der dabei auftretende positive Einkommenseffekt kann genau beziffert werden. Beispielsweise beläuft sich der expansive Einkommenseffekt zusätzlicher Staatsausgaben von 10 auf

$$\Delta Y = \frac{1}{1-c'} \cdot \Delta G = \frac{1}{1-0{,}8} \cdot 10 = +50$$

Die Steuererhöhung um ebenfalls 10 Einheiten führt zu einem Einkommensrückgang von 40 Einheiten:

$$\Delta Y = -\frac{c'}{1-c'} \cdot \Delta T = -\frac{0{,}8}{1-0{,}8} \cdot 10 = -40$$

Unter dem Strich erbringen die mit zusätzlichen Steuern finanzierten Mehrausgaben des Staates somit einen Einkommenszuwachs um 10 Einheiten.

Allgemein kann der auf das Volkseinkommen ausgehende Nettoeffekt einer gleichgerichteten Variation der Staatsausgaben und Staatseinnahmen durch Addition der beiden relevanten Multiplikatoren folgendermaßen berechnet werden:

$$\frac{\Delta Y}{\Delta G} + \frac{\Delta Y}{\Delta T} = \frac{1}{1-c'} - \frac{c'}{1-c'} = \frac{1-c'}{1-c'} = 1$$

Der Wert 1 besagt, dass die Einkommensveränderung per Saldo genau den Betrag der Ausgaben- bzw. Steuervariation erreicht, was man anhand des Zahlenbeispiels leicht nachprüfen kann. Man bezeichnet diesen Tatbestand, wonach ein ausgeglichenes Zusatzbudget das Einkommen um den Betrag der Budgetvariation verändert, auch als das **„Haavelmo-Theorem"**. Ein ausgeglichener Staatshaushalt ist also keineswegs „einkommensneutral". Abbildung 2.33 illustriert diesen Sachverhalt. Daraus wird das Ausmaß deutlich, in dem der Steuermultiplikator kontraktiv, der Staatsausgabenmultiplikator dagegen expansiv auf das Einkommen wirkt.

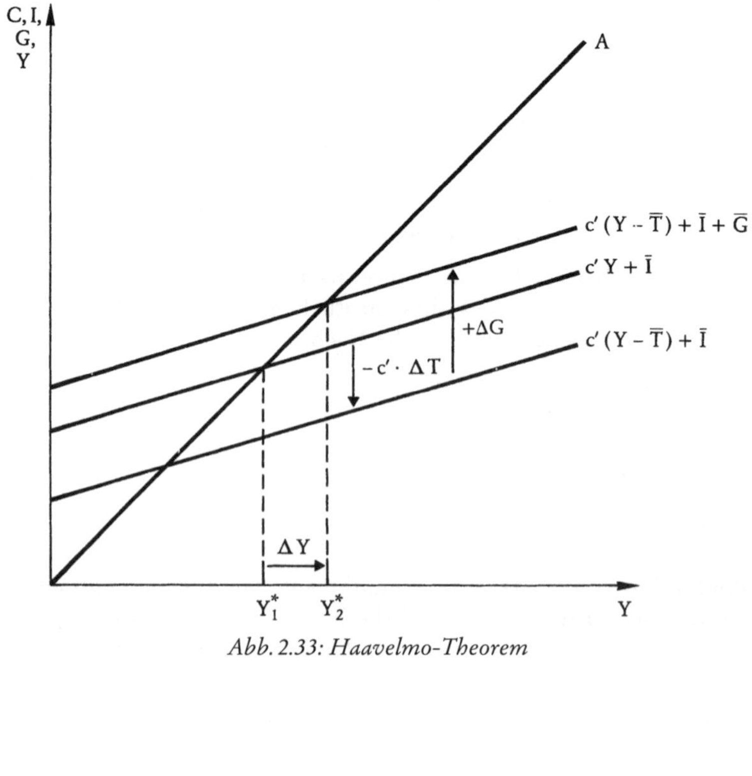

Abb. 2.33: Haavelmo-Theorem

Realistischer als die Kopfsteuer ist eine einkommensabhängige Steuer. Geht man von einer proportionalen Einkommensteuer aus, so gehört zu jedem Einkommen ein gleich hoher Steuersatz (t'). Daraus folgt die Steuerfunktion:

$T = t'Y$, mit $0 < t' < 1$

Die Konsumfunktion lautet dann:

$C = c'Y_v = c'(Y - T) = c'(Y - t'Y)$, bzw.

$C = c'(1 - t')\,Y$

Ihre Steigung ist offenbar geringer als bisher, was graphisch einen flacheren Verlauf impliziert. Unterstellt man wieder, dass der Staat die Steuereinnahmen stilllegt, so lautet die Nachfragefunktion:

$N = c'(1 - t')\,Y + \bar{I}$

Im Gleichgewicht gilt:

$Y = c'(1 - t')\,Y + \bar{I}$

Aufgelöst nach Y errechnet sich das Gleichgewichtseinkommen als

$$\mathbf{Y^* = \frac{1}{1 - c'\,(1 - t')} \cdot \bar{I}}$$

Die Einbeziehung einer proportionalen Einkommensteuer hat demnach Auswirkungen auf den Multiplikator, der nun einen kleineren Wert aufweisen muss als bisher:

$$\frac{1}{1 - c'\,(1 - t')} < \frac{1}{1 - c'} \quad \text{wobei } 0 < t', c' < 1$$

Auch für andere autonome Nachfragekomponenten hat dieser Multiplikator entsprechende Gültigkeit. Erhöhen etwa die Unternehmer ihre Investitionstätigkeit, so fällt der Einkommenszuwachs nunmehr geringer aus. Ebenso würde ein Investitionsrückgang das Volkseinkommen in schwächerem Maße schrumpfen lassen. Im Vergleich zu einer Wirtschaft mit Kopfsteuer reagiert das Einkommen bei Existenz einer proportionalen Einkommensteuer nicht mehr so stark auf Nachfrageschwankungen. Somit trägt die einkommensabhängige Besteuerung zur **automatischen Stabilisierung** der Wirtschaft bei. Der Stabilisierungseffekt fällt noch stärker aus, falls ein progressives Steuersystem vorliegt.

Neben den Zahlungen für Güterkäufe bilden die **Transferzahlungen** (Tr) eine weitere bedeutsame Ausgabenkategorie des Staates. Da deren Umfang der politischen Willensbildung unterliegt, handelt es sich hierbei ebenfalls um eine autonome Variable. Zur Verdeutlichung der Kreislaufeffekte der Transferausgaben wird zunächst wiederum von den übrigen staatlichen Strömen abstrahiert. Ökonomisch erhöhen Transfers, wie z. B. Renten oder Kindergeld, das Einkommen der privaten Haushalte:

$Y_v = Y + \overline{Tr}$

so dass die Konsumfunktion die Form

$C = c'Y_v = c'(Y + \overline{Tr})$

hat. Die Nachfragefunktion lautet dann:

$N = c'(Y + \overline{Tr}) + \bar{I}$

Daraus lässt sich das Gleichgewichtseinkommen ermitteln als

$Y = c'(Y + \overline{Tr}) + \overline{I}$ bzw. nach Y aufgelöst

$$Y^* = \frac{1}{1 - c'}(c'\overline{Tr} + \overline{I})$$

Für die Einkommenswirkung von geänderten Transferzahlungen folgt hieraus:

$$\mathbf{\Delta Y = \frac{c'}{1 - c'} \cdot \Delta Tr}$$

Der **„Transfermultiplikator"** hat denselben Wert wie der Steuermultiplikator, wobei jedoch zwischen der Änderung der Transferausgaben und der Einkommensänderung eine positive Beziehung besteht.

Für die Ausgabentätigkeit des Staates folgt hieraus, dass Güterkäufe das Einkommen stärker beeinflussen als die Zahlungen an Haushalte ohne spezifische ökonomische Gegenleistung, da der Staatsausgabenmultiplikator einen höheren Wert aufweist als der Transfermultiplikator. Die Begründung ist darin zu sehen, dass Gelder, welche den Haushalten zufließen, nicht in voller Höhe nachfragewirksam werden, da ein Teil von ihnen in die Ersparnisbildung fließt. Allerdings vernachlässigt diese Überlegung, dass innerhalb des Haushaltssektors gerade bei Empfängern von Transfers die Konsumneigung überdurchschnittlich hoch sein und damit der Einkommenseffekt entsprechend stärker ausfallen kann.

Fasst man sämtliche hier diskutierten Arten staatlicher Aktivität zusammen, so lautet die gesamtwirtschaftliche Nachfragefunktion allgemein:

$N = c'(Y - T + Tr) + I + G$

Unter der Annahme, dass die relevanten Variablen durchweg autonome Größen sind, erhält man für das Gleichgewichtseinkommen:

$$Y^* = \frac{1}{1 - c'}(- c'\overline{T} + c'\overline{Tr} + \overline{I} + \overline{G})$$

Die Einbeziehung des Staates bewirkt notwendigerweise eine Modifikation der bislang aus dem 3-poligen Kreislauf bekannten Gleichgewichtsbedingung

$S = I$,

die besagt, dass den „kreislaufschwächenden" Abflüssen aus dem Wirtschaftskreislauf (Sparen) genau gleich hohe „kreislaufbelebende" Zuflüsse (Investitionen) gegenüberstehen müssen. Zur Herleitung der Gleichgewichtsbedingung des 4-poligen Kreislaufes benötigt man die um die staatlichen Aktivitäten erweiterten Gleichungen für Angebot und Nachfrage.

Den Haushalten fließen neben dem Einkommen aus der Produktionstätigkeit zusätzlich Transferzahlungen zu. Die gesamten Einkünfte verwenden die Haushalte für Güterkäufe, Ersparnisbildung und Steuerzahlungen:

$Y + \overline{Tr} = C + S + \overline{T}$

Daraus folgt die Gleichung für das Angebot:

$A = Y = C(Y_v) + S(Y_v) + \overline{T} - \overline{Tr}$

Die Nachfrage setzt sich zusammen aus:

$N = C + \overline{I} + \overline{G}$

Im Gleichgewicht gilt:

$$A = N \quad \text{bzw.}$$

$$C + S + \overline{T} - \overline{Tr} = C + \overline{I} + \overline{G} \quad \text{oder}$$

$$S + \overline{T} = \overline{I} + \overline{G} + \overline{Tr}$$

Erwartungsgemäß tritt in der erweiterten Gleichgewichtsbedingung neben dem Sparen ein weiteres „kreislaufschwächendes" Element in Gestalt von Steuerzahlungen auf. Dem stehen auf der anderen Seite neben den Investitionen die ebenfalls „kreislaufbelebenden" Ströme der Staatsausgaben und Transferzahlungen entgegen. Das teilweise anzutreffende Begriffspaar **„Sickerverluste"** (linke Seite) und **„Injektionen"** (rechte Seite) veranschaulicht auf plastische Weise die Kreislaufwirkungen der in dieser Gleichgewichtsbedingung auftretenden Variablen.

Analog zur Vorgehensweise in der Ex-post-Analyse soll auch in der Ex-ante-Analyse zum Abschluss das Ausland in die Betrachtungen einbezogen werden.

f. Einbeziehung des Auslandes

Zur Ermittlung der kreislauftheoretischen Implikationen einer offenen Volkswirtschaft bedarf es der Formulierung von Funktionen für die hier im Mittelpunkt stehenden Exporte und Importe. Die Auslandsnachfrage hängt in erster Linie vom Wechselkurs, dem Inflationsgefälle zwischen In- und Ausland sowie der Höhe des ausländischen Sozialprodukts ab. Da sich insbesondere letzteres einer unmittelbaren Beeinflussung des Inlandes entzieht, unterstellt die makroökonomische Theorie, zumindest in einfachen Modellen, eine **autonome Exportnachfrage:**

$Ex = \overline{Ex}$

Auch die Käufe ausländischer Güter, die das heimische Güterangebot vergrößern, sind teilweise autonom, wenn man bedenkt, dass bestimmte, unverzichtbare Produkte, wie beispielsweise Rohstoffe, in jedem Fall aus dem Ausland bezogen werden müssen. Daneben enthalten die Importe aber eine endogene Komponente, da ein Teil der Einfuhren einkommensabhängig ist. Mit steigendem inländischen Einkommen nimmt üblicherweise die Nachfrage nach ausländischen Produkten zu und umgekehrt. Die **Importfunktion** hat dann folgende Aussehen:

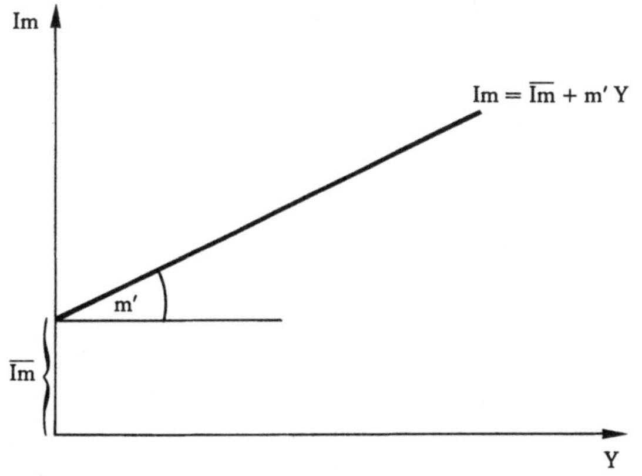

Abb. 2.34: Importfunktion

Die Importfunktion lautet:

$Im = \overline{Im} + m'Y$

wobei m' als marginale Importneigung definiert ist. Dabei gilt:

$$m' = \frac{dIm}{dY}, \text{ mit } 0 < m' < 1$$

Um die Kreislaufwirkungen der internationalen Handelsströme zu verdeutlichen, soll vom Staat abstrahiert werden. Die Nachfragefunktion lautet dann:

$N = c'Y + \bar{I} + \overline{Ex} - (\overline{Im} + m'Y)$

Aus der Gleichgewichtsbedingung

$Y = c'Y + \bar{I} + \overline{Ex} - \overline{Im} - m'Y$ folgt

$$Y^* = \frac{1}{1 - c' + m'} (\bar{I} + \overline{Ex} - \overline{Im})$$

Die graphische Ermittlung des Gleichgewichtseinkommens zeigt Abbildung 2.35:

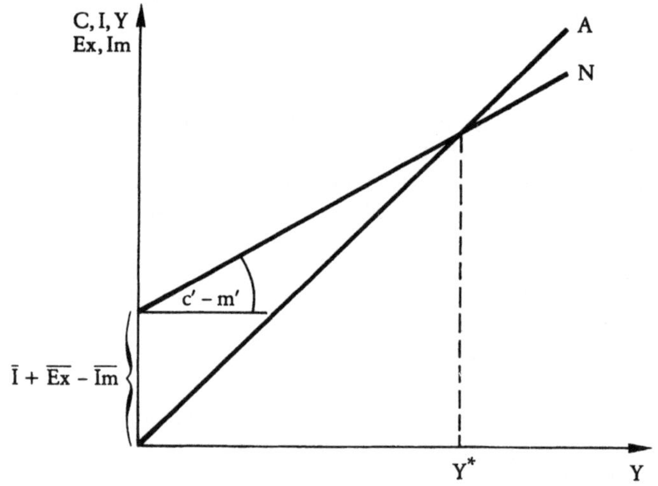

Abb. 2.35: Gleichgewicht in der offenen Volkswirtschaft

Aufgrund der Einkommensabhängigkeit des Konsums und der Importe beträgt die Steigung der Nachfragefunktion c' – m', die Verschiebung nach oben entspricht der Summe aller autonomen Nachfragekomponenten.

Aus der Formel zur Berechnung des Gleichgewichtseinkommens ist der nunmehr gültige Multiplikator abzulesen. Der in diesem Zusammenhang interessierende Einkommenseffekt der Exportnachfrage beträgt:

$$\Delta Y = \frac{1}{1 - c' + m'} \cdot \Delta Ex$$

Der hierin auftretende Quotient heißt **„Exportmultiplikator“.** Verglichen mit dem Investitionsmultiplikator in der geschlossenen Volkswirtschaft ohne Staat ist der Wert nun niedriger, da im Nenner der Koeffizient m' hinzukommt. Ökonomisch findet dieser Sachverhalt seine Erklärung in der Tatsache, dass zusätzlich entstandenes Einkommen nicht nur auf den heimischen Märkten, sondern teilweise auch auf ausländischen Märkten zur Nachfrage verwendet wird. Eine schematische Darstellung macht dies deutlich:

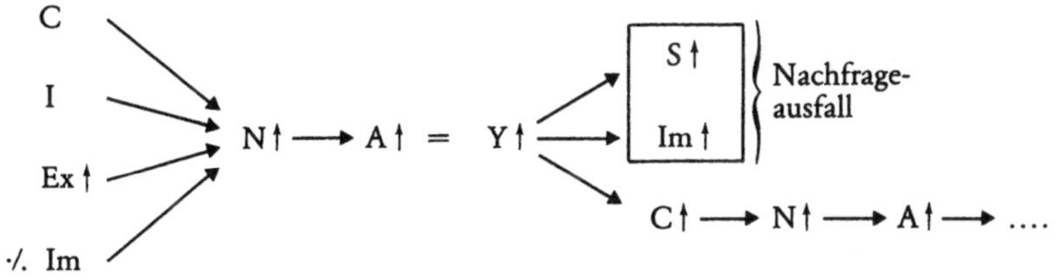

Abb. 2.36: Schematische Darstellung des Exportmultiplikators

Bezieht man den Staat mit in die Betrachtungen ein, so erhält man unter der Annahme einer Kopfsteuer die gesamtwirtschaftliche Nachfrage als:

$$N = c'(Y - \overline{T} + \overline{Tr}) + \overline{I} + \overline{G} + \overline{Ex} - \overline{Im} - m'Y$$

woraus sich nach der bekannten Vorgehensweise das Gleichgewichtseinkommen

$$Y^* = \frac{1}{1 - c' + m'} (\overline{I} + \overline{G} + c'\overline{Tr} - c'\overline{T} + \overline{Ex} - \overline{Im})$$

errechnet.

Die Einbeziehung des Auslandes kommt auch in der Gegenüberstellung der gleichgewichtstheoretisch erforderlichen Kreislaufzu- und -abflüsse zum Ausdruck. Dabei stellen die Importe einen **„Sickerverlust"** und die Exporte eine **„Injektion"** dar. Die entsprechende Gleichung ist Tabelle 9 zu entnehmen; in ihr sind die Gleichgewichtsbedingungen der einfacheren Kreislauftypen ebenfalls noch einmal aufgeführt.

Tab. 9: Kreislaufmodelle und Gleichgewichtsbedingungen

Kreislaufmodell	Gleichgewichtsbedingung
3-polig (H, U, VÄ)	S = I
4-polig (H, U, VÄ, St)	S + T = I + G + Tr
5-polig (H, U, VÄ, St, A)	S + T + Im = I + G + Tr + Ex

Bezüglich der Determinanten dieser Größen ist zu sagen, dass das Sparen, die Importe und gegebenenfalls auch die Steuern durch das Einkommen „erklärt" werden können. Die übrigen in den Gleichgewichtsbedingungen auftauchenden Variablen galten bisher als autonom. Dies mag insbesondere für die staatliche Aktivität vertretbar sein. Hingegen erscheint die Annahme autonomer Investitionen wenig realistisch. Die Endogenisierung dieser Größe, also die Suche nach den Bestimmungsfaktoren der Investitionstätigkeit, ist Gegenstand des nächsten Punktes.

g. Investitionsfunktion

Die Unternehmer treffen ihre Investitionsentscheidungen unter Beachtung einer Vielzahl von Faktoren. In Betracht kommen beispielsweise:

- steuerliche Überlegungen
- Einsparung von Arbeitskräften
- Beseitigung von Produktionsengpässen
- Verbesserung der Qualität der Erzeugnisse
- Beschaffungsmöglichkeiten von Fremdkapital
- finanzielle Situation der Unternehmung
- gesamtwirtschaftliche Lage.

Gemeinsam ist all diesen plausiblen Bestimmungsgrößen ihr unmittelbarer oder zumindest mittelbarer Einfluss auf den **Gewinn.** Denn letztlich erweitern bzw. verbessern die privaten Unternehmer nur dann den Kapitalstock, wenn dies eine Rendite verspricht. Da Investitionen als eine in die Zukunft gerichtete Produktion interpretiert werden können, stellen die in der Gegenwart getätigten Investitionen die Weichen für den Gewinn zukünftiger Perioden. Die Zukunft ist jedoch nicht bekannt, daher sind Investitionen mit **Risiko** behaftet. In der Risikoeinschätzung unterscheidet sich Keynes grundlegend von den Klassikern, die von vollständiger Voraussicht der wirtschaftlichen Akteure ausgingen. Die Unternehmer hatten quasi die Garantie dafür, dass die mithilfe neuer Investitionen hergestellten Güter in der Zukunft ihre Abnehmer finden würden.

Die für das Keynesianische Denken typische unvollständige Voraussicht schlägt sich auch in der Investitionsentscheidung nieder. Der erwartete künftige Gewinn ist die Differenz zwischen erwartetem Erlös und erwarteten Kosten. Beide Komponenten sind den Unternehmern jedoch unbekannt. Auf der Erlösseite müssen sowohl für die Absatzpreise als auch für die Verkaufsmengen Schätzungen vorgenommen werden, da weder die künftige Wettbewerbssituation noch die zukünftige Konjunktur usw. bekannt sind. Ebenso fehlen gesicherte Daten über die Kosten; die künftige Lohnentwicklung ist genauso ungewiss wie die Entwicklung der Rohstoffpreise und anderer Kostenarten. Um eine Investitionsentscheidung treffen zu können, muss der Unternehmer für all diese Größen bestimmte Werte annehmen. Der solchermaßen geschätzte zukünftige Einnahmenstrom ist also ein hypostasierter Betrag, der unter dem Aspekt der **Unsicherheit** zustandekommt.

Unterstellt der Investor eine erwartete jährliche Nettoeinnahme (E), so kann er bei Kenntnis der Lebensdauer (n Jahre) der anzuschaffenden Maschine den **Gegenwartswert** der Investitionen berechnen. Als Gegenwarts- oder Barwert bezeichnet man die Summe der auf den Anschaffungszeitraum herabdiskontierten Nettoeinnahmen aus der Investition. Dabei dient als Abzinsungsfaktor der Marktzins (z). Die Berechnung des Gegenwartswertes (GE) geschieht unter Anwendung der bekannten Formel:

$$GE = \frac{E1}{(1+z)} + \frac{E2}{(1+z)^2} + \frac{E3}{(1+z)^3} + \cdots\cdots + \frac{En}{(1+z)^n}$$

Da der Investor die Höhe der Anschaffungskosten (AK) der Investition kennt, kann er auch berechnen, mit welchem Zinssatz (q) sich der für den Erwerb des Investitionsobjektes bereit gestellte Geldbetrag verzinst, wenn dieselbe jährliche Nettoeinnahme wie oben unterstellt wird:

$$AK = \frac{E1}{(1+q)} + \frac{E2}{(1+q)^2} + \frac{E3}{(1+q)^3} + \cdots\cdots + \frac{En}{(1+q)^n}$$

Derjenige Zinssatz q, der die Summe der abdiskontierten Einnahmen den Anschaffungskosten gleich macht, ist nichts anderes wie der interne Zins, den Keynes als **„Grenzleistungsfähigkeit des Kapitals“** („marginal efficiency of capital“) bezeichnet.

Die Investitionsentscheidung wird anhand eines Vergleiches zwischen Marktzins und Grenzleistungsfähigkeit des Kapitals getroffen. Der Unternehmer steht vor der Alternative, sein Geld risikolos in Nominalwerten wie beispielsweise festverzinslichen Wertpapieren anzulegen, oder in Sachwerte zu gehen, d. h. zu investieren. Im ersten Fall verzinst sich die eingesetzte Anlagesumme mit dem Marktzins, im zweiten Fall mit der Grenzleistungsfähigkeit des Kapitals. Eine Investition wird immer dann vorgenommen, wenn die Bedingung

$$q > z$$

erfüllt ist. Dies impliziert notwendigerweise, dass der Gegenwartswert der Investition über deren Anschaffungskosten liegen muss. Stimmen q und z exakt überein, so hängt die Entscheidung möglicherweise von der Risikofreudigkeit des Unternehmers ab. Falls q kleiner als z ausfällt, unterbleibt jedoch die Investition. Schematisch kann die Investitionsentscheidung folgendermaßen dargestellt werden:

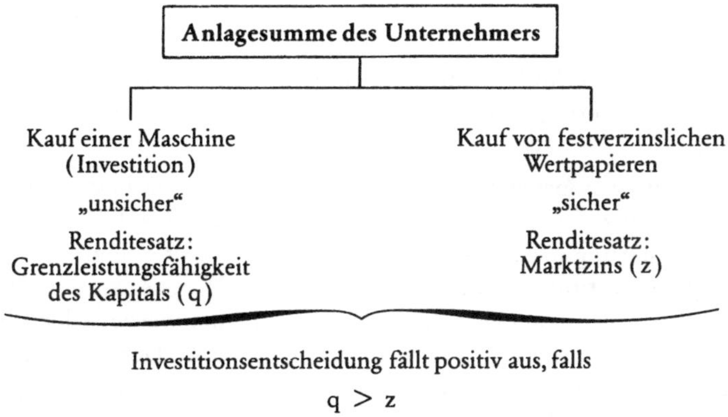

Abb. 2.37: Investitionsentscheidung des „Keynesschen“ Unternehmers

Überträgt man die mikroökonomisch fundierte Investitionsentscheidung auf die gesamtwirtschaftliche Ebene, so mündet dies in die makroökonomische **Investitionsfunktion.** Bei gegebener Grenzleistungsfähigkeit des Kapitals, in der die subjektiven Erwartungen der Unternehmer ihren Ausdruck finden, wird umso mehr investiert, je niedriger der Marktzins, d. h. je größer die Spanne zwischen q und z ist. Umgekehrt sinkt die Nachfrage nach Investitionsgütern mit steigendem z. Folglich lautet die **Investitionsfunktion** bei gegebener Grenzleistungsfähigkeit des Kapitals:

$$\mathbf{I = I\,(z, \bar{q})}$$

Sie weist folgenden Verlauf auf:

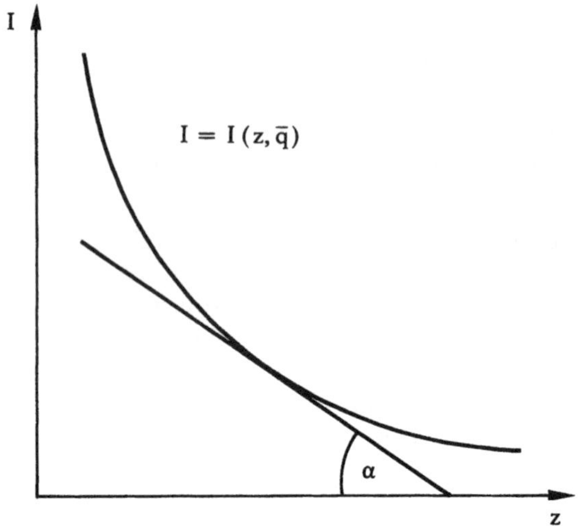

Abb. 2.38: Keynesianische Investitionsfunktion

Die Steigung der Kurve zeigt die **„Investitionsneigung“** oder **„Zinsreagibilität der Investitionen“** (z') an und ist als

$$tg\,\alpha = z' = \frac{dI}{dz} < 0$$

definiert. Ein steiler **Verlauf** bedeutet eine hohe Investitionsneigung, hier lösen bereits geringe Zinsänderungen große Mengeneffekte aus. Analoges gilt für einen flachen Verlauf.

Während die Investitionsneigung den Verlauf der Funktion bestimmt, hängt ihre **Lage** von der Grenzleistungsfähigkeit des Kapitals ab. Sie sinkt beispielsweise bei einer Verschlechterung der Zukunftserwartungen der Unternehmer; dadurch verschiebt sich die Investitionsfunktion nach links. Nach Keynesianischer Auffassung muss permanent mit solchen Verschiebungen gerechnet werden, denn die Unternehmer revidieren immer wieder ihre Erwartungen und damit q. Die Grenzleistungsfähigkeit des Kapitals ist somit eine höchst **instabile Größe.** Infolgedessen ist auch die Investitionsnachfrage als instabil anzusehen. Ein bestimmter Marktzins ist daher nicht immer in vorhersehbarer Weise mit einem bestimmten Investitionsvolumen verbunden. Damit wird aber die Investitionsnachfrage zu einer unkalkulierbaren Nachfragekomponente für die Wirtschaftspolitik.

Ein Vergleich mit der klassischen Investitionsfunktion fördert zunächst eine wesentliche Gemeinsamkeit zutage, denn in beiden Theorien hängt die Investitionsnachfrage negativ vom Zins ab. Trotz dieser formalen Ähnlichkeit dürfen aber die verschiedenartigen Erklärungsinhalte nicht übersehen werden. Die **Klassik** fundiert die Investitionsfunktion **produktionstheoretisch;** für die Investitionsentscheidung wird das durch die Produktionstechnik festgelegte physische Grenzprodukt des Kapitals mit den realen Kapitalkosten verglichen. Demgegenüber erklärt

Keynes die Investitionstätigkeit **psychologisch;** in die Schlüsselgröße der Investitionsentscheidung, nämlich die Grenzleistungsfähigkeit des Kapitals, fließen subjektive Zukunftserwartungen der Unternehmer ein.

Empirische Untersuchungen zeigen ein differenziertes Bild. Für Ausrüstungsinvestitionen scheint der Zinssatz nur von untergeordneter Bedeutung zu sein. Lagerinvestitionen weisen eine größere Zinsabhängigkeit auf. Den stärksten Einfluss übt der Zins offenbar auf Bauinvestitionen aus. Dieser Tatbestand dürfte seine Erklärung vermutlich in der Fristigkeit finden. Da Bauinvestitionen einen langfristigen Charakter haben, schlagen Finanzierungskosten in stärkerem Maße auf die Investitionsentscheidung durch, als dies insbesondere bei Ausrüstungsinvestitionen der Fall sein dürfte.

Neben dem Zinssatz stößt man in der Makrotheorie auch auf das **Volkseinkommen** als einer wichtigen Bestimmungsgröße der Investitionstätigkeit. Diese Hypothese klingt durchaus plausibel, besagt sie doch, dass die Investoren ihre Entscheidungen an der konjunkturellen Entwicklung orientieren. Insofern geht diese Hypothese über die bisherigen Betrachtungen expansiver und kontraktiver Prozesse hinaus, in denen unterstellt wurde, dass die Unternehmer ihre Produktion an die Nachfrage anpassen, ohne hierbei ihre Produktionskapazitäten zu verändern. Wenngleich dieser Typ der einkommensabhängigen Investitionsfunktion in den weiteren Betrachtungen nicht in Erscheinung tritt, soll er doch an dieser Stelle aus Gründen der Vollständigkeit kurz erläutert werden. Allgemein lautet die hierbei zugrundeliegende Investitionsfunktion:

$$I = I(Y)$$

Ebenso wie bei der Konsumfunktion kommen alternative Spezifikationen prinzipiell unter Berücksichtigung der Kriterien der Homogenität und Linearität in Frage. Die weiteren Überlegungen basieren auf einer linear inhomogenen Funktion:

$$I = I + i'Y$$

wobei i' die **„Einkommensreagibilität der Investitionen"** darstellt:

$$i' = \frac{dI}{dY}\text{, mit } 0 < i' < 1$$

Der Koeffizient i' bezieht sich also auf Einkommensänderungen und darf deshalb nicht mit dem oben erwähnten Koeffizienten z' verwechselt werden, dessen Ansatzpunkt Zinsänderungen sind.

In einer geschlossenen Volkswirtschaft ohne staatliche Aktivität geschieht die Berechnung des Gleichgewichtseinkommens mithilfe der bekannten Vorgehensweise:

$$Y = C(Y) + I(Y) = c'Y + \bar{I} + i'Y \quad \text{bzw.}$$

$$Y^* = \frac{1}{1 - c' - i'} \cdot \bar{I}$$

Man bezeichnet diesen Multiplikator gelegentlich auch als den **Supermultiplikator.** Er weist im Vergleich mit dem Multiplikator autonomer Investitionen einen höheren Wert auf, da der Nenner nunmehr kleiner ausfällt. Die ökonomische Erklärung ist darin zu sehen, dass die während des Multiplikatorprozesses auftretenden Einkommensänderungen nicht nur die Konsumnachfrage, sondern nunmehr auch die Investitionsnachfrage beeinflussen. Da aber, wie gezeigt, jede Nachfrageänderung eine gleichgerichtete Produktionsänderung auslöst, wird die Einkommensänderung verstärkt. Eine schematische Darstellung verdeutlicht diesen Sachverhalt am Beispiel einer Nachfragesteigerung:

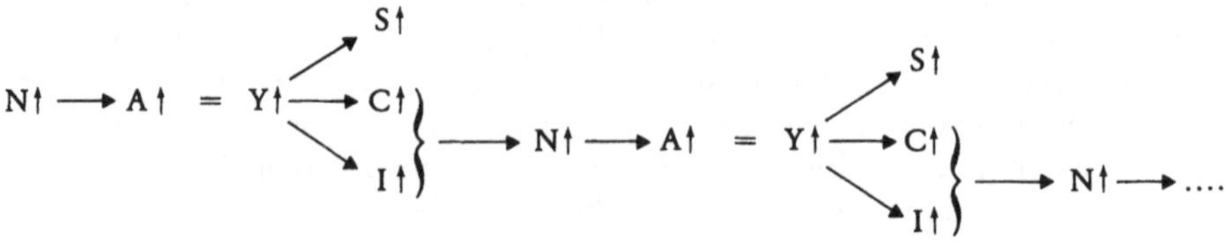

Abb. 2.39: Anpassungsprozeß bei einkommensabhängigen Investitionen

Den „Verstärkereffekt" einkommensabhängiger Investitionen betont auch ein anderer, in seinen Grundzügen bereits zu Beginn dieses Jahrhunderts entwickelter Ansatz, der in das sog. **„Akzelerationsprinzip"** mündet. Ausgangspunkt ist der produktionstechnische Zusammenhang zwischen Kapitaleinsatz und Ausbringungsmenge, der im durchschnittlichen Kapitalkoeffizienten seinen Ausdruck findet. Als marginalen Kapitalkoeffizienten oder Akzelerator (β) definiert man:

$$\beta = \frac{\Delta K}{\Delta Y}, \text{ mit } \beta > 1$$

wobei für β ein konstanter Wert unterstellt wird. Da die Veränderung des Sachkapitalbestandes identisch mit den Investitionen ist, kann der Akzelerator auch als

$$\beta = \frac{I}{\Delta Y}$$

geschrieben werden. In diesem Fall ist β eine **technische** Größe, die angibt, wie viel zusätzliche Einheiten an Sachkapital benötigt werden, um eine zusätzliche Gütermenge herzustellen.

Daneben kann β aber auch als **Verhaltensparameter** der Investoren interpretiert werden:

$$\beta = \frac{I}{\Delta N}$$

Hier besagt b, um wieviele Kapitaleinheiten die Unternehmer ihren Kapitalbestand zu verändern wünschen, wenn sich die Nachfrage um eine Einheit verändert.

Aus der Definition des Akzelerators erhält man unmittelbar die relevante Investitionsfunktion:

$$I = \beta \cdot \Delta N$$

Häufig reduziert die Akzeleratoranalyse die Betrachtungen auf die **Konsumnachfrage.** In diesem Fall lautet die Investitionsfunktion:

$$I = \beta \cdot \Delta C$$

Schwankungen der Nachfrage sind ein typisches Phänomen einer Volkswirtschaft, sie prägen das Bild der Konjunktur. Betrachtet man den Konsum im Zeitablauf, so tritt an die Stelle der ersten Differenz die erste Ableitung nach der Zeit. Die Investitionsfunktion lautet dann

$$I = \beta \cdot \frac{dC}{dt}$$

In Abbildung 2.40 sind die Schwankungen der Konsumnachfrage sowie die hieraus **„induzierten" Investitionen** stilisiert dargestellt:

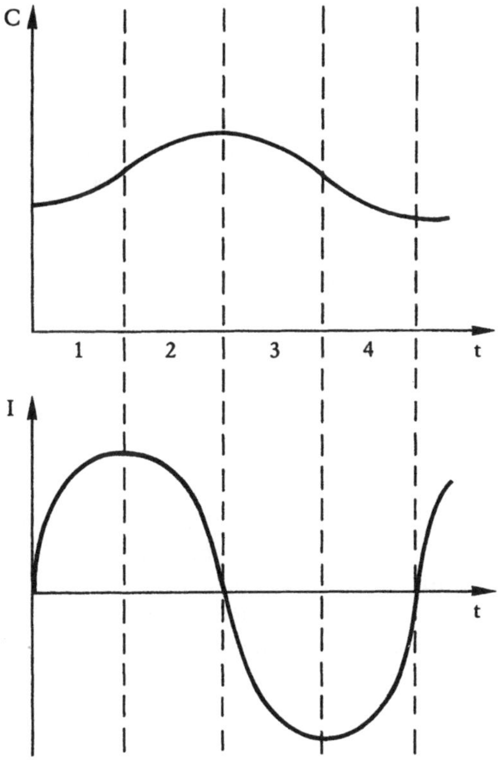

Abb. 2.40: Das Akzeleratorprinzip

Aufgrund des sinusförmigen Verlaufs der Konsumnachfrage nehmen in der Phase 1 die Wachstumsraten des Konsums zu. Hierauf reagieren die Unternehmer mit einer Ausweitung ihrer Kapazitäten, d. h. zusätzliche Investitionen werden getätigt. In der zweiten Phase steigt die Konsumnachfrage weiter an, allerdings nur noch unterproportional, d. h. die Wachstumsraten von C werden geringer, sind aber noch positiv. Folglich tätigen die Unternehmer weitere Investitionen, die jedoch immer niedriger ausfallen. Nach Überschreiten des konjunkturellen Hochpunktes geht der Konsum absolut zurück. Dabei fällt dessen prozentualer Rückgang zunächst stärker (Phase 3) und dann schwächer (Phase 4) aus, bis schließlich eine neue Aufschwungsphase einsetzt. Die Unternehmer begegnen dieser Entwicklung mit einem entsprechenden Abbau der Kapazitäten.

Daraus gehen die allgemeinen Schlussfolgerungen aus dem Akzelerationsprinzip hervor. Die Investitionstätigkeit wird nicht von der absoluten Höhe der Nachfrage, sondern von Nachfrageänderungen bestimmt. Bereits ein relativer Rückgang der Nachfrage, d. h. eine Verlangsamung des Wachstums, führt zu einem absoluten

Rückgang der Investitionen. Der Koeffizient β wirkt dabei wie ein Verstärker bzw. **Beschleuniger,** da sein Wert größer als Eins ist. Schon geringe prozentuale Veränderungen der Nachfrage bewirken vergleichsweise große Veränderungen der Investitionen, so dass der Investitionszyklus stärkere Amplituden als der Konjunkturzyklus aufweist. Des weiteren macht Abbildung 2.40 deutlich, dass die „Investitionskonjunktur" der konjunkturellen Entwicklung der Konsumgüternachfrage zeitlich vorausläuft.

Es liegt nun nahe, das Akzelerationsprinzip mit dem Multiplikatorprinzip zu kombinieren. Derartige Ansätze bilden den Gegenstand von teilweise recht komplizierten Modellen (z. B. von Samuelson oder Hicks), die auf die Erklärung des Konjunkturphänomens abzielen. Auf deren Darstellung soll jedoch hier verzichtet werden.

h. Gleichgewicht bei zinsabhängigen Investitionen

Die Endogenisierung der Investitionen bleibt nicht ohne Folgen für die Gleichgewichtsbedingung auf dem Gütermarkt. Bekanntlich liegt ein Gleichgewicht dann vor, wenn geplantes Angebot und geplante Nachfrage übereinstimmen. Vernachlässigt man den Staat und das Ausland, so lautet die Gleichgewichtsbedingung unter der Annahme zinsabhängiger Investitionen:

$Y = C(Y) + I(z)$ bzw.

$\mathbf{S(Y) = I(z)}$

War bei Vorliegen autonomer Investitionen „nur" ein **bestimmtes Einkommen** erforderlich, welches ein Gleichgewicht herbeiführte, so bedarf es nunmehr **zusätzlich** eines ganz **bestimmten Zinssatzes.** Einige einfache Zahlenbeispiele sollen diesen Sachverhalt verdeutlichen. Dazu werden in Abbildung 2.41 eine linear-homogene Sparfunktion (mit s' = 0,2) sowie eine zinsabhängige Investitionsfunktion eingezeichnet und die Achsen mit willkürlich gewählten Zahlenwerten skaliert.

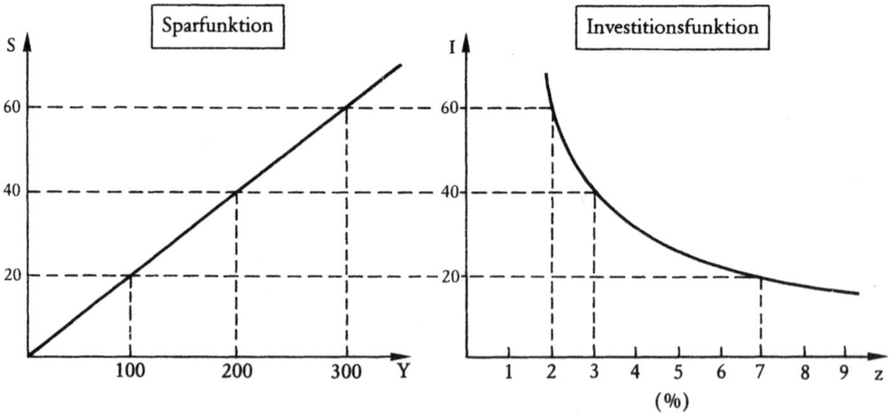

Abb. 2.41: Güterwirtschaftliche Gleichgewichtspositionen

Aus den Funktionsverläufen und der Skalierung resultieren beispielhaft drei Fälle, die alle ein Gleichgewicht auf dem Gütermarkt bedeuten:

Tab. 10: „Gleichgewichtige" Einkommens-Zins-Kombinationen auf dem Gütermarkt

Fall	Y	S	I	z
(1)	(2)	(3)	(4)	(5)
1	100	20	20	7 %
2	200	40	40	3 %
3	300	60	60	2 %

Im ersten Fall beläuft sich das Volkseinkommen auf 100, von dem die Haushalte gemäß ihrer Spargewohnheiten 20 sparen. In dieser Situation kann ein güterwirtschaftliches Gleichgewicht erreicht werden, wenn an die Stelle des Nachfrageausfalls der Haushalte eine gleich hohe Nachfrage der Unternehmer tritt. Die Unternehmer orientieren ihre Investitionspläne aber am Zins. Deshalb kommen die gleichgewichtstheoretisch erforderlichen Investitionen von 20 nur zustande, wenn der Zins bei 7 % liegt. Eine Gleichgewichtsposition auf dem Gütermarkt ist somit gegeben, wenn das Einkommen 100 und der Zins 7 % betragen.

Umgekehrt ist es ebenso gut möglich, von einem bestimmten Zins auszugehen. Beläuft er sich auf beispielsweise 3 % (Fall 2), so steht damit die geplante Investition von 40 fest. Soll in dieser Situation ein Gleichgewicht herrschen, dann muss das Sparen ebenfalls 40 betragen. Die Haushalte, die ihr Sparen am Einkommen ausrichten, entschließen sich zu diesem Konsumverzicht jedoch nur bei einem Einkommen von 200. Somit führt auch die Kombination von Y = 200 und z = 3 % zu einem Gleichgewicht. Entsprechendes gilt für den Fall 3.

Trägt man die ermittelten drei Fälle der gleichgewichtigen Einkommens-Zins-Kombinationen in ein Diagramm ein, so ergibt sich folgendes Bild:

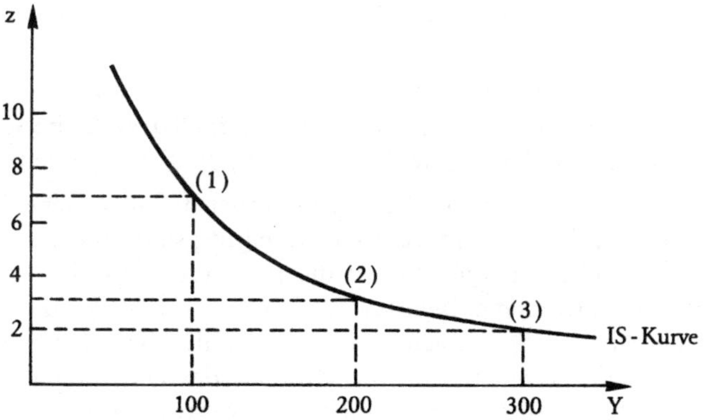

Abb. 2.42: IS-Kurve

Das Vorgehen könnte für beliebig viele Zahlenbeispiele durchgeführt werden. Die Verbindungslinie sämtlicher gleichgewichtiger Einkommens-Zins-Zuordnungen könnte man als „I = S-Kurve" bezeichnen. Sie heißt üblicherweise einfach **IS-Kurve** (oder SI-Kurve). Diese Kurve ist der geometrische Ort aller Y-z-Kombinationen, die ein **Gleichgewicht auf dem Gütermarkt** (S = I) garantieren.

Die Notwendigkeit „passender“ Einkommens- und Zinswerte geht auch aus einer schematischen Überlegung hervor:

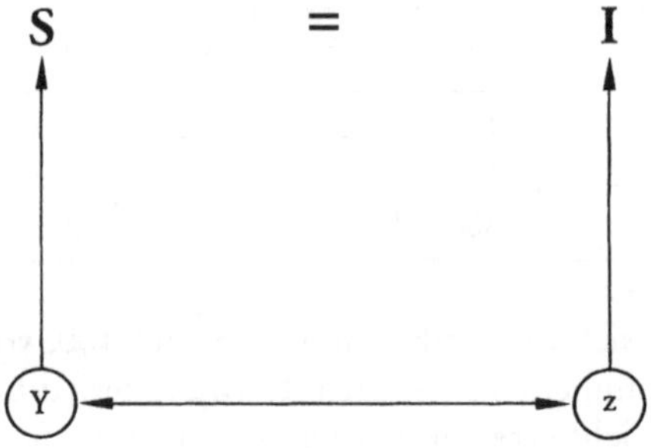

Abb. 2.43: Bedeutung von Einkommen und Zins für das güterwirtschaftliche Gleichgewicht

Das güterwirtschaftliche Gleichgewicht erfordert die Übereinstimmung von S und I. Da das Sparen vom Einkommen und das Investieren vom Zins abhängen, müssen für gleich hohe S- und I-Werte auch ganz bestimmte Y- und z-Werte „im Hintergrund“ vorliegen.

Die Zuordnung von Einkommen und Zins ist dabei invers, d. h. gegenläufig. Beispielsweise determiniert ein hohes Einkommen aufgrund der Sparfunktion ein hohes Sparen. Im Gleichgewicht muss das Investieren gleich und damit notwendigerweise ebenfalls hoch sein; gemäß der Investitionsfunktion ist dies aber nur bei einem niedrigen Zins der Fall:

$$Y \text{ hoch} \Rightarrow S \text{ hoch} \overset{!}{\Rightarrow} I \text{ hoch} \Rightarrow z \text{ niedrig}$$

Ebenso gut kann man auch vom Zins ausgehen. Liegt im „Startpunkt“ ein hoher Zins vor, so bedingt dieser gleichgewichtstheoretisch ein niedriges Einkommen:

$$z \text{ hoch} \Rightarrow I \text{ niedrig} \overset{!}{\Rightarrow} S \text{ niedrig} \Rightarrow Y \text{ niedrig}$$

Aus diesen Überlegungen wird deutlich, dass die **IS-Kurve keine Funktion** ist. Einkommen und Zins sind gleichrangige Variablen, die sich gegenseitig bedingen.

Natürlich besteht die Möglichkeit, die IS-Kurve auch auf allgemeine Weise herzuleiten (Abb. 2.44). In der **4-Quadranten-Darstellung** sind im ersten Quadranten die Sparfunktion und im 2. Quadranten die Investitionsfunktion eingezeichnet. Die horizontalen Hilfslinien sorgen für die Übereinstimmung von S und I. Der 3. Quadrant enthält eine Spiegelachse, mit deren Hilfe die auf der Abszisse von Quadrant 2 stehenden Zinssätze auf die Ordinate des Quadranten 4 übertragen werden. In den 4. Quadranten werden auch die Y-Werte aus Quadrant 1 senkrecht nach unten projiziert. Die Verbindung der in diesem 4. Quadranten konstruierten Punkte ergibt die IS-Kurve.

Auch diese Herleitung macht deutlich, dass die Spar- und Investitionsfunktion die Bausteine der IS-Kurve bilden. Damit hängen die analytische Eigenschaften der IS-Kurve (d. h. Steigung und Lage) vom Verhalten der dahinter stehenden Wirtschaftsakteure, also der Haushalte und der Unternehmen, ab. Abbildung 2.45 zeigt die Steigung der IS-Kurve an einem beliebigen Punkt P.

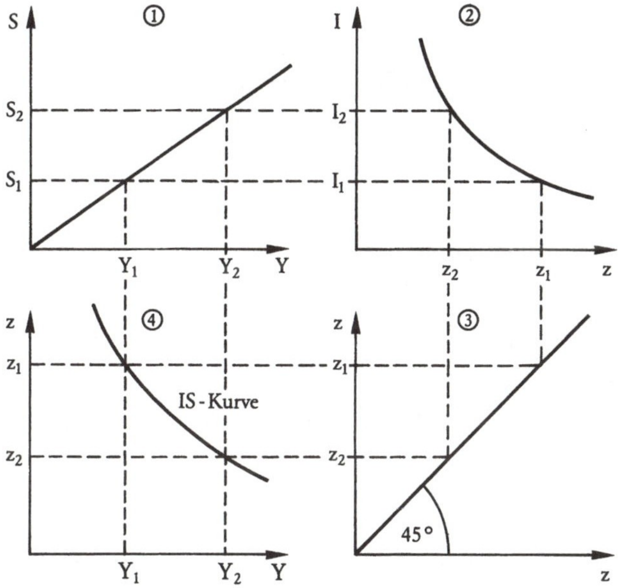

Abb. 2.44: Graphische Herleitung der IS-Kurve

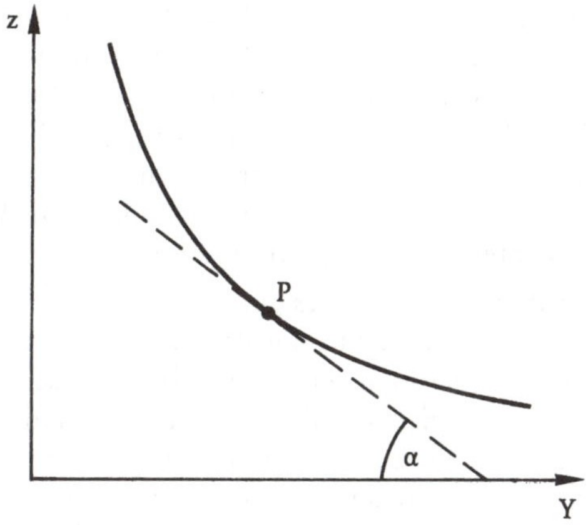

Abb. 2.45: Steigung der IS-Kurve

Wie aus dieser Darstellung hervorgeht, beträgt die **Steigung** der IS-Kurve allgemein:

$$\operatorname{tg} \alpha = \frac{dz}{dY} < 0$$

Dieses Winkelmaß kann unter Berücksichtigung der Steigung der beiden relevanten Funktionen (Spar- und Investitionsfunktion) auch in anderer Form geschrieben werden. Die Investitionsfunktion hat die Steigung:

$z' = \frac{dI}{dz} < 0$ auf, woraus folgt

$$dz = \frac{dI}{z'} < 0$$

Die Steigung der Sparfunktion wurde definiert als

$$s' = \frac{dS}{dY} > 0\text{, so dass}$$

$$dY = \frac{dS}{s'}$$

Daher kann die Steigung der IS-Kurve geschrieben werden als:

$$\operatorname{tg} \alpha = \frac{dz}{dY} = \frac{\frac{dI}{z'}}{\frac{dS}{s'}} = \frac{dI \cdot s'}{z' \cdot dS} < 0$$

Auf der IS-Kurve muss zur Aufrechterhaltung des Gleichgewichts dI = dS sein; somit ist:

$$\operatorname{tg} \alpha = \frac{dz}{dY} = \frac{s'}{z'} < 0$$

Ein steiler Verlauf der IS-Kurve kommt zustande, wenn die marginale Sparneigung hoch bzw. die Zinsreagibilität der Investitionen niedrig ist. Um hier von einem Gleichgewichtspunkt zu einem anderen zu gelangen, bedarf es geringer Einkommensänderungen und großer Zinsänderungen. Denkbar wäre sogar der Extremfall einer senkrecht verlaufenden IS-Kurve, sofern die Investitionsnachfrage völlig zinsunelastisch wäre, d.h. in Abbildung 2.44 die Investitionsfunktion waagerecht verliefe. Diesen Spezialfall nennt man „Investitionsfalle". Entsprechende Überlegungen gelten für einen flachen Verlauf der IS-Kurve. Die Einbeziehung des Staates bzw. des Auslandes zeigt insofern Auswirkungen auf die Neigung der IS-Kurve, als einkommenabhängige Steuern ebenso wie die marginale Importneigung eine entsprechend geänderte Steigung der Sparfunktion nach sich ziehen.

Zur **Verschiebung** der IS-Kurve kommt es durch Verlagerungen der Spar- bzw. Investitionsfunktion. So zieht z.B. eine Zunahme des autonomen Konsums oder ein Anstieg der marginalen Konsumneigung ebenso eine Rechtsverschiebung nach sich wie eine höhere Grenzleistungsfähigkeit des Kapitals. Daneben sind auch staatliche sowie internationale Einflüsse für die Lage der IS-Kurve verantwortlich. Der Staat kann eine Verschiebung nach rechts dann auslösen, wenn er die autonomen Staatsausgaben bzw. Transferzahlungen erhöht oder die Kopfsteuer bzw. den Steuersatz senkt. Derselbe Effekt kommt bei einer Zunahme der Auslandsnachfrage oder Abnahme autonomer Importe bzw. einer geringeren marginalen Importneigung zustande. Schließlich entscheidet auch das – bisher als konstant angenommene – Preisniveau über die Lage der IS-Kurve. Eine Preisniveausenkung erhöht den realen Wert des Finanzvermögens, wodurch der Konsum steigt. Dadurch fühlen sich die Wirtschaftssubjekte reicher und verringern ihre Spartätigkeit aus dem laufenden Einkommen, d.h. die Konsumausgaben steigen. Dieser Effekt, auf den an späterer Stelle noch ausführlicher eingegangen wird, verschiebt die IS-Kurve ebenfalls nach rechts. Entsprechend hat eine Erhöhung des Preisniveaus eine Linksverschiebung der IS-Kurve zur Folge.

Existiert eine Einkommens-Zins-Kombination außerhalb der IS-Kurve, so besteht auf dem Gütermarkt ein **Ungleichgewicht.** Unter Verwendung des obigen Zahlenbeispiels wäre dies etwa bei einem Einkommen von 200 und einem Zins von 7 % der Fall:

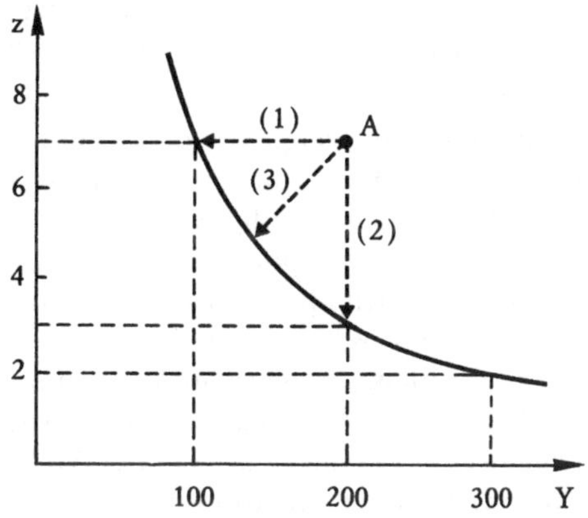

Abb. 2.46: Kontraktionslücke auf dem Gütermarkt

Im Punkt A „passen" das Einkommen und der Zins nicht zusammen, es herrscht ein Ungleichgewicht auf dem Gütermarkt. Die Situation in Punkt A ist gekennzeichnet durch ein Sparen von 40 und ein Investieren von 20. Allgemein bedeutet eine Position oberhalb der IS-Kurve ein Ungleichgewicht vom Typ:

$S > I$

Es liegt also eine **Kontraktionslücke** vor.

Zur Wiederherstellung des Gleichgewichts sind, bezogen auf das Zahlenbeispiel, drei verschiedene Möglichkeiten denkbar (siehe Abb. 2.46):

(1) Das Sparen muss von 40 auf 20 zurückgehen; hierzu ist bei unverändertem Zins eine Senkung des Einkommens von 200 auf 100 erforderlich, d. h. es findet ein Kontraktionsprozess statt;

(2) Das Investieren muss von 20 auf 40 ansteigen; dies bedarf bei gleich bleibendem Einkommen eines Rückgangs des Zinssatzes von 7 % auf 3 %;

(3) S muss so absinken und I so ansteigen, dass ein neues Gleichgewicht durch einen kombinierten Einkommens- und Zinsrückgang zustandekommt.

Zur Herstellung eines Gleichgewichts wäre prinzipiell auch eine Verschiebung der IS-Kurve nach rechts denkbar. Die „neue" IS-Kurve müsste dann durch den Punkt A gehen.

Die umgekehrten Überlegungen gelten für Einkommens-Zins-Kombinationen, die unterhalb der IS-Kurve liegen. In diesen Fällen handelt es sich um eine **expansive Lücke**; hierbei ist stets I > S. Zur Herbeiführung eines Gleichgewichtes bedürfte es entsprechender Einkommens- bzw. Zinserhöhungen.

Ungeachtet des Ungleichgewichtstyps werden bei einem Abweichen des Sparens vom Investieren endogene Kräfte im System wirksam, die wieder zu einem Gleichgewicht führen. Ob dies über Einkommensänderungen und/oder Zinsänderungen geschieht, ist theoretisch offen. Nach Keynesianischer Auffassung ist jedoch eher mit einer **Anpassung des Einkommens** als mit Zinsreaktionen zu rechnen. Da

Keynes für hochentwickelte Volkswirtschaften ein Ungleichgewicht vom Typ S > I als wahrscheinlich ansieht, ist ständig mit der Gefahr von Abschwungsprozessen bzw. Wirtschaftskrisen zu rechnen. Die dabei eintretenden negativen Folgen, vor allem für Produktion und Beschäftigung, wurden bereits an früherer Stelle erörtert.

Damit sind die in der makroökonomischen Theorie anzutreffenden Grundpositionen bezüglich des Gütermarktes aufgezeigt. Wie in der zusammenfassenden Übersicht in Abbildung 2.47 dargestellt, liefert die Ex-post-Analyse die Definitionsgleichungen, die von den rivalisierenden Paradigmen „erklärt" werden. Im Vordergrund stand dabei die Erörterung des 3-poligen Kreislaufs, in dem der Staat und das Ausland vernachläßigt sind. Nach **klassischer Auffassung** hängen Sparen und Investieren als konstituierende Größen des güterwirtschaftlichen Gleichgewichts vom Zinssatz ab. Seine Flexibilität garantiert in Verbindung mit dem Sayschen Theorem stets die Übereinstimmung von Sparen und Investieren. Mit dem güterwirtschaftlichen Gleichgewicht geht der Zustand der Vollbeschäftigung einher. Dagegen hängt nach **Keynesianischer Meinung** das Sparen vom Einkommen ab. Unter der Voraussetzung autonomer Investitionen ist die Erreichung des Gleichgewichts nur bei einem bestimmten Einkommen möglich. Ob dieses Gleichgewichtseinkommen jedoch erreicht wird, ist äußerst fraglich. Bei zinsabhängigen Investitionen erfordert das güterwirtschaftliche Gleichgewicht neben einem bestimmten Einkommen zusätzlich einen bestimmten Zins. Sollte dieser Zustand tatsächlich eintreten, so ist damit aber noch nichts über die Beschäftigungssituation gesagt, da das güterwirtschaftliche Gleichgewicht prinzipiell mit jedem Niveau des Einkommens und damit der Beschäftigung vereinbar ist.

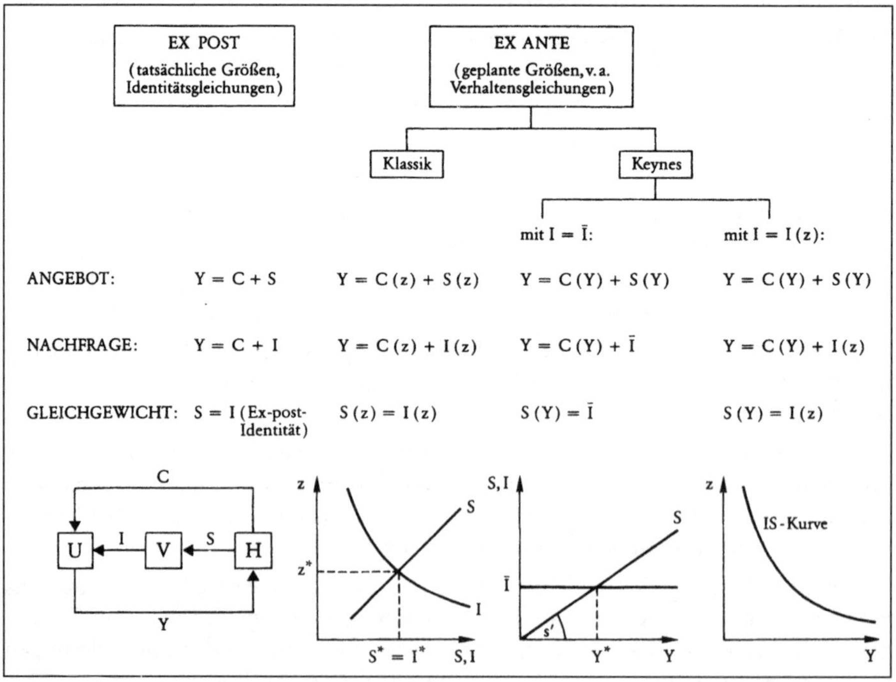

Abb. 2.47: Zusammenfassende Übersicht des Gütermarktes (ohne Staat und Ausland)

III. Der Geldmarkt

1. Begriffliche Grundlagen

a. Geldfunktionen

Neben dem Gütermarkt ist der Geldmarkt der zweite zentrale Ansatzpunkt makroökonomischer Analysen. Eine Verbindungslinie zwischen diesen beiden Märkten wurde bereits an früherer Stelle gezogen. Angesichts der äußerst heterogenen Waren und Dienstleistungen sowie Faktorleistungen sind auf den Märkten einer hochentwickelten Volkswirtschaft reale Tauschvorgänge:

Ware gegen Ware

nicht möglich. An die Stelle dieses sog. **direkten Tausches** tritt der **indirekte Tausch,** wozu es allerdings eines „Zwischentauschgutes", nämlich des Geldes, bedarf:

Ware – Geld – Ware

Hierin ist die erste wichtige Aufgabe des Geldes zu erblicken. Geld ist dadurch charakterisiert, dass es die **Tausch- und Zahlungsmittelfunktion** ausübt. Dies setzt voraus, dass es auch von jedermann angenommen, also allgemein akzeptiert wird.

Ein weiteres Kennzeichen des Geldes liegt in seiner Eigenschaft begründet, als Wertspeicher zu dienen. Der Besitz von Geld ermöglicht es, den Tauschakt auf einen späteren Zeitpunkt zu verlegen. Darüber hinaus kann Geld auch dauerhaft als Bestandteil des Vermögens gehalten werden. Daraus folgt die zweite Wesensart des Geldes, es hat die **Wertaufbewahrungsfunktion** zu erfüllen. Um dieser Anforderung gerecht zu werden, bedarf es allerdings stabiler Preise, denn Inflation verringert den Wert des Geldes.

Sowohl Tauschhandlungen bzw. Zahlungen als auch die Haltung von Geld implizieren die Notwendigkeit der Bewertung. Geld hat einen Vergleichsmaßstab zu liefern. Dies mündet in die dritte Funktion des Geldes, **Wertmesser** bzw. **Recheneinheit** zu sein.

Aus diesen Überlegungen geht hervor, dass Geld zweckmäßigerweise an den Funktionen definiert wird. Geld ist demnach prinzipiell alles, was die drei genannten Funktionen erfüllt. In welcher konkreten Form das verwendete Geld dabei in Erscheinung tritt, ist für seine ökonomische Bedeutung unerheblich. Dies richtet sich in erster Linie nach den zeitlichen, regionalen und technischen Gegebenheiten einer Gesellschaft.

b. Geldarten

Die historisch älteste Erscheinungsform des Geldes ist das **Sach-** oder **Warengeld.** Als Objekte dienten die unterschiedlichsten Gegenstände, deren Identifikation mit Geld heutzutage nur noch schwer vorstellbar ist. Federn, Schmuck, Felle, Mühlsteine, Muscheln und Vieh sind nur einige Beispiele hierfür. Entscheidend war, dass diese Güter in den damaligen Gesellschaften selten und daher allgemein begehrt waren.

Insbesondere Metalle fanden aufgrund ihrer Eigenschaften eine immer stärkere Verwendung als Geld. Daraus gingen die **Münzen** hervor, die vermutlich im 7.–8. Jhdt. v. Chr. im griechisch-orientalischen Raum erstmals auftauchten. Insbesondere Gold und Silber setzten sich als Metalle für die Münzprägung durch. Inzwischen liegt in den meisten Ländern, so auch im Euro-Währungsraum, der Nennwert einer Münze in der Regel über den Prägekosten. Dieser Differenzbetrag fließt dem Bund als dem „Münzherrn" in Form des sog. Münzgewinns zu. Die ersten Euro-Münzen wurden am 17.12. 2001 ausgegeben; insgesamt brachte die Deutsche Bundesbank im Zuge der Erstausstattung der deutschen Wirtschaft ca. 15,5 Mrd. Münzen im Wert von 4,8 Mrd. EUR in Umlauf.

Der für die Ausbreitung der Münzen verantwortliche Stoffwert dieser Geldart tritt bei den **Banknoten** in den Hintergrund. Waren sie ursprünglich voll oder zumindest teilweise „gedeckt" (z. B. in Gold), so handelt es sich heute in modernen Volkswirtschaften um abstrakte Forderungen gegenüber der Zentralbank. Sie besitzt üblicherweise das Notenmonopol. Banknoten stellen das alleinige, uneingeschränkte gesetzliche Zahlungsmittel dar, was bei Münzen nur bis zu bestimmten Höchstbeträgen gilt. Zum 1. Januar 2002 stellte die Deutsche Bundesbank ca. 2,6 Mrd. Euro-Banknoten mit einem Wert von rund 151 Mrd. EUR bereit. Fügt man zum Notengeld die Münzen hinzu, so erhält man das **Bargeld**.

Quantitativ bedeutsamer ist in den meisten Ländern der Bestand an **Giralgeld** (Buchgeld, täglich fällige Einlagen), über das jederzeit per Kreditkarte, Scheck oder Überweisung verfügt werden kann. Da diese Geldart gegenüber dem Bargeld eine ganze Reihe von Vorzügen, wie z. B. Verlustsicherheit oder technische Vereinfachung von Fernzahlungen, aufweist, setzte sich das Giralgeld im Laufe der Zeit immer mehr als (allerdings nicht gesetzliches) Zahlungsmittel durch.

Daneben besitzen die Wirtschaftssubjekte eine Vielzahl weiterer finanzieller Forderungen wie Spargelder, Termineinlagen, Geldmarktfonds oder Schuldverschreibungen. Derartige Aktiva bezeichnet man als **Geldsubstitute** (Geldsurrogate, „near money"). Wie der Begriff bereits vermuten lässt, handelt es sich hierbei nicht uneingeschränkt um Geld. Dies liegt in der Tatsache begründet, dass diese Aktiva die Tausch- und Zahlungsmittelfunktion nicht in vollem Umfange erfüllen. Sie müssen erst noch in jederzeit nachfragewirksame Tausch- und Zahlungsmittel umgewandelt werden, was nach Maßgabe der Laufzeiten bzw. Kündigungsfristen unter Umständen recht viel Zeit in Anspruch nehmen kann.

c. Geldmengendefinitionen

Ein Aktivum, welches die drei genannten Geldfunktionen erfüllt, bezeichnet man als Geld. Im Zusammenhang mit den Geldarten gelangt man dadurch zur Geldmenge einer Volkswirtschaft. Sie bezieht sich stets auf das Geld im Besitz von inländischen Nichtbanken. Allerdings gibt es „die" Definition der Geldmenge nicht. Der Grund hierfür ist die eben erwähnte Tatsache, dass bei einigen Geldarten die Tausch- und Zahlungsmittelfunktion nur eingeschränkt erfüllt wird. Dies gilt insbesondere für die Geldsubstitute, die nur einen begrenzten Liquiditätsgrad aufweisen. Einer internationalen Konvention folgend, unterscheidet man üblicherweise drei verschiedene Definitionen für das Geldvolumen, nämlich M1, M2 und M3.

Sowohl Bargeld als auch Giralgeld erfüllen die drei Geldfunktionen ohne Einschränkungen; die Summe dieser beiden Komponenten ergibt die „enge" Geldmenge M 1 (Juni 2003 in Deutschland: 713,6 Mrd. EUR). Den nächst höheren Liquiditätsgrad erblickt die Europäische Zentralbank (EZB) in Einlagen mit vereinbarter Laufzeit von bis zu 2 Jahren sowie Einlagen mit vereinbarter Kündigungsfrist bis zu 3 Monaten. Schlägt man diese Geldsubstitute der Geldmenge M1 zu, so ergibt sich die „mittlere" Geldmenge M 2 (1.473,8 Mrd. EUR). Als weitere geldmengenrelevanten Substitute betrachtet die Europäische Zentralbank Repogeschäfte, Geldmarktfondsanteile sowie Schuldverschreibungen bis zu 2 Jahren (einschl. Geldmarktpapiere). Durch Hinzufügen dieser Aktiva zur Geldmenge M 2 gelangt man zur „weiten" Geldmenge M 3 (1.802,6 Mrd. EUR). Diese Geldmengenabgrenzung spielt in der geldpolitischen Strategie der Europäischen Zentralbank eine besonders wichtige Rolle. Die seit 1. Januar 1999 für das Euro-Währungsgebiet geltenden Geldmengenbegriffe sind zusammen mit den Geldfunktionen in Abbildung 2.48 schematisch zusammengefasst.

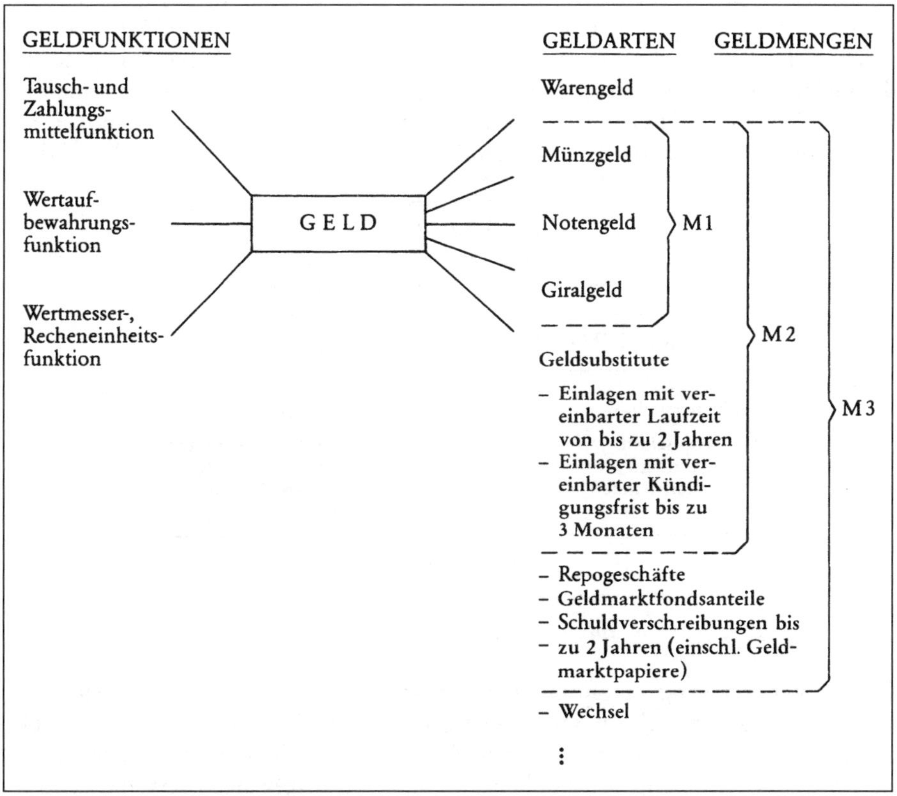

Abb. 2.48: Geldfunktionen und Geldmengendefinitionen des ESZB

Nach Maßgabe der institutionellen Verhältnisse eines Landes sind durchaus noch weitere Geldmengenabgrenzungen denkbar.

d. Geldmarkt

Der Begriff „Geldmarkt" wird in der Ökonomie nicht einheitlich definiert. In der Kreditwirtschaft, also im Bankengewerbe, versteht man unter „Geldmarkt" den Handel mit Zentralbankgeld innerhalb des Bankensektors. Zentralbankgeld ist dabei jenes Geld, welches ausschließlich von der Zentralbank (in der Euro-Zone: Europäisches Zentralbanksystem) eines Landes hergestellt werden kann. Es besteht konkret aus dem Bargeld sowie Guthaben auf Konten der Zentralbank. Die Bedeutung des Zentralbankgeldes ist darin zu sehen, dass es die Voraussetzung für die Kreditgewährung der Banken darstellt.

Die volkswirtschaftliche Dimension des Begriffs „Geldmarkt" geht indes weit über dieses Verständnis hinaus. Makroökonomisch entspricht der Geldmarkt allgemein dem ökonomischen Ort, wo das gesamtwirtschaftliche Geldangebot und die gesamtwirtschaftliche Geldnachfrage aufeinander treffen. Die Bereitstellung des Geldes (Geldangebot, M) geschieht durch das gesamte Bankensystem, also durch die Zentralbank und die Geschäftsbanken. Bei der Geldnachfrage (Liquiditätsnachfrage, L) geht es um den gesamten Geldbedarf in der Volkswirtschaft. Dahinter stehen die privaten Haushalte und Unternehmungen sowie der Staat. Die Analyse des Geldmarktes beschäftigt sich im folgenden mit diesen beiden Seiten des Geldmarktes und fragt nach den Bedingungen, die zu einer Übereinstimmung von Geldangebot und Geldnachfrage, d.h. zu einem Gleichgewicht im monetären Sektor, führen. Schematisch ergibt sich für das weitere Vorgehen folgendes Bild:

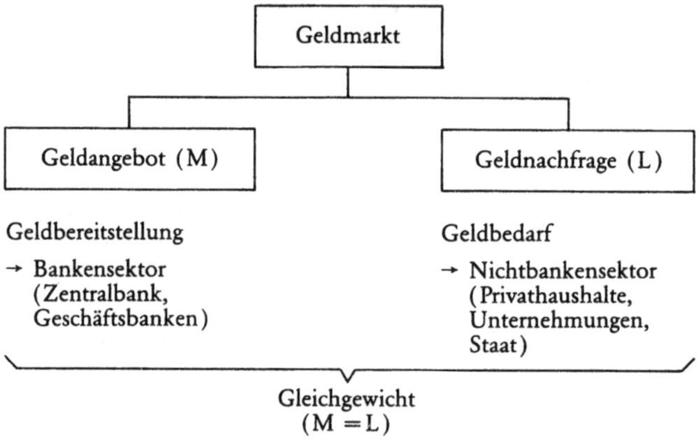

Abb. 2.49: Analyse des Geldmarktes

Im Rahmen der makroökonomischen Theorie spielt die Analyse des **Geldangebots** eine vergleichsweise untergeordnete Rolle. Die angebotene Geldmenge bezieht man häufig auf das Geldvolumen M1. Ungeachtet der definitorischen Besonderheiten der Geldmenge wird üblicherweise davon ausgegangen, dass die Zentralbank eines Landes in der Lage ist, die in Umlauf befindliche Geldmenge zuverlässig zu steuern. Man nimmt also an, dass die Währungsbehörde über geeignete Instrumente verfügt, die es ihr erlauben, die Kreditgewährung der Banken und damit die Schaffung von Bankeinlagen zu kontrollieren. Mit anderen Worten, das Geldangebot ist autonom. Die **Geldangebotsfunktion** lautet damit:

$\mathbf{M = \overline{M}}$

Dies bedeutet, dass der Umfang der umlaufenden Geldmenge nicht von bestimmten Faktoren abhängt. So hat beispielsweise der Zins keinerlei Einfluss auf das Geldangebot. Graphisch nimmt die Geldangebotsfunktion einen starren Verlauf an:

Abb. 2.50: Autonomes Geldangebot

Das Schwergewicht der theoretischen Betrachtungen des monetären Sektors liegt in der makroökonomischen Theorie auf der **Geldnachfrage.** Es geht hierbei um den Geldbedarf in einer Volkswirtschaft, d.h. um die Frage, aus welchen Gründen die Wirtschaftssubjekte Geld benötigen und damit nachfragen. Man spricht auch von der Theorie der „Kassenhaltung". Die Gründe für die Haltung von Geld resultieren letztlich aus den Funktionen, die das Geld zu erfüllen hat. Erwartungsgemäß messen die rivalisierenden Paradigmen den Geldfunktionen eine unterschiedlich Bedeutung bei: Während die Klassik die Tausch- und Zahlungsmittelfunktion des Geldes betont, hebt die Keynesianische Theorie die Erfüllung der Wertaufbewahrungsfunktion des Geldes hervor.

Für die **Klassik** ist Geld in erster Linie ein „Schmiermittel", welches den reibungslosen Tauschverkehr in der Wirtschaft sicherstellt. Er folgt aus dem Organisationsprinzip der Arbeitsteilung. Die dabei anfallenden Tauschvorgänge sind bei einem entsprechend hohen Spezialisierungsgrad nur noch möglich, wenn ein allgemein akzeptiertes Tauschmittel exisitiert. Diese technische Funktion übernimmt das Geld. Es wird als sog. **„Transaktionskasse"** (L_T) gehalten.

Diese Eigenschaft des Geldes bestreitet **Keynes** zwar nicht. Darüber hinaus erblickt er aber im Geld einen Bestandteil des Vermögens. Die Menschen stehen vor der Entscheidung, ob sie ihr Vermögen als Barvermögen bzw. auf Bankkonten halten (sog. **„Spekulationskasse"**, L_S), oder ob sie ihr Geld in Wertpapieren anlegen sollen.

Abbildung 2.51 zeigt den paradigmatischen „Streit“ um die Geldnachfrage in schematischer Form. Diese verschiedenen Ansichten sowie die sich daraus ergebenden gesamtwirtschaftlichen Konsequenzen sollen im Folgenden genauer beleuchtet werden.

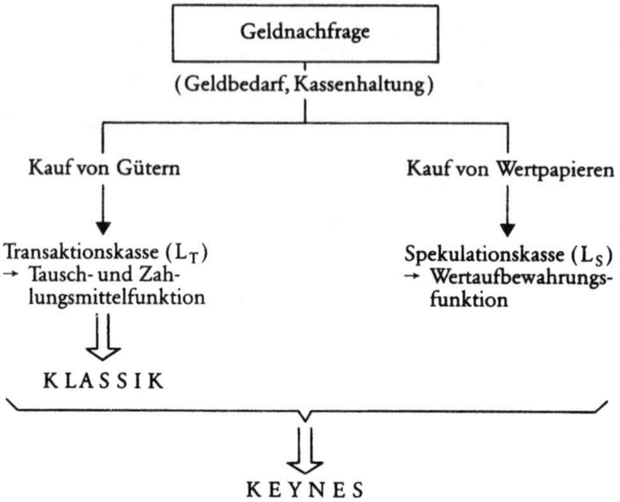

Abb. 2.51: Ansätze der Theorie der Geldnachfrage

2. Der klassische Ansatz

a. Die Transaktionskasse

Wie bereits erwähnt, ist das Geld für klassische Nationalökonomen ein Medium, das die Aufgabe hat, den Austausch von Gütern in einer arbeitsteiligen Wirtschaft (Verkehrswirtschaft, „Geldwirtschaft“) technisch zu erleichtern. Die Nachfrage nach Geld, d. h. die Haltung von Kasse, hängt somit entscheidend vom Umfang der Transaktionen ab, die von den Wirtschaftssubjekten geplant werden. Der hierfür benötigte Geldbetrag ist die Transaktionskasse. Hinter ihr steht primär die Tausch- und Zahlungsmittelfunktion des Geldes. Da die Preise der Güter in Geldeinheiten ausgedrückt werden, übernimmt das Geld in der klassischen Geldlehre implizit auch die Wertmesser- und Recheneinheitsfunktion.

Der Wertaufbewahrungsfunktion des Geldes messen die Klassiker keine Bedeutung bei. Dies liegt in der Tatsache begründet, dass **Geld unverzinslich** ist. Es wäre deshalb in höchstem Maße irrational, Geld um seiner selbst Willen zu halten. Ließe man es einfach „brach“ liegen, so würde es „nichts bringen“. Legt man sein Geld hingegen an, so erbringt es Zinserträge. Oder aber man kauft mit dem Geld Konsumgüter, dann stiften diese einen Nutzen. Da die Nutzenstiftung charakteristisch für jedes Gut ist, das Geld aber keinen Nutzen stiftet, stellt das Geld nach klassischer Auffassung auch **kein Gut** dar. Es ist ausschließlich ein technisches Hilfsmittel zur Abwicklung der Tauschvorgänge.

Um die Determinanten der Geldnachfrage zu Transaktionszwecken (L_T) exakt herauszuarbeiten, ist es zweckmäßig, von einem einfachen Zahlenbeispiel auszugehen. Die Haushalte beziehen ein monatliches Einkommen von 30 Geldeinheiten. Aus Vereinfachungsgründen wird ein kontinuierliches Ausgabeverhalten unterstellt, d. h. die Haushalte geben täglich eine Geldeinheit aus. In einer geschlossenen Volkswirtschaft ohne Staat fließt dann das von den Haushalten ausgegebene Geld während des Monats sukzessive in die Kasse der Unternehmungen:

Tab. 11: Entwicklung der Transaktionskasse

Tag	Kassenbestand (L_T)		
	$L_{T,H}$		$L_{T,U}$
1.	29,–	$\xrightarrow{1,-}$	1,–
2.	28,–	$\xrightarrow{1,-}$	2,–
.	.		
28.	2,–	$\xrightarrow{1,-}$	28,–
29.	1,–	$\xrightarrow{1,-}$	29,–
30.	0,–	$\xrightarrow{1,-}$	30,–
(„Zahltag“)	30,–	$\xleftarrow{30,-}$	0,–

Dieser Vorgang wiederholt sich jeden Monat. Er ist in Abbildung 2.52 graphisch dargestellt. Aus diesem Bild tritt die Aufgabe des Geldes deutlich zutage. Sie besteht darin, bei den Haushalten eine zeitliche **Synchronisation** der kontinuierlich

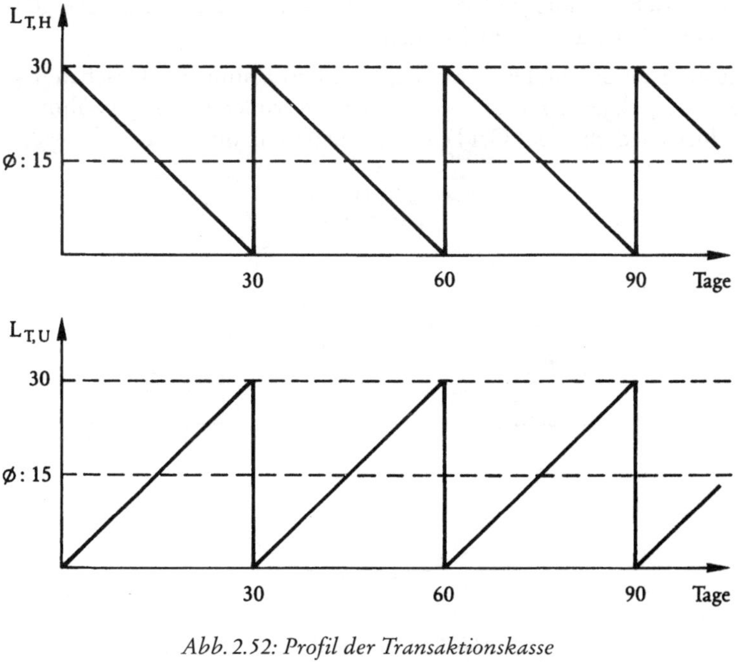

Abb. 2.52: Profil der Transaktionskasse

anfallenden Ausgaben und der diskontinuierlich auftretenden Einnahmen herbeizuführen. Die Haushalte erhalten sozusagen einen „Geldvorrat", den sie im Verlauf des Monats vollständig aufbrauchen. Entsprechendes gilt für die Unternehmungen.

Im Durchschnitt beträgt der Kassenbestand der Haushalte ($L_{T, H}$) ebenso wie der Kassenbestand der Unternehmungen ($L_{T, U}$) jeweils 15 Geldeinheiten. Allerdings ändert sich im Zeitablauf permanent die Verteilung der Kassenbestände. Zu Beginn des Monats ist die Geldnachfrage der Haushalte hoch und die der Unternehmungen niedrig, zum Ende des Monats hin liegen die Dinge dann genau umgekehrt. Der in der Volkswirtschaft vorhandene Geldbestand von 30 ist jedoch an jedem Tag, d. h. allgemein zu jedem Zeitpunkt, in einer der beiden Kassen. Die gesamtwirtschaftliche Geldnachfrage beträgt damit:

$$L = L_T = L_{T,H} + L_{T,U} = 30$$

Interessanterweise ist die Geldnachfrage genau so hoch wie das Einkommen. Es liegt daher die Vermutung nahe, Einkommen und Geldnachfrage seien identisch. Die Gleichsetzung dieser beiden Größen erweist sich jedoch trotz desselben Wertes von beispielsweise 30 EUR als falsch. Der Trugschluss tritt zutage, wenn man die Dimensionen der beiden Größen betrachtet:

$$\textbf{GELD} \neq \textbf{EINKOMMEN}$$

$$\left[\frac{\text{Euro}}{\text{Zeitpunkt}}\right] \qquad \left[\frac{\text{Euro}}{\text{Zeitraum}}\right]$$

Die Geldnachfrage bezieht sich stets auf einen ganz bestimmten Zeitpunkt, sie ist eine **Bestandsgröße** („stock magnitude"). Demgegenüber hat das Einkommen immer einen bestimmten Zeitraum als Bezugsgröße, d. h. beim Einkommen handelt es sich um eine **Stromgröße** („flow magnitude"). Geld und Einkommen sind also ihrer Natur nach grundlegend verschiedene Größen. Diese Tatsache geht jedoch im Alltagssprachgebrauch zumeist unter.

Einen Ausweg aus diesem Dilemma bietet die Betrachtung der Geschehnisse im elementaren zweipoligen Kreislauf. Wie bereits an früherer Stelle erwähnt (Seite 12), vollzieht hierin lediglich das Geld eine Zirkulation im physischen Sinne (Abb. 2.53).

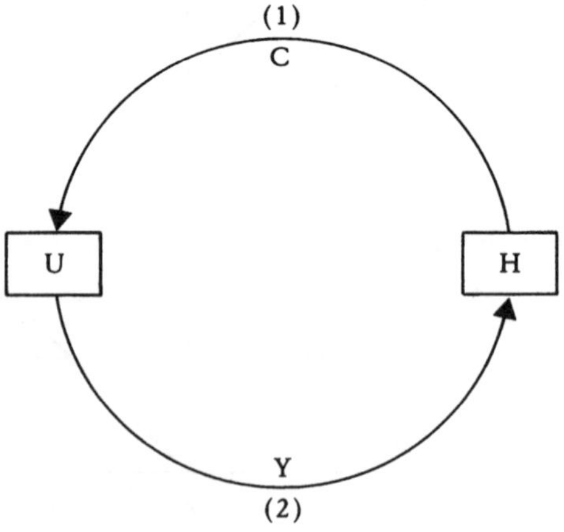

Abb. 2.53: Geldzirkulation

Es wandert innerhalb einer Periode zunächst sukzessive von H nach U und kehrt dann am Ende der Periode in einem Zuge zu H zurück (siehe auch Tab. 11).

Das Phänomen der Zirkulation des Geldes bezeichnet man als **„Umlaufgeschwindigkeit"** oder **„Einkommenskreislaufgeschwindigkeit"** des Geldes (V). Ihre Einbeziehung ermöglicht eine Verknüpfung von Geldnachfrage und Einkommen. Dabei muss jedoch der Einkommensbegriff präzisiert werden. Es handelt sich hier um das ausbezahlte, in Geldeinheiten ausgedrückte Einkommen, d. h. um das **nominelle Einkommen** (Y_{nom}). Die Beziehung lautet dann:

$L \cdot V = Y_{nom}$

Auf das Zahlenbeispiel bezogen, besagt die Gleichung, dass ein Geldbestand von 30 Geldeinheiten, der ein Mal pro Monat im Kreislauf zirkuliert, ein Einkommen in Höhe von 30 Geldeinheiten finanzieren kann.

In V kommen die **Zahlungsgewohnheiten** („Zahlungssitten") einer Volkswirtschaft zum Ausdruck. Hierzu zählt etwa der Auszahlungsrhytmus der Einkommen. Derartige Faktoren bestimmen maßgeblich den Geldbedarf einer Volkswirtschaft. Ein einfaches Beispiel macht dies deutlich: Erfolgen die Einkommenszahlungen zwei Mal pro Monat, so sinkt die durchschnittliche Geldnachfrage der Haushalte sowie der Unternehmungen jeweils um die Hälfte. Die Wirtschaft erbringt die gleiche Leistung wie zuvor, kommt jedoch mit einem halb so großen Geldbestand aus. Die gesamte Geldnachfrage liegt jetzt bei nur noch 15 Geldeinheiten (siehe Abbildung 2.54).

Die Haushalte kommen nunmehr mit einem geringeren „Geldvorrat" aus, da bereits zur Monatsmitte der nächste „Zahltag" ist. Anstelle einer einzigen Einkom-

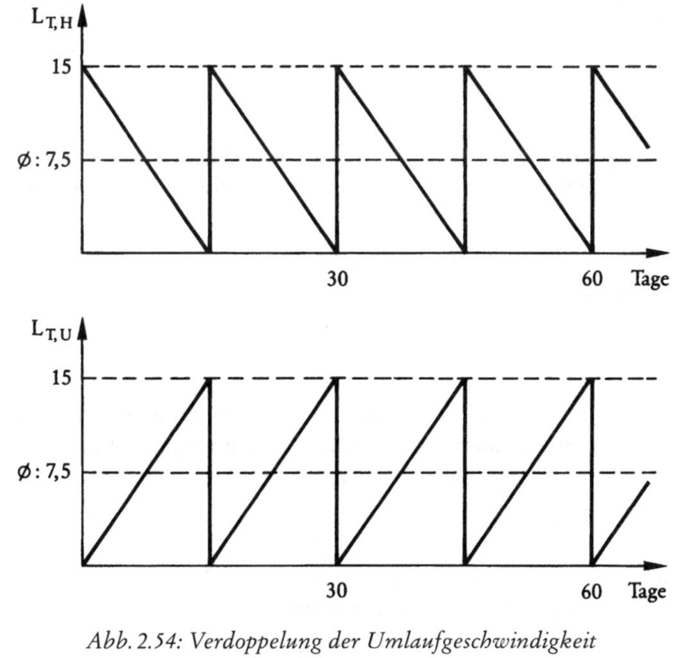

Abb. 2.54: Verdoppelung der Umlaufgeschwindigkeit

menszahlung pro Monat in Höhe von 30 Geldeinheiten erhalten die Haushalte ihr Einkommen nun an zwei Terminen ausgezahlt; dabei liegt die Höhe bei jeweils 15 Geldeinheiten. Das Monatseinkommen bleibt also unverändert bei 30. Der benötigte gesamtwirtschaftliche Geldbestand beträgt aber nur noch 15, da er sich zwei Mal pro Monat im Kreislauf umschlägt.

Zerlegt man das hier betrachtete nominelle Einkommen in seine Preis- und Mengenkomponente (P und Y), so gilt:

$$Y_{nom} = P \cdot Y$$

Für obige Gleichung erhält man dann:

$$L \cdot V = P \cdot Y$$

Diese Gleichung bildet den Ausgangspunkt für die Herleitung der sog. Cambridgegleichung sowie der Quantitätsgleichung des Geldes. Diese beiden Gleichungen werden im Folgenden genauer vorgestellt.

b. Cambridge-Gleichung

Löst man obige Gleichung nach L auf, so ist:

$$L = \frac{1}{V} \cdot P \cdot Y$$

Für den Kehrwert der Umlaufgeschwindigkeit des Geldes schreibt man üblicherweise k:

$$k = \frac{1}{V}$$

Den Koeffizienten k bezeichnet man als **Kassenhaltungskoeffizienten** oder **„Cambridge-k"**. In k kommt die Verweildauer des Geldes in der Transaktionskasse zum Ausdruck. Die Geldnachfragefunktion kann dann geschrieben werden als:

$$\mathbf{L = k \cdot P \cdot Y}, \quad \text{mit } k = \frac{dL_T}{dY_{nom}} > 0$$

Diese Gleichung heißt **„Cambridge-Gleichung"**. Aus ihr gehen die Determinanten der Geldnachfrage hervor. Der Geldbedarf in einer Volkswirtschaft ist umso höher, je

- geringer die Umlaufgeschwindigkeit des Geldes
- höher das Preisniveau
- höher das Realeinkommen

sind und umgekehrt.

Die Cambridge-Gleichung lässt sich auch graphisch darstellen. Die Achsen werden dabei je nach den zeichnerischen Erfordernissen angelegt. Bei einer konstanten Umlaufgeschwindigkeit ergeben sich damit die Bilder in Abbildung 2.55.

Die Weiterentwicklung der Geldnachfragetheorie setzt an der Möglichkeit an, vorübergehend nicht benötigtes Geld aus der Transaktionskasse zinsbringend anzulegen. Auf diese, von den Postkeynesianern W. J. Baumol und J. Tobin, herausgearbeitete Zinsabhängigkeit der Geldnachfrage aus dem Transaktionsmotiv soll jedoch an dieser Stelle nicht weiter eingegangen werden.

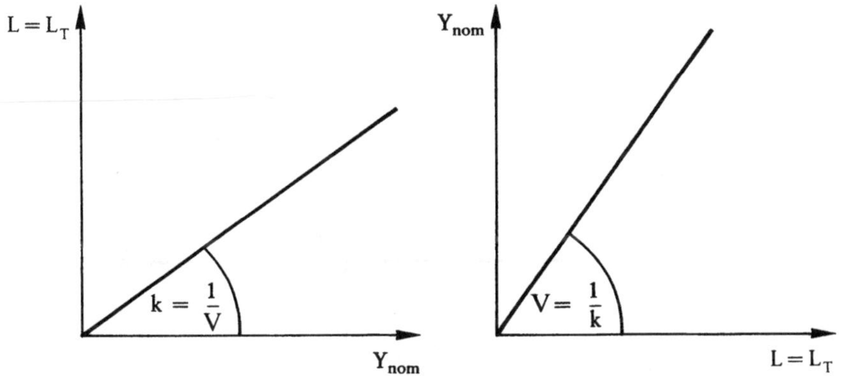

Abb. 2.55: Alternative Darstellungsformen der Cambridge-Gleichung

c. Quantitätsgleichung

Die oben hergeleitete Gleichung

$L \cdot V = P \cdot Y$

dient auch als Ausgangspunkt für grundsätzliche Überlegungen zum **Gleichgewicht auf dem Geldmarkt.** Diese Situation liegt allgemein dann vor, wenn Geldangebot und Geldnachfrage im geplanten Sinne übereinstimmen:

$M = L$

Unter der Annahme eines autonomen Geldangebots lautet die Gleichgewichtsbedingung:

$\overline{M} = k \cdot Y_{nom}$

Bei gegebenen Zahlungsgewohnheiten ist ein ganz bestimmtes nominelles Einkommen erforderlich, damit die autonom angebotene Geldmenge auch vollständig nachgefragt wird. Abbildung 2.56 verdeutlicht diesen Zusammenhang.

Zerlegt man das gleichgewichtige Nominaleinkommen, welches die Übereinstimmung von Geldangebot und Geldnachfrage herbeiführt, in seine Preis- und Mengenkomponente, so folgt hieraus eine weitere zentrale Gleichung des monetären Sektors:

$$M = k \cdot Y_{nom}$$

$$M = \frac{1}{V} \cdot P \cdot Y$$

$$\mathbf{M \cdot V = P \cdot Y}$$

Diese Gleichung heißt **Quantitätsgleichung des Geldes.** Sie weist eine lange Tradition auf. Da ihre Formalisierung vor allem dem Ökonomen I. Fisher zuzuschreiben ist, heißt sie auch **„Fishersche Verkehrsgleichung".**

Löst man diese Gleichung nach P auf, so ist:

$$P = \frac{M \cdot V}{Y}$$

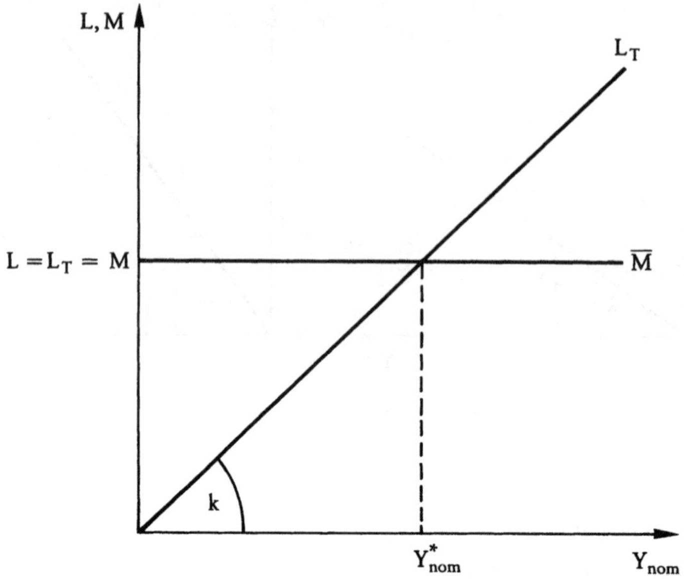

Abb. 2.56: Geldwirtschaftliches Gleichgewicht in der Klassik

Bei konstantem M und V mündet die graphische Darstellung in die sog. **„Geldhyperbel“:**

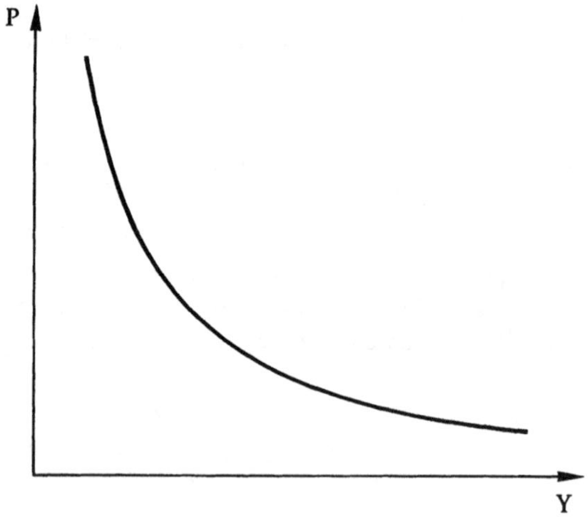

Abb. 2.57: Geldhyperbel

Damit erhält man eine Antwort auf die Frage, wie hoch das Preisniveau sein muss, damit das erzeugte reale Sozialprodukt bei gegebener Geldmenge und gegebenen Zahlungssitten auch vollständig gekauft werden kann.

Der Verlauf der Geldhyperbel erinnert an die elementare Nachfragefunktion aus der Mikroökonomik, die eine negative Abhängigkeit der Menge eines Gutes von dessen Preis unterstellt. In diesem Sinne kann die Geldhyperbel als **gesamtwirtschaftliche Nachfragefunktion** interpretiert werden.

Der monetäre Sektor steht nun nicht beziehungslos neben dem realen Sektor. Wie bereits ausgeführt, bestimmt nach klassischer Ansicht der Faktoreinsatz den Umfang der Produktion. Bei Vollbeschäftigung steht damit auch die Höhe des gleichgewichtigen Realeinkommens fest. Sind Geldmenge und Umlaufgeschwindigkeit bekannt, so folgt aus der Quantitätsgleichung das gleichgewichtige Preisniveau (P*). Die „Koppelung" des geld- und güterwirtschaftlichen Sektors hat graphisch folgendes Ausssehen:

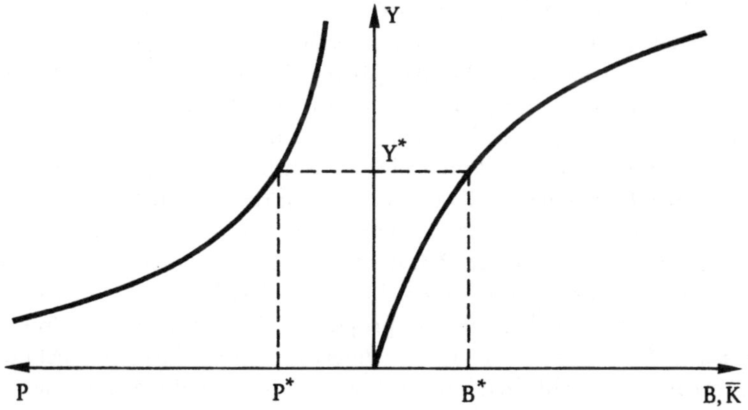

Abb. 2.58: Geld- und güterwirtschaftliches Gleichgewicht in der Klassik

Veränderungen von M und V schlagen sich in der Lage der Geldhyperbel nieder. Erhöht beispielsweise die Zentralbank die Geldmenge, so bewirkt dies eine Verschiebung der Geldhyperbel nach außen. Dadurch steigt bei unveränderter Umlaufgeschwindigkeit und gleich bleibender Produktion das Preisniveau an (vgl. Abb. 2.59).

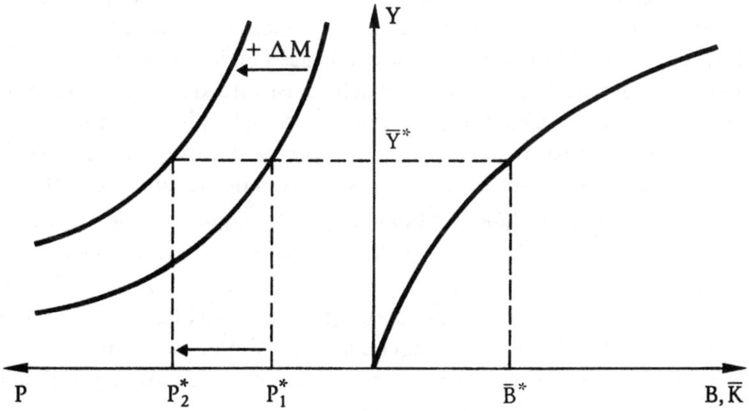

Abb. 2.59: Neutralität des Geldes

Seine ökonomische Erklärung findet dieser Vorgang in der Vorstellung, welche die Klassiker vom Geld hatten. Die Wirtschaftssubjekte fragen Geld ausschließlich zu Güter- und Wertpapierkäufen, d.h. zu Transaktionszwecken nach. Die bloße Geldhaltung im Sinne der Vermögensbildung, die der Wertaufbewahrungsfunktion des Geldes entspricht, schied als nicht rationale Entscheidung aus. Somit führt eine Erhöhung des volkswirtschaftlichen Geldbestandes durch die Zentralbank ausschließlich zu einem Anstieg der Transaktionskasse. Deren Abbau zieht eine Steigerung der Nachfrage im realen Sektor nach sich. Bei unverändertem Güterangebot, welches angesichts der voll ausgelasteten Produktionskapazitäten nicht mehr gesteigert werden kann, sowie gegebenen Zahlungsgewohnheiten, ist dann die Erhöhung des Preisniveaus die unausweichliche Folge.

Eine theoretisch denkbare Erhöhung der Produktion als Folge der Geldmengenausweitung kommt nach klassischer Auffassung also nicht in Betracht. Der Output hängt, wie die Produktionsfunktion zeigt, ausschließlich von den realwirtschaftlichen Gegebenheiten ab, nämlich von der Menge und Qualität der Produktionsfaktoren. Geld ist aber kein Produktionsfaktor. Deshalb gehen vom monetären Sektor einer Volkswirtschaft keinerlei Wirkungen auf den realwirtschaftlichen Sektor, d.h. auf Produktion und Beschäftigung, aus. Diese grundlegende Position der Klassik bezeichnet man auch als die **„Neutralität des Geldes“.** Geld ist ein „Schleier“, der über dem güterwirtschaftlichen Bereich schwebt, ohne ihn zu berühren. Die Veränderung der Geldmenge führt lediglich zu einer proportionalen Änderung des Preisniveaus. Das Verhältnis der einzelnen Güterpreise untereinander wird dagegen nicht tangiert, d.h. die **relativen Preise bleiben konstant.** Man bezeichnet diese Trennung von monetärem und realem Sektor der Wirtschaft auch als **„Dichotomie“.**

An dieser Stelle erscheint es zweckmäßig, noch kurz auf die Interpretation der Quantitätsgleichung und damit zusammenhängend auf deren wirtschaftspolitische Bedeutung hinzuweisen. Zum einen interpretiert man die Quantitätsgleichung des Geldes als eine **Identitätsgleichung,** d.h. als eine immer erfüllte Bedingung. In diesem Sinne besagt sie, dass die Umsätze in einer Volkswirtschaft ($P \cdot Y$) notwendigerweise „geldtechnisch“ abgewickelt, also finanziell alimentiert werden müssen ($M \cdot V$).

Zum anderen stellt sie eine **Gleichgewichtsbedingung** dar. Hierbei bedarf es einer verhaltenstheoretischen Fundierung dieser Gleichung. Insbesondere der Monetarist M. Friedman wandte sich diesem Problem zu, indem er im Rahmen seiner „Neoquantitätstheorie“ die Umlaufgeschwindigkeit des Geldes „erklärte“, d.h. ihre Determinanten herausarbeitete. Ein solcher Schritt ist erforderlich, um **Kausalaussagen** bezüglich der in der Quantitätsgleichung auftauchenden Variablen machen zu können. Entscheidend ist in diesem Zusammenhang die Erkenntnis, dass die Entwicklung des Preisniveaus dominant vom Wachstum der Geldmenge abhängt.

Aus dieser Beziehung zwischen Geldmenge und Preisniveau folgt eine bedeutsame wirtschaftspolitische Konsequenz. Zur Verringerung des Preisniveaus muss – bei Konstanz der Umlaufgeschwindigkeit des Geldes und des Outputs – die Geldmenge abnehmen. Bezogen auf die Veränderungen dieser Größen bedeutet dies, dass die Verminderung von Preissteigerungen (sog. „Disinflation“) nur durch eine Reduzierung der Geldmengenwachstumsraten möglich ist. Da die Zentralbank in der Regel den gesetzlichen Auftrag der Geldversorgung für das Land hat, ist es konsequent, ihr auch die Aufgabe der „Sicherung der Währung“ zu übertragen. Für die

Inflationsbekämpfung ist in erster Linie die Zentralbank und damit die Geldpolitik verantwortlich. In der Tat untermauern zahlreiche empirische Untersuchungen die Überzeugung der neoklassischen Auffassung, denn zwischen den Wachstumsraten der Geldmenge und des Preisniveaus besteht üblicherweise ein enger statistischer Zusammenhang.

Die Quantitätsgleichung des Geldes fand Konsequenterweise expliziten Eingang in die Politik der Deutschen Bundesbank. Sie formulierte erstmals für das Jahr 1975 ein sog. **„Geldmengenziel“**, um den damaligen Preissteigerungen entgegenzutreten. Bis zum Jahr 1998 gab die Bundesbank am Ende eines Jahres offiziell bekannt, um wie viel Prozent die Geldmenge im kommenden Jahr zunehmen sollte. Mit der Vorgabe dieses Wertes verfolgte die Deutsche Bundesbank die Absicht, den am Wirtschaftsprozess Beteiligten eine Orientierungsgröße für ihre Preis- und Kostenentscheidungen zu liefern. Der angestrebte Zuwachs der Geldmenge folgte dabei aus der Quantitätsgleichung des Geldes:

$M \cdot V = P \cdot Y.$

Sie kann auch in Wachstumsraten geschrieben werden als:

$w_M + w_V = w_P + w_Y$, bzw. nach w_M aufgelöst:

$w_M = w_P + w_Y - w_V$

Die Europäische Zentralbank lehnt ihre geldpolitische Strategie an diese Vorgehensweise an. Ihr oberstes Ziel ist die Preisstabilität („Preisziel“). Diese gilt als erreicht, wenn die Inflationsrate unter 2 % p.a. liegt. Bei der Erreichung dieses geldpolitischen Ziels spielt das Wachstum der Geldmenge eine herausragende Rolle. Für die Ermittlung der stabilitätskonformen Zunahme der Geldmenge zieht die EZB obige Gleichung heran. Die Wachstumsrate von P wird mit 2 % veranschlagt, für das Wachstum von Y rechnet die EZB mit einem Zuwachs von ca. 2,5 % p.a. (bezogen auf die mittelfristige Zunahme des realen Bruttoinlandsprodukts bzw. seit 2003 des Produktionspotenzials), bei V unterstellt sie einen trendmäßigen Rückgang von jährlich ca. 0,5 % bis 1 %. Daraus errechnet sich der sog „Referenzwert“ für das Wachstum der Geldmenge mit +4,5 % p.a. Bei diesem seit 1999 in Ansatz gebrachten Wert legt die EZB – ebenso wie früher die Deutsche Bundesbank – die weite Abgrenzung M3 zugrunde.

3. Der Keynesianische Ansatz

a. Die Spekulationskasse

Die Keynesianische Theorie sieht ebenso wie die Klassik die Notwendigkeit der Haltung einer Transaktionskasse. Daher wird die Cambridge-Gleichung in unveränderter Form übernommen. Aus Vereinfachungsgründen geht man davon aus, dass das Preisniveau den Wert von Eins hat. Diese im folgenden geltende Prämisse macht die Unterscheidung von realen und nominellen Größen überflüssig.

Wie bereits erwähnt, erweitert die Keynesianische Theorie die klassische Geldlehre in Bezug auf die Wertaufbewahrungsfunktion des Geldes. Dies hängt wesentlich mit den grundlegend unterschiedlichen Auffassungen bezüglich der **Voraussicht** zusammen. Während die Klassik von vollkommener Voraussicht ausging, haben die Wirtschaftssubjekte nach Keynesianischer Meinung keine sicheren Kenntnisse über die künftige Entwicklung ökonomischer Größen.

Aus dieser Unsicherheit heraus resultieren weitere Motive für die Geldnachfrage, d.h. den Geldbedarf in der Volkswirtschaft. Einerseits halten die Wirtschaftssubjekte in der sog. **„Vorsichtskasse"** Geld für unvorhergesehene Käufe von Waren und Dienstleistungen. Insoweit steht auch hinter dieser Form der Geldhaltung die Tausch- und Zahlungsmittelfunktion. Daher kann die Vorsichtskasse unter die Transaktionskasse subsumiert werden. Bei gegebenen Zahlungssitten hängt dann die Vorsichtskasse analog zur „normalen" Transaktionskasse vom Einkommen ab. Wenngleich dem Einkommen die entscheidende Bedeutung für den Umfang der Vorsichtskasse zukommt, dürfte für deren Umfang auch noch der Zins eine gewisse Rolle spielen. Bei hohen Zinsen besteht seitens der Halter von Geld das Interesse, die Kassenbestände zu „ökonomisieren", d.h. verzinslich anzulegen, und nicht „brach" in der Vorsichtskasse liegen zu lasssen. Die Zinsabhängigkeit der gesamten Transaktionskasse wird jedoch im folgenden vernachlässigt.

Für die Keynesianische Geldlehre ist eine andere Unsicherheit von wesentlich größerer Bedeutung, nämlich die unvollkommene Voraussicht bezüglich der künftigen Kursentwicklung von Wertpapieren. Auch Keynes betrachtet hierbei ausschließlich festverzinsliche Wertpapiere (Obligationen). Die Ausnutzung zeitlicher Preisdifferenzen von Wertpapieren erlaubt es den Wertpapierspekulanten, Spekulationsgewinne zu erzielen (im Gegensatz zu sog. Arbitragegewinnen, die bei Ausnutzung örtlicher Preisdifferenzen anfallen). Um jedoch bei Bedarf auf dem Wertpapiermarkt „einsteigen" zu können, ist es erforderlich, hierfür Geld bereitzuhalten. Diese Kasse nennt man die **Spekulationskasse** (L_S).

Schematisch kann die aus den beschriebenen unterschiedlichen Motiven abgeleitete Keynesianische Geldnachfrage folgendermaßen dargestellt werden:

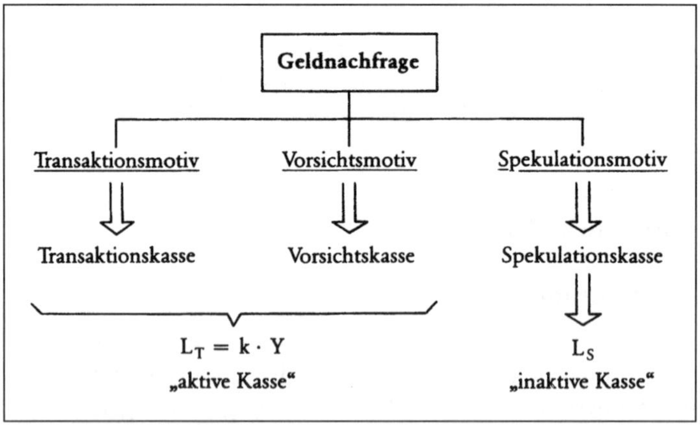

Abb. 2.60: Geldhaltungsmotive und „Kassen" bei Keynes

Da Keynes ein außerordentlich erfolgreicher Spekulant war, überrascht seine Betonung der Spekulationskasse nicht. Ökonomisch wird mit dem Spekulationsmotiv die **Wertaufbewahrungsfunktion** des Geldes hervorgehoben. Aus geldtheoretischer Sicht liegt in diesem Punkt der wesentliche Unterschied gegenüber der Klassik begründet. Es kann nach Keynesianischer Auffassung durchaus sinnvoll sein, Geld um seiner selbst Willen zu halten. **Geld** stiftet einen **Nutzen,** nämlich den Nutzen, liquide zu sein, d.h. zum „richtigen“ Zeitpunkt Wertpapiere kaufen zu können. Analog zur Vorgehensweise bei der Transaktionskasse sind nunmehr die Bestimmungsgründe für die Spekulationskasse herauszuarbeiten.

Die Spekulationskasse ist Bestandteil des **Vermögens** der Menschen. Dieses unterteilt man üblicherweise in:

- Sachvermögen (Realvermögen); hierzu zählen etwa Gebäude, Grundstücke oder Maschinen;
- Humanvermögen („human capital“); dahinter steht die menschliche Arbeitskraft, die für die meisten Wirtschaftssubjekte die wichtigste Einkommensquelle bedeutet;
- Nominalvermögen (Geldvermögen, Finanzvermögen); in diese Kategorie fallen z.B. das Barvermögen (Bargeld und Giroguthaben), Spareinlagen, Festgelder, Bauspar- und Versicherungsguthaben oder festverzinsliche Wertpapiere.

Die Keynesianische Theorie der Geldnachfrage knüpft am **Nominalvermögen** an. Aus dessen breitem Spektrum sind jedoch nur das Barvermögen und die festverzinslichen Wertpapiere als Arten der Geldvermögenshaltung zugelassen. Gleichwohl geht dieser Ansatz weiter als die Klassik, in der als einzige Form der Geldvermögensbildung die festverzinslichen Wertpapiere zugelassen waren. Nach Keynesianischer Meinung stehen die Wirtschaftssubjekte vor der Wahl, ihr Finanzvermögen entweder in Obligationen oder als Barvermögen zu halten; letzteres beinhaltet „Geld“, worunter im engeren Sinne Bargeld und Giralgeld (M1) fallen.

Um eine Entscheidung über die Struktur des Geldvermögens treffen zu können, bedarf es der Kenntnis der Vor- und Nachteile dieser Alternativen. Als Entscheidungskriterien kommen hierfür in erster Linie die **Liquidität** und die **Rentabilität** der finanziellen Aktiva in Betracht. Im Einzelnen gilt:

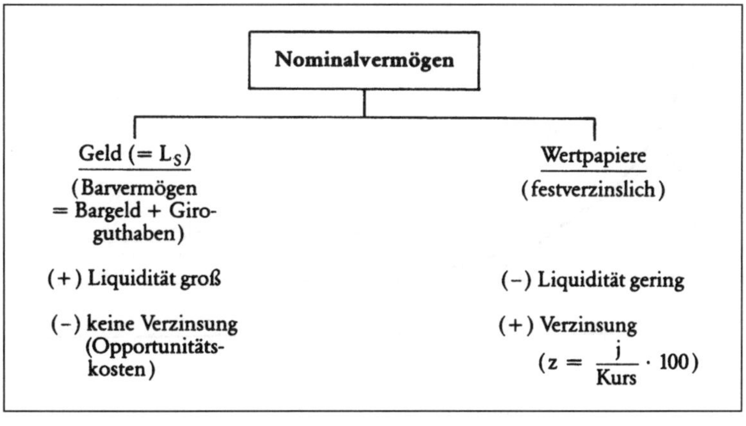

Abb. 2.61: Alternativen des Nominalvermögens

Der Nutzen des Geldes besteht in dessen Liquidität. Allerdings bedeutet die Haltung von Geld einen Verzicht auf Zinserträge (von der minimalen Verzinsung für

Guthaben auf Girokonten sei hier abgesehen). Insofern ist die Haltung von Geld mit Kosten in Form eines Zinsentgangs verbunden (sog. „Opportunitätskosten"). Der Zinsentgang ist der Preis für die Liquidität. Umgekehrt sieht es bei den Obligationen aus; deren Verzinsung wird mit einer vergleichsweise geringen Liquidität „erkauft".

Nach Keynesianischer Ansicht ist die Strukturierung des Nominalvermögens von der Betrachtungsebene abhängig. Auf **mikroökonomischer** Ebene trifft ein Wirtschaftssubjekt die Entscheidung lediglich zugunsten eines einzigen Aktivums; es hält also entweder nur Geld oder nur Wertpapiere. Dagegen existiert **makroökonomisch** ein sog. „gemischtes Portefeuille", d.h. beide Vermögensalternativen können gleichzeitig gehalten werden.

Ausschlaggebend für die Entscheidung über die Geldvermögensstruktur ist nach Keynesianischer Meinung der Zins (Effektivzins, Rendite) des Wertpapiers. Da die Effektivverzinsung reziprok mit dem Kurs verknüpft ist, impliziert ein bestimmter Zins stets eine bestimmte Höhe des Kurses. Prinzipiell fällt die Entscheidung umso eher zugunsten der Geldhaltung aus, je niedriger die Effektivverzinsung von Wertpapieren, d.h. je höher der Kurs ist. Umgekehrt macht eine hohe Verzinsung (niedriger Kurs) den Kauf von Wertpapieren attraktiv, während die Geldhaltung vergleichsweise „uninteressant" ist. Die Geldnachfrage zu Spekulationszwecken hängt also vom Zins ab. Dies mündet in die **Spekulationsfunktion:**

$L_S = L_S(z)$

Graphisch ergibt sich folgendes Bild:

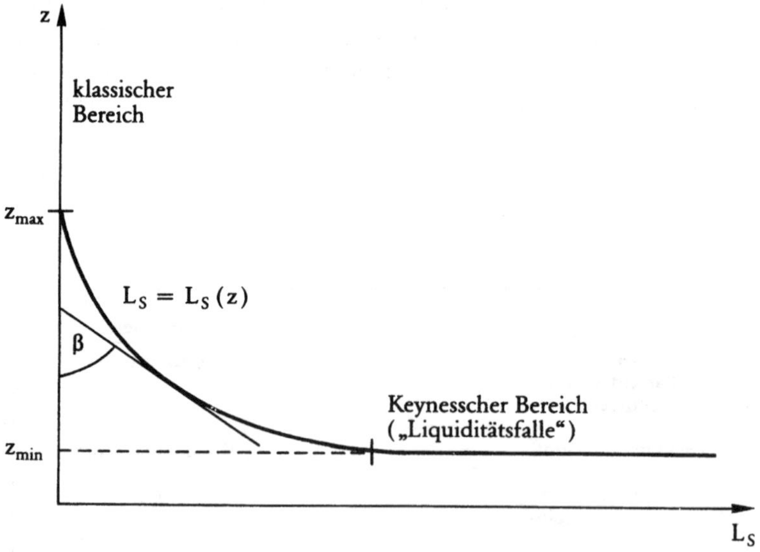

Abb. 2.62: Spekulationsfunktion

Diese Funktion heißt auch **„Liquiditätspräferenzfunktion".** Ihr exakter Verlauf kann entweder über den Zins oder den Kurs erklärt werden. Ist die **Verzinsung** der Wertpapiere hoch, so wird man den Zinsentgang kaum hinnehmen wollen. Die

Bereitschaft, sein Geld in der Spekulationskasse zu halten, ist angesichts der hohen Opportunitätskosten gering, L_S ist also klein. Bei niedrigen Zinsen kann man sich dagegen den „Luxus" der zinslosen Geldhaltung eher leisten, die Spekulationskasse ist hier vergleichsweise stark gefüllt. In der Empirie findet dieses Verhalten der Wirtschaftssubjekte immer wieder seine Bestätigung, wenn etwa in Niedrigzinsphasen ein Anstieg der Kassenhaltung beobachtbar ist.

Eine weitere Erklärung liefern die **Kurse** der Wertpapiere und damit zusammenhängend die **Kurserwartungen** der Spekulanten. Bei hohem Zins ist der Kurs der Wertpapiere niedrig. In dieser Situation rechnen die meisten Spekulanten mit Kurssteigerungen. Deshalb wollen sie ihr Geld vorwiegend in Wertpapieren anlegen und kaum in bar bzw. auf Girokonten halten, die Spekulationskasse ist daher klein. Liegt der Zins hingegen niedrig, so impliziert dies hohe Kurse. Aufgrund der zu erwartenden Kursrückgänge wünschen die Spekulanten keine großen Wertpapierbestände; stattdessen streben sie eine höhere risikolose Geldhaltung an, L_S ist groß.

Wie aus Abbildung 2.62 ersichtlich, weist die Spekulationsfunktion zwei Extrembereiche auf, nämlich einen waagerechten und einen senkrechten Teil. Der Verlauf auf der Ordinate (ab z_{max}) kann dadurch erklärt werden, dass ab einem bestimmten, sehr hohen Zins niemand mehr bereit ist, auf diese günstige Rendite zu verzichten; deshalb wird die Haltung des gesamten Nominalvermögens in Form von Obligationen angestrebt. Stellt man auf Kurserwartungen ab, so glauben in dieser Situation sämtliche Spekulanten an baldige Kurssteigerungen und wollen noch rechtzeitig in die Wertpapiere „einsteigen". Niemand hat angesichts der Aussichten auf steigende Kurse den Wunsch, sein Geld in der Spekulationskasse zu halten. L_S nimmt also den Wert von Null an. Eine Situation, in der keine Spekulationskasse existiert, bedeutet aber, dass man sich auf klassischem Boden bewegt. Daher heißt dieser senkrechte Teil der Spekulationsfunktion auch **klassischer Bereich.** Vielfach trifft man diese Bezeichnung auch dann an, wenn die Spekulationskasse sehr steil verläuft.

Der horizontale Bereich der L_S-Funktion bringt zum Ausdruck, dass bei einem extrem niedrigen Zins die Opportunitätskosten keine Rolle mehr spielen, und die Wirtschaftssubjekte bereit sind, jeden beliebigen Betrag in der Spekulationskasse zu halten. Hier besteht angesichts sehr hoher Kurse ein großes Risiko von Kursverlusten; verständlicherweise wollen sich die Spekulanten in dieser Situation nicht in Wertpapieren engagieren. Bei einem sehr flachen, im Extremfall sogar waagerechten Verlauf der Spekulationsfunktion (bei z_{min}) liegt der sog. **„Keynessche Bereich"** vor. Er trägt auch die Etikettierung **„Liquiditätsfalle".** Die empirische Relevanz dieses Bereichs ist allerdings umstritten.

Die Steigung der Spekulationsfunktion kommt im Winkel β zum Ausdruck (Abb. 2.62) und beträgt:

$$tg\,\beta = l' = \frac{dL_S}{dz} < 0$$

Der Koeffizient l' heißt **Liquiditätsneigung** und kann Werte von Null (klassischer Bereich) bis unendlich (Liquiditätsfalle) annehmen. Nach Keynesianischer Auffassung handelt es sich bei l' um eine Größe, die im Zeitablauf beträchtliche Schwankungen aufweist. Eine bestimmte Änderung des Zinses führt also unter Umständen zu nicht vorhersehbaren Veränderungen der Spekulationskasse. Mit anderen Worten, die Liquiditätsneigung ist **instabil.**

b. Die gesamtwirtschaftliche Geldnachfrage

Addiert man die Geldnachfrage zu Transaktions- und Spekulationszwecken, so gelangt man zur gesamten Geldnachfrage in der Volkswirtschaft:

$L = L_T + L_S$

$L = L_T(Y) + L_S(z) = L(Y, z)$, bzw.

$\mathbf{L = k \cdot Y + l' \cdot z}$

Die gesamtwirtschaftliche Geldnachfrage kann man auch auf graphischem Wege herleiten:

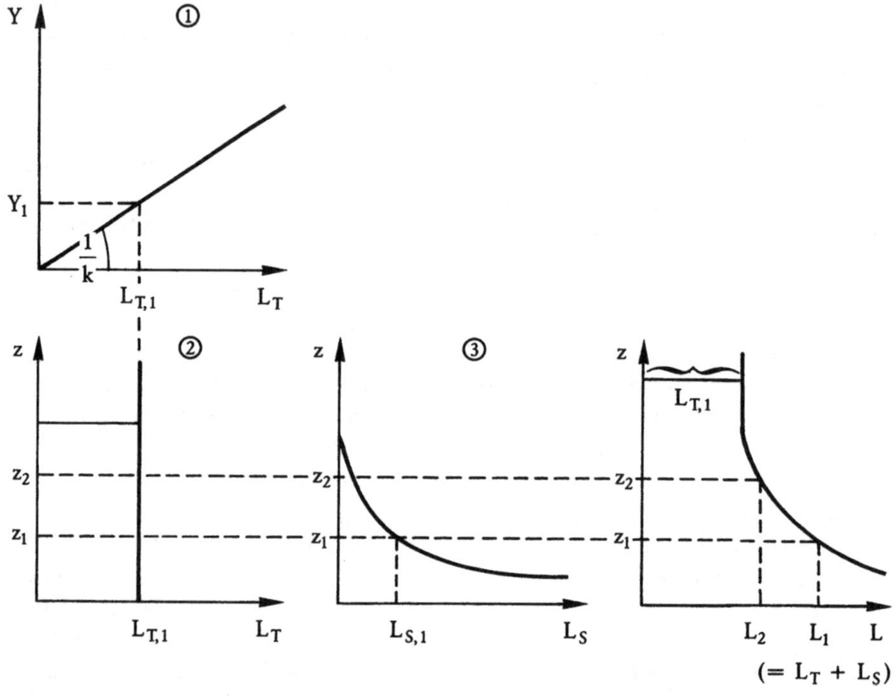

Abb. 2.63: Herleitung der gesamtwirtschaftlichen Geldnachfrage

Der 1. Quadrant enthält die Transaktionskasse, d.h. die Cambridge-Gleichung. Bei gegebenen Zahlungsgewohnheiten hängt der Inhalt der Transaktionskasse von der Höhe des Nominaleinkommens ab. Hinter dem Einkommen Y_1 steht die Transaktionskasse $L_{T,1}$. Da sie nicht vom Zins abhängt, verläuft sie, bezogen auf den Zins, senkrecht (Quadrant 2). Beträgt der Zins beispielsweise z_1, so hat die Transaktionskasse das Volumen $L_{T,1}$. Dagegen wird die Spekulationskasse vom Zins determiniert und beträgt in diesem Fall $L_{S,1}$ (Quadrant 3). Durch Horizontaladdition beider Kassen erhält man im 4. Quadranten die gesamtwirtschaftliche Geldnachfrage L_1, die beim Einkommen Y_1 und beim Zins z_1 entfaltet wird.

Liegt der Zinssatz bei z_2, so beträgt die gesamte Geldnachfrage lediglich L_2. Zwar bleibt die Transaktionskasse wegen des konstanten Einkommens unverändert. Infolge des höheren Zinses wünschen die Spekulanten jedoch eine geringere Spekulationskasse, so dass der gesamte Geldbedarf auf L_2 zurückgeht. Die Kurve im 4. Quadranten stellt die gesamtwirtschaftliche Geldnachfrage bei einem bestimmten Einkommen Y_1 dar. Es handelt sich dabei um nichts anderes als die Spekulationsfunktion, die um den Betrag $L_{T,1}$ nach rechts verschoben ist.

Liegt ein höheres Einkommen vor, so erfordert dessen Finanzierung eine höhere Transaktionskasse. Dadurch verschiebt sich die L_T-Funktion im 2. Quadranten nach rechts, wodurch auch die gesamte Geldnachfrage (Quadrant 4) entsprechend nach rechts wandert. Allgemein kann die gesamtwirtschaftliche Geldnachfragefunktion daher als Kurvenschar dargestellt werden:

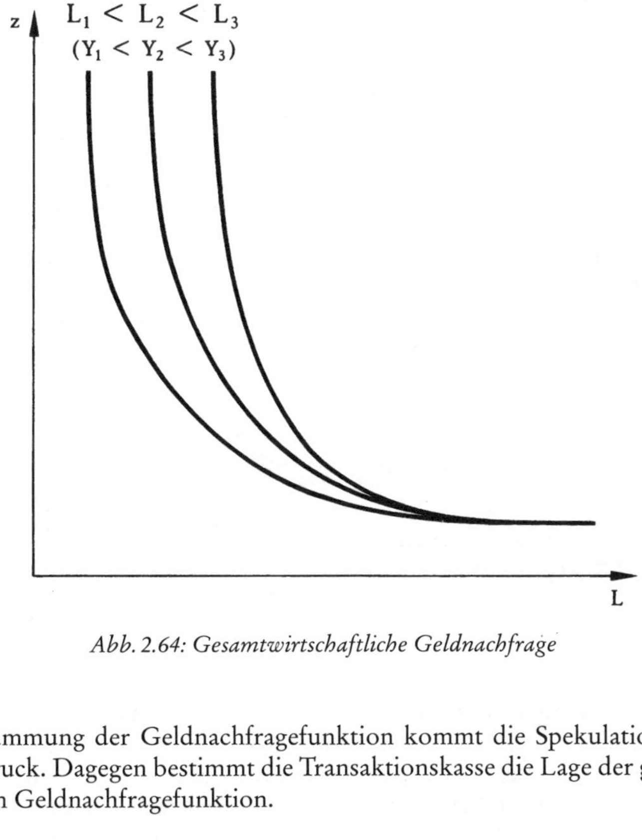

Abb. 2.64: Gesamtwirtschaftliche Geldnachfrage

In der Krümmung der Geldnachfragefunktion kommt die Spekulationsfunktion zum Ausdruck. Dagegen bestimmt die Transaktionskasse die Lage der gesamtwirtschaftlichen Geldnachfragefunktion.

c. *Geldwirtschaftliches Gleichgewicht*

Ein monetäres Gleichgewicht liegt allgemein dann vor, wenn das geplante Geldangebot und die geplante Geldnachfrage übereinstimmen. Bezüglich des Geldangebots geht man von der Annahme aus, dass dieses unter der autonomen Kontrolle der Zentralbank steht. In der Keynesianischen Theorie liegt ein monetäres Gleichgewicht dann vor, wenn die Wirtschaftssubjekte das autonome Geldangebot vollständig zu Transaktions- und Spekulationszwecken nachgefragen. Die Gleichgewichtsbedingung lautet also:

$M = L_T + L_S = L_T(Y) + L_S(z)$, bzw.

$\overline{\mathbf{M}} = \mathbf{L_T(Y) + L_S(z)}$

Da der Geldbedarf zu Transaktionszwecken vom Einkommen abhängt, während für den gewünschten Inhalt der Spekulationskasse der Zinssatz verantwortlich ist, bedarf es offenbar ganz bestimmter Einkommens-Zins-Werte, um den Gleichgewichtszustand herbeizuführen.

Ein einfaches Zahlenbeispiel soll diese Zusammenhänge verständlich machen. Angenommen, das Geldangebot liege bei 100, dann muss auch die Geldnachfrage 100 betragen, damit ein Gleichgewicht vorliegt. Da die Geldnachfrage aber aus zwei Komponenten, nämlich L_T und L_S besteht, ist der Inhalt der einzelnen Kassen unbestimmt. In der Summe müssen sie sich allerdings zu 100 ergänzen. In Abbildung 2.65 sind beispielhaft drei derartige Situationen aufgeführt:

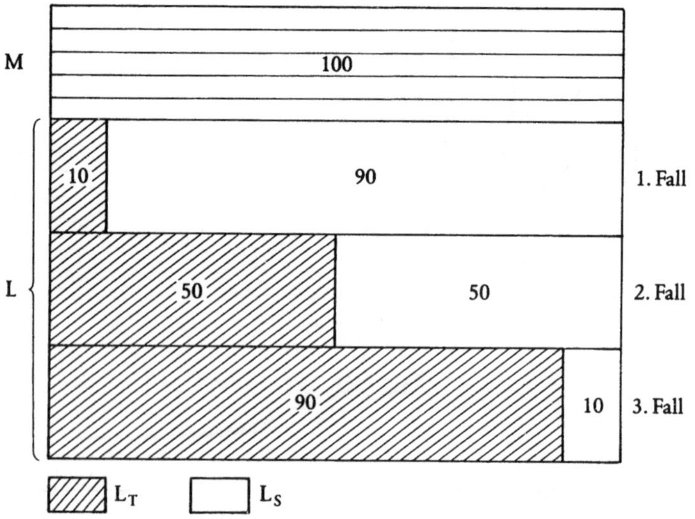

Abb. 2.65: Gleichgewichtssituationen auf dem Geldmarkt

Damit die für das monetäre Gleichgewicht erforderlichen Geldbeträge in den beiden Kassen vollständig absorbiert werden, müssen deren Determinanten ganz bestimmte Werte annehmen. Man kann sie über die Cambridge-Gleichung (L_T) und die Spekulationsfunktion (L_S) ermitteln. Eine willkürliche Skalierung der hierbei in Betracht kommenden Achsen führt zu den gesuchten Werten von Einkommen und Zins (siehe Abb. 2.66).

Die drei exemplarischen Fälle liefern die jeweiligen Gleichgewichtswerte für Y und z. Die Ergebnisse sind in Tabelle 12 zusammengetragen. Im ersten Fall fragen die Wirtschaftssubjekte 10 zu Transaktionszwecken und 90 zu Spekulationszwecken nach. Damit jedoch L_T bei 10 liegt, bedarf es bei gegebenen Zahlungsgewohnheiten (hier: $k = 0{,}5$ bzw. $V = 2$) eines Einkommens von 20. Die spekulative

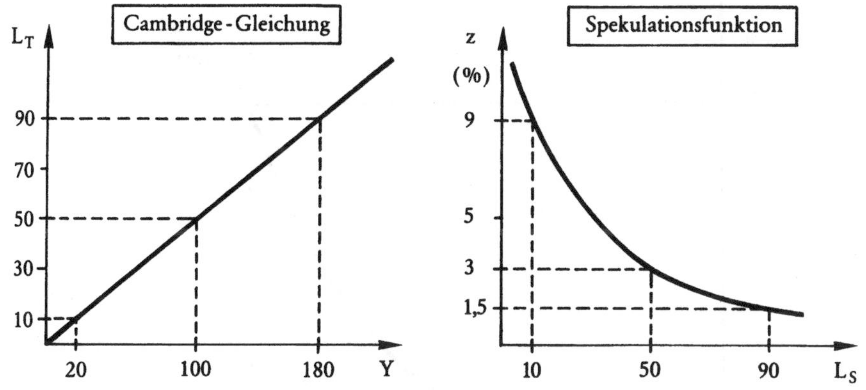

Abb. 2.66: Ermittlung der gleichgewichtigen Einkommens- und Zinswerte

Geldhaltung liegt ihrerseits nur dann bei 90, wenn der Zinssatz 1,5 % beträgt. Entsprechendes gilt für die beiden anderen Fälle.

Tab. 12: „Gleichgewichtige" Einkommens-Zins-Kombinationen auf dem Geldmarkt

Fall	M	L_T	Y	L_S	z
(1)	(2)	(3)	(4)	(5)	(6)
1	100	10	20	90	1,5 %
2	100	50	100	50	3 %
3	100	90	180	10	9 %

Stellt man die jeweils einander zugehörigen Einkommens- und Zinswerte in einer Graphik zusammen, so ergeben sich in der Einkommens-Zins-Ebene zunächst drei Punkte (Abbildung 2.67).

Sämtliche Punkte auf dieser Kurve stellen alternative Gleichgewichtspositionen auf dem Geldmarkt dar. Daher heißt die Kurve auch LM-Kurve. Auf ihr befinden sich alle Einkommens-Zins-Kombinationen, die ein Gleichgewicht auf dem Geldmarkt (L = M) herbeiführen.

Analog zum güterwirtschaftlichen Gleichgewicht sind also die Höhe des Einkommens und des Zinses letztlich ausschlaggebend für das geldwirtschaftliche Gleichgewicht. Diesen Sachverhalt verdeutlicht Abbildung 2.68 in schematischer Weise.

Im Gegensatz zum Gütermarkt erfordert das geldwirtschaftliche Gleichgewicht jedoch ein **positives** Verhältnis von Einkommen und Zins. Geht man von einem hohen Einkommen aus, so muss auch die Transaktionskasse hoch sein. Bei vorgegebenem Geldangebot verbleibt dann für die Spekulationskasse nur noch ein relativ niedriger Betrag. Die Bereitschaft, wenig L_S zu halten, besteht aber nur bei einem hohen Zins:

$$\text{Y hoch} \Longrightarrow L_T \text{ hoch} \overset{\overline{M}}{\Longrightarrow} L_S \text{ niedrig} \Longrightarrow \text{z hoch}$$

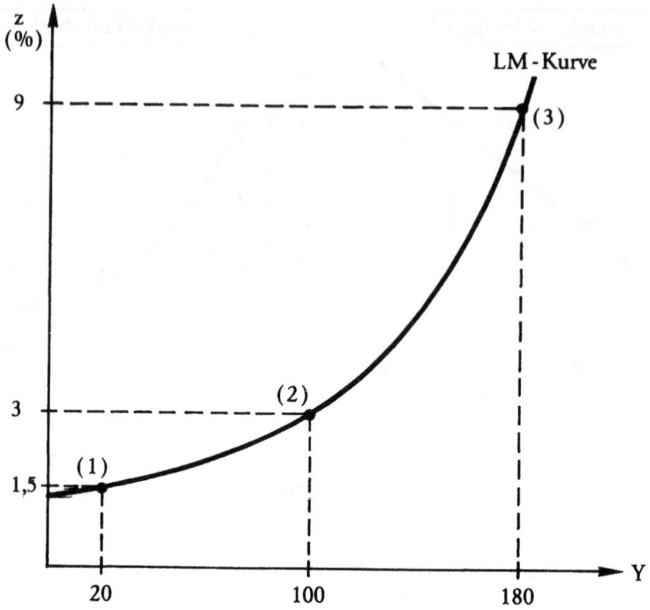

Abb. 2.67: LM-Kurve

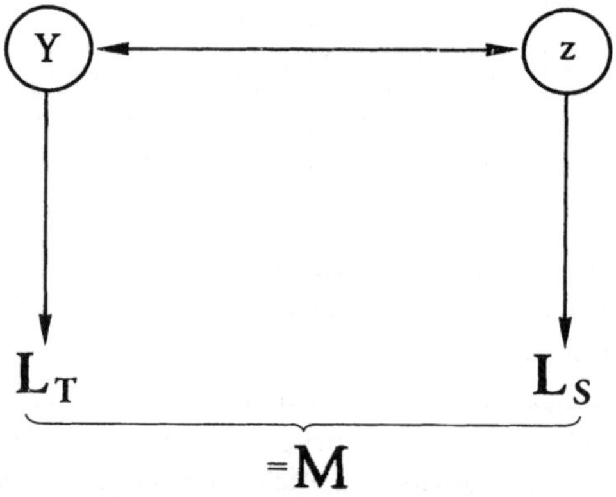

Abb. 2.68: Bedeutung von Einkommen und Zins für das geldwirtschaftliche Gleichgewicht

Entsprechend erfordert ein niedriger Zins, von dem ebenso ausgegangen werden kann, ein niedriges Einkommen:

$$z \text{ niedrig} \Longrightarrow L_S \text{ hoch} \overset{\overline{M}}{\Longrightarrow} L_T \text{ niedrig} \Longrightarrow Y \text{ niedrig}$$

Diese Zusammenhänge verdeutlichen, dass es sich bei der LM-Kurve um keine Funktion handelt. Sie enthält lediglich die gleichgewichtstheoretisch erforderlichen Y-z-Kombinationen

Der allgemeinen Herleitung der LM-Kurve liegt wiederum ein 4-Quadranten-Schema zugrunde:

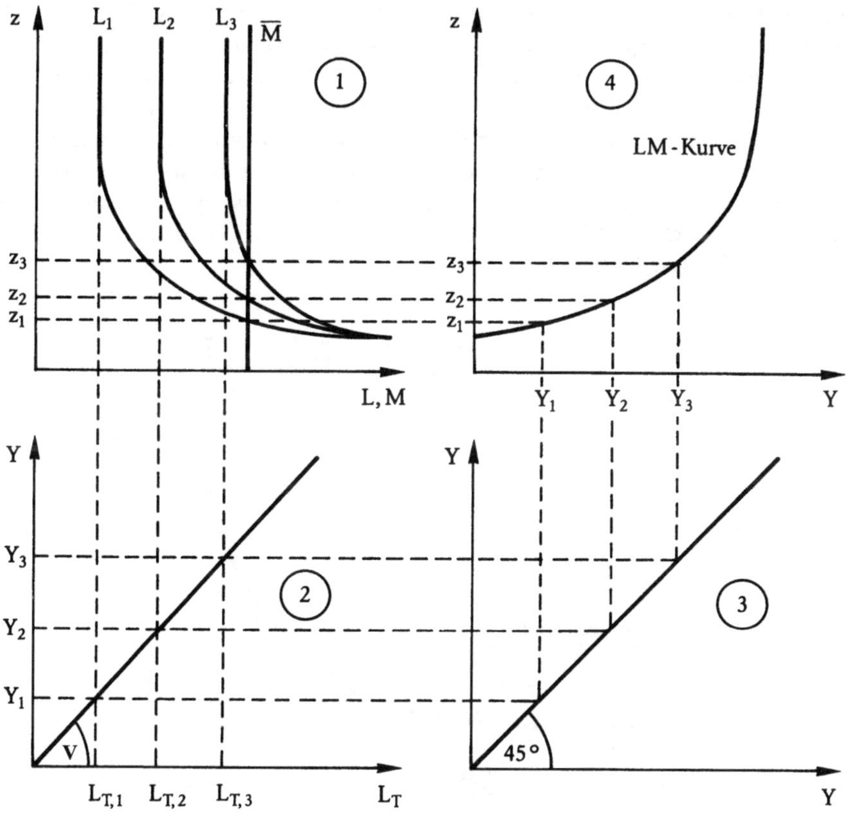

Abb. 2.69: Graphische Herleitung der LM-Kurve

Der erste Quadrant enthält die Kurvenschar der gesamtwirtschaftlichen Geldnachfrage (siehe Abb. 2.64). Zusätzlich ist das autonome Geldangebot als senkrechte Linie eingezeichnet. Durch den Schnittpunkt dieser beiden Funktionen erhält man den Gleichgewichtszins. Je nach Lage der Geldnachfrage ergibt sich dadurch ein ganz bestimmter Wert für diesen Gleichgewichtszins, z. B. für die Geldnachfrage L_1 der Zins z_1. Wie an früherer Stelle gezeigt (Abb. 2.63), entspricht der Abstand zwischen der Ordinate und dem senkrechten Teil der Geldnachfragefunktion der Transaktionskasse. Diese wird daher im 2. Quadranten über die Cambridge-Gleichung eingeführt. Dadurch kann das für die jeweilige Lage der Geldnachfrage verantwortliche Einkommen exakt bestimmt werden. Beispielsweise entspricht der Geldnachfrage L_1 das Einkommen Y_1. Über eine Spiegelachse im 3. Quadranten wird das so ermittelte Einkommen auf die Abszisse des Quadranten 4 übertragen. Auf die Ordinate des 4. Quadranten projiziert man zusätzlich die im 1. Quadranten ermittelten Gleichgewichtszinssätze. Ordnet man die jeweiligen Y- und z-Werte einander zu, so erhält man schließlich als Verbindungslinie die LM-Kurve.

Analog zur Spekulationsfunktion weist auch die LM-Kurve spezifische Bereiche auf (Abb. 2.70). Der horizontale (bzw. sehr flache) Verlauf entspricht dem **Key-**

nesschen Bereich, d. h. der **„Liquiditätsfalle“.** Hier liegt der größte Teil des Geldangebots in der Spekulationskasse, deren Zinselastizität im Extremfall unendlich groß ist. Der in der Transaktionskasse befindliche Rest deutet auf das geringe Aktivitätsniveau in der Volkswirtschaft hin. Den ansteigenden Teil der LM-Kurve bezeichnet man als **„Zwischenbereich“** oder **„Normalbereich“.** Im senkrechten (bzw. sehr steilen) Abschnitt besteht die Geldnachfrage nur noch aus dem Transaktionsmotiv heraus. Infolge der fehlenden Spekulationskasse spricht man hier vom **klassischen Bereich** der LM-Kurve. Die Zinselastizität der Geldnachfrage tendiert in diesem Fall gegen Null.

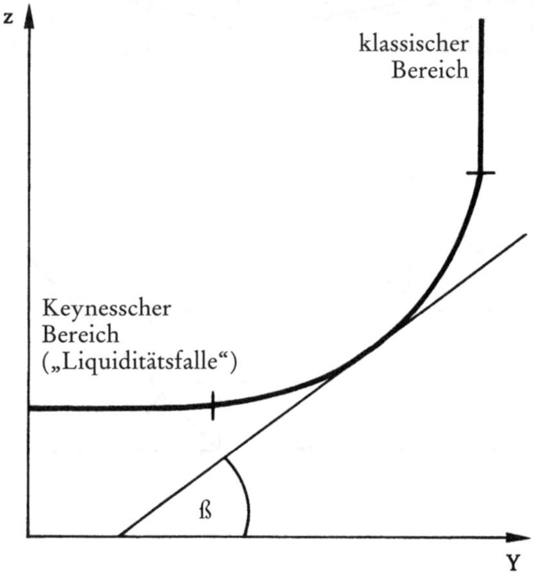

Abb. 2.70: Bereiche der LM-Kurve

Wie aus Abb. 2.70 ersichtlich, hat die LM-Kurve die **Steigung**:

$$\operatorname{tg} \beta = \frac{dz}{dY} > 0$$

Unter Verwendung der Steigungen der Cambridge-Gleichung und der Spekulationsfunktion, die der LM-Kurve zugrunde liegen, kann dieses Winkelmaß auch in anderer Form geschrieben werden. Die Steigung der L_T-Kasse beträgt:

$$k = \frac{dL_T}{dY} > 0, \text{ es ist also}$$

$$dL_T = k \cdot dY$$

Für die Neigung der L_S-Funktion gilt

$$l' = \frac{dL_S}{dz} < 0, \text{ woraus folgt:}$$

$$dL_S = -l' \cdot dz$$

Auf der LM-Kurve gilt stets:

$dM = dL = 0$, bzw.

$dM = dL_T + dL_S = 0$

Setzt man die ermittelten Ausdrücke für dL_T und dL_S ein, so ist:

$dM = k \cdot dY - l' \, dz = 0$; daraus folgt:

$k \cdot dY = l' \cdot dz$; somit ist:

$$\text{tg}\, \beta = \frac{dz}{dY} = \frac{k}{l'}$$

Die LM-Kurve verläuft flach, fallls der Kassenhaltungskoeffizient niedrig (also die Umlaufgeschwindigkeit des Geldes hoch) bzw. die Liquiditätsneigung hoch ist. In diesem Fall sind zur Aufrechterhaltung des Gleichgewichts nur geringe Zinsänderungen, aber große Einkommensänderungen erforderlich. Umgekehrtes gilt für einen steilen Verlauf.

Für die **Lage** der LM-Kurve sind verschiedene Einflussfaktoren verantwortlich. So kann etwa eine Rechtsverschiebung durch eine Erhöhung der Geldmenge ausgelöst werden. Derselbe Effekt tritt auch ein, falls k sinkt, d.h. die Umlaufgeschwindigkeit des Geldes steigt, oder die Bereitschaft zur Haltung der Spekulationskasse bei jedem Zinssatz zurückgeht. Schließlich kommt es zu einer Rechtsverlagerung, wenn das bisher als konstant angenommene Preisniveau sinkt. In diesem Fall steigt die „reale" Geldmenge, d.h. der Quotient zwischen der nominalen Geldmenge (M) und dem Preisniveau, an.

Sofern man sich links oder rechts von der LM-Kurve befindet, liegt ein **geldwirtschaftliches Ungleichgewicht** vor. Anhand eines Beispiels soll eine solche Situation kurz beleuchtet werden (siehe Abb. 2.71). Hier wird das Geldangebot nicht vollständig zu Transaktions- und Spekulationszwecken ausgeschöpft. Hinter der L_T-Nachfrage von 50 steht ein Einkommen von 100, während die spekulative Geldnachfrage von 10 aufgrund eines Zinssatzes von 9 % zustandekommt (siehe Abb. 2.66). Die Y-z-Kombination liegt damit oberhalb der LM-Kurve, es liegt ein geldwirtschaftliches Ungleichgewicht vom Typ M > L vor:

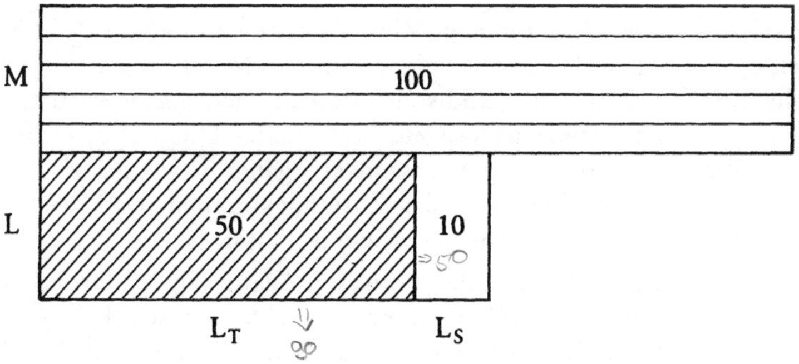

Abb. 2.71: Beispiel eines Ungleichgewichts auf dem Geldmarkt

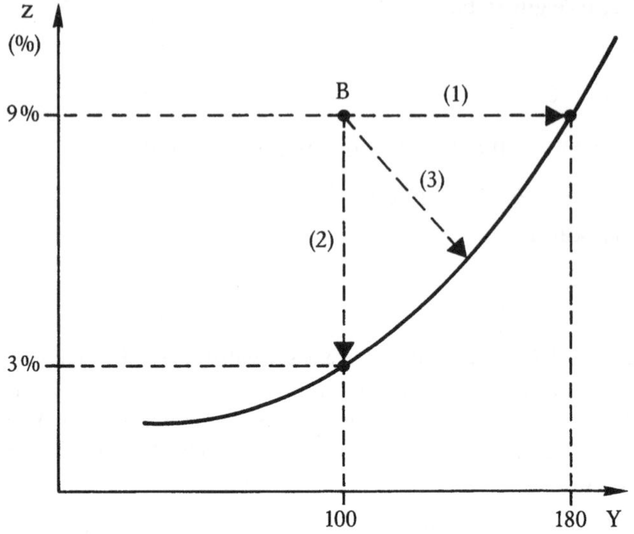

Abb. 2.72: Ungleichgewicht auf dem Geldmarkt

Sieht man von einer Linksverlagerung der LM-Kurve ab, so stehen zur Wiedererreichung eines geldwirtschaftlichen Gleichgewichts prinzipiell drei Wege offen:

(1) die L_T-Kasse muss um 40 auf 90 ansteigen, was einen Anstieg des Einkommens um 80 voraussetzt;

(2) die L_S-Kasse muss um 40 auf 50 ansteigen; dies bedingt einen Zinsrückgang auf 3 %;

(3) L_T und L_S müssen sich zusammen um 40 erhöhen, wozu es eines entsprechenden Einkommensanstiegs in Verbindung mit einem Zinsrückgang bedarf.

Die Keynesianische Auffassung räumt den **Zinsanpassungen** die größere Wahrscheinlichkeit im Vergleich zu den Einkommensreaktionen ein. Ein Überschuss in der Kasse wird danach durch den Erwerb von Wertpapieren abgebaut. Die steigende Obligationsnachfrage zieht einen Kursanstieg bzw. Zinsrückgang nach sich. Dadurch sind die Wirtschaftssubjekte bereit, das zunächst überschüssige Geld in die L_S-Kasse einzustellen.

Existiert umgekehrt ein Einkommens-Zins-Verhältnis unterhalb der LM-Kurve, so handelt es sich um ein Ungleichgewicht vom Typ $M < L$. Die damit verbundenen Implikationen gelten analog und sollen deshalb nicht näher erläutert werden. Prinzipiell kann man festhalten, dass ein bestehendes Ungleichgewicht auf dem Geldmarkt über systembedingte Anpassungsvorgänge beseitigt wird, wobei in erster Linie Zinssatzvariationen für das Zustandekommen des Gleichgewichtes sorgen. Das geldwirtschaftliche Gleichgewicht ist **stabil.**

Damit ist die Keynesianische Sicht des monetären Sektors in den Grundzügen dargestellt. Die volkswirtschaftliche Bedeutung des Geldes tritt deutlich zutage, wenn man den Gütermarkt in die Überlegungen mit einbezieht, was in Abb. 2.73 in Gestalt der IS-Kurve geschieht:

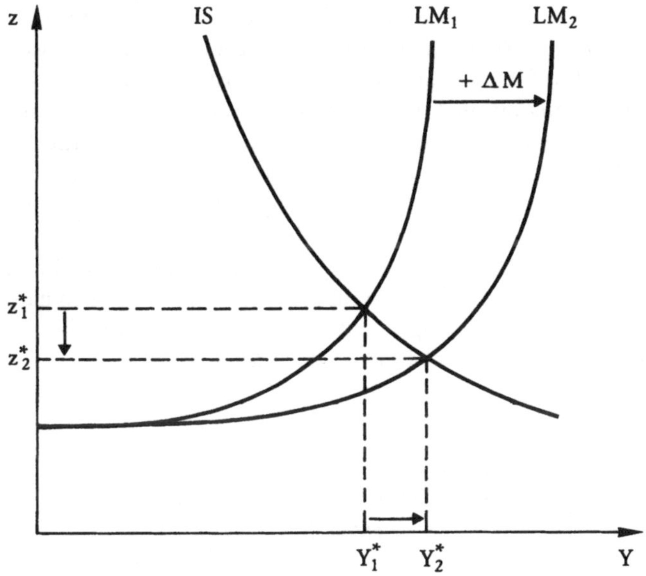

Abb. 2.73: Aneutralität des Geldes

Bei Vorliegen der Kombination z_1^* und Y_1^* herrscht sowohl auf dem Geldmarkt als auch auf dem Gütermarkt ein Gleichgewicht. Erhöht nun die Zentralbank das Geldangebot, so führt dies zu einer Verlagerung der LM-Kurve nach rechts. Liegt der Schnittpunkt außerhalb des Keynesschen Bereichs, dann kommt ein neues Gleichgewicht bei einem höherem Einkommen (Y_2^*) und einem niedrigeren Zins (z_2^*) zustande. Das Geld kann also aufgrund der Ergebnisse der Keynesianischen Theorie durchaus Wirkungen im güterwirtschaftlichen Sektor der Volkswirtschaft zeigen. Geld ist **nicht** – wie von der Klassik unterstellt – in jedem Fall **neutral.** Während in der Klassik die Vermögensbildung ausschließlich in der Form festverzinslicher Wertpapiere geschah, deren Verkaufserlöse von den Unternehmungen zur Investitionsnachfrage verwendet wurden, können die Wirtschaftssubjekte nach Keynesianischer Auffassung ihr Vermögen auch als Barvermögen halten. Diese Geldbestände werden dann nicht auf dem Gütermarkt nachfragewirksam, wodurch entsprechende Rückwirkungen auf den realen Sektor ausgehen.

Ein **zusammenfassender Überblick** soll die unterschiedliche Sicht des Geldmarktes nochmals verdeutlichen (Abb. 2.74). Nach **klassischer** Ansicht stellt Geld kein Gut dar. Es hat lediglich die Aufgabe, als Tausch- und Zahlungsmittel sowie als Wertmesser die im Zuge der Arbeitsteilung anfallenden Tauschvorgänge zu erleichtern. Hieraus resultiert formal die Cambridge-Gleichung, über die man zur Quantitätsgleichung des Geldes gelangt. Zur Erreichung des geldwirtschaftlichen Gleichgewichts bedarf es bei gegebenen Zahlungsgewohnheiten eines ganz bestimmten nominellen Einkommens (Y_{nom}^*), welches in eine Preis- und eine Mengenkomponente zerlegt werden kann. Mit der Vorstellung des Geldschleiers wird die Meinung verbunden, vom Geld gingen keinerlei Einflüsse auf den realwirtschaftlichen Bereich der Volkswirtschaft aus. Die bloße Haltung von Geld ist nicht rational, da dies einen Verzicht auf Zinseinnahmen bedeutet.

Die **Keynesianische** Theorie stellt das klassische Transaktionsmotiv zwar nicht in Frage, betont jedoch darüber hinaus die Wertaufbewahrungsfunktion des Geldes. Dies führt dazu, dass Geld als ein Gut anzusehen ist, welches einen Nutzen stiftet. Es erscheint durchaus rational, Geld um seiner selbst Willen zu halten, da es als Vermögensalternative den Vorzug höchster Liquidität in sich birgt. Dies führt zur Begründung der Spekulationskasse, die ein jederzeitiges „Umsteigen" in festverzinsliche Wertpapiere ermöglicht. Ihre Existenz ist indes verantwortlich dafür, dass Geld nicht mehr neutral ist. Änderungen der Geldmenge können den güterwirtschaftlichen Sektor beeinflussen. Da die gesamtwirtschaftliche Geldnachfrage vom Einkommen und vom Zins abhängt, müssen diese beiden Größen ganz bestimmte Werte annehmen, um ein Gleichgewicht auf dem Geldmarkt herbeizuführen. Dieser Tatbestand findet seinen Ausdruck in der LM-Kurve.

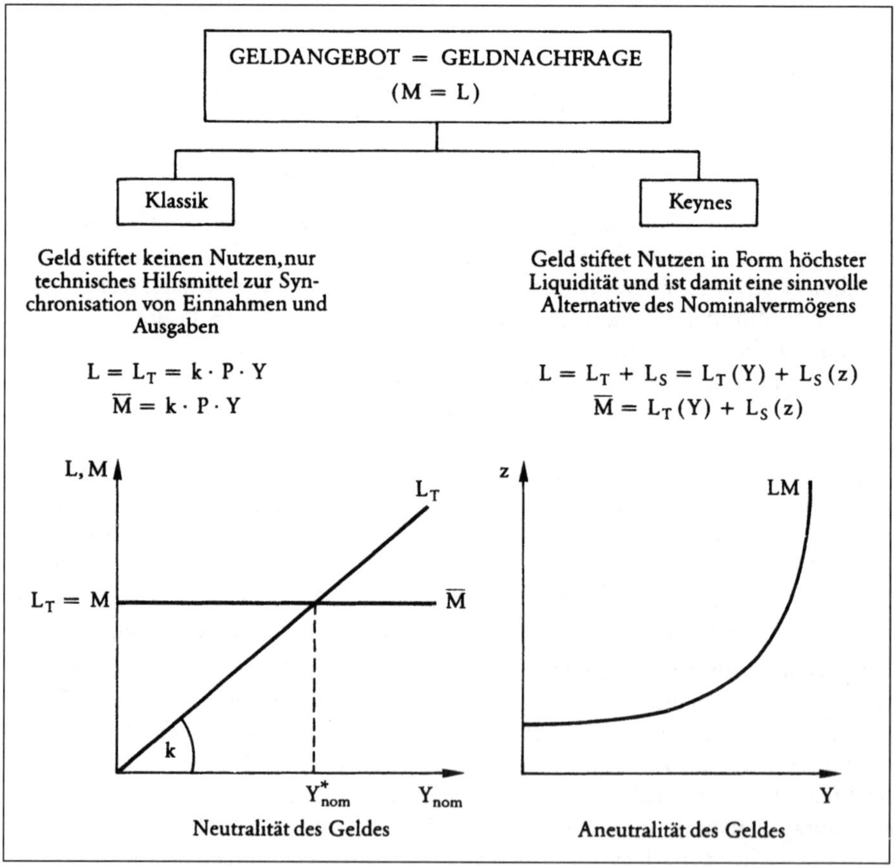

Abb. 2.74: Zusammenfassende Übersicht des Geldmarktes

IV. Der Arbeitsmarkt

Als dritter zentraler Markt in der makroökonomischen Theorie ist der Arbeitsmarkt zu erörtern. Dort stehen sich das Arbeitsangebot und die Arbeitsnachfrage gegenüber. Stimmen die Interessen beider Marktseiten miteinander überein, so liegt ein Gleichgewicht auf dem Arbeitsmarkt vor. Die Menge an Arbeit kann sowohl durch die Anzahl der Arbeitskräfte als auch über die Zahl der geleisteten Arbeitsstunden ausgedrückt werden.

Hinter dem **Arbeitsangebot** verbergen sich die privaten Haushalte, d.h. die Arbeitnehmer. Dieser Begriffsinhalt darf also nicht mit dem in der Alltagssprache gebräuchlichen „Stellenangebot" der Firmen verwechselt werden. Im Arbeitsangebot kommt die Bereitschaft der Haushalte zum Ausdruck, ihre Arbeitskraft den Unternehmungen zur Verfügung zu stellen. Den Rahmen hierfür bildet das Erwerbspersonenpotenzial.

Demgegenüber entfalten die Unternehmungen die **Arbeitsnachfrage.** Dahinter steht die Absicht der Arbeitgeber, Arbeitskräfte für ihren Produktionsprozess einzustellen. Auch diesen Begriff darf man nicht mit den „Stellengesuchen" der Haushalte assoziieren. Im Folgenden sollen die paradigmatischen Sichtweisen des Arbeitsmarktes in ihren Grundzügen vorgestellt werden.

1. Der klassische Ansatz

a. Arbeitsangebot

Die Bereitschaft der Haushalte, ihre Arbeitskraft anzubieten, entspringt in aller Regel dem Zweck der Einkommenserzielung, die zur Finanzierung des Lebensunterhaltes erforderlich ist. Daraus resultiert unmittelbar die plausible Hypothese, dass die Höhe des Lohnsatzes prinzipiell den Umfang des Arbeitsangebots determiniert.

Zu unterscheiden ist hierbei zwischen zwei verschiedenen Lohnsätzen. Der **Geld- oder Nominallohnsatz** (l) stellt den Geldbetrag dar, den der Arbeitnehmer beispielsweise für eine geleistete Arbeitsstunde erhält. Beim **Reallohnsatz** (l_r) hingegen handelt es sich um das Verhältnis von Geldlohnsatz zu Preisniveau:

$$l_r = \frac{l}{P}$$

Anhand eines einfachen Zahlenbeispiels kann man sich den Unterschied zwischen diesen beiden Lohnsätzen leicht klarmachen. Angenommen, der Geldlohnsatz betrage 10 EUR pro Stunde. Liegt der Preis eines Gutes bei 2 EUR pro Stück, so kann der Arbeitnehmer mit der Arbeitsleistung von einer Stunde 5 Stück des Gutes erwerben, der Reallohnsatz beträgt 5. Kostet das Gut dagegen 10 EUR, so ist mit dem Nominaleinkommen von einer Arbeitsstunde der Kauf von nur einer Gütereinheit möglich, der Reallohnsatz hat den Wert 1. Der Reallohn drückt also nichts anderes wie die Kaufkraft des Geldlohnes aus.

Nach klassischer Ansicht orientieren die Arbeitnehmer ihr Arbeitsangebot am Reallohnsatz. Da die Haushalte das verständliche Interesse haben, möglichst viel zu verdienen, wird ihr Arbeitsangebot (B^A) umso höher ausfallen, je höher der Reallohnsatz liegt. Damit lautet die **Arbeitsangebotsfunktion:**

$$B^A = B^A(l_r), \text{ mit } \frac{dB^A}{dl_r} > 0$$

Graphisch weist sie folgende Gestalt auf:

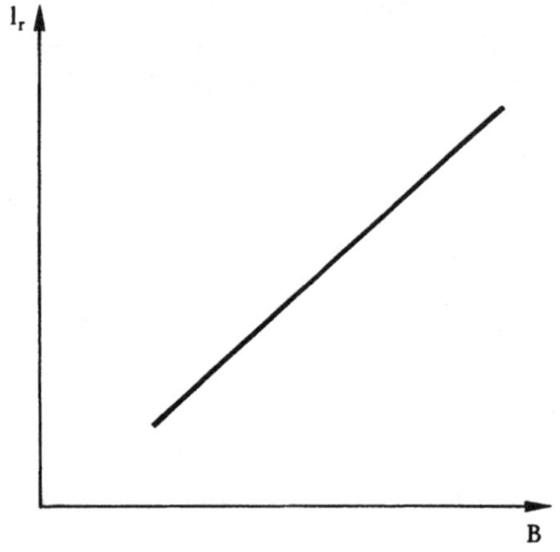

Abb. 2.75: Klassisches Arbeitsangebot

Sofern die Arbeitskräfte mit zunehmendem Einkommen ihre Freizeit als komplementäre Größe zur Arbeitszeit höher schätzen, verläuft die Angebotsfunktion progressiv. Bei **sehr kurzfristiger** Betrachtung ergäbe sich ein senkrechter Verlauf, d. h. die Arbeitsmenge würde auf Änderungen des Reallohnsatzes nicht reagieren. Unter **sehr langfristigem** Aspekt käme nach klassischer Auffassung hingegen eine horizontal verlaufende Angebotsfunktion zustande. Dahinter verbirgt sich das sog. „Malthusianische Gesetz", wonach die Bevölkerungsentwicklung auf Dauer nur einen Lohnsatz zulässt, der dem Existenzminimum entspricht. Im Folgenden wird jedoch an Abbildung 2.7 ankgeknüpft und unterstellt, dass die Höhe des Arbeitsangebots weder völlig elastisch noch völlig unelastisch auf Lohnänderungen reagiert.

b. Arbeitsnachfrage

Bei der Erklärung der Arbeitsnachfrage tritt die den klassischen Ansatz kennzeichnende mikroökonomische Fundierung besonders deutlich zutage. Analog zur Nachfrage nach dem Produktionsfaktor Kapital verhalten sich die Unternehmer bei der Arbeitsnachfrage nach den Regeln des **Grenzproduktivitätssatzes.** Ein Zahlenbeispiel soll diesen Sachverhalt deutlich machen (Abb. 2.76).

Ausgangspunkt ist eine ertragsgesetzliche Produktionsfunktion. Bei konstantem Sachkapitalbestand führt eine Erhöhung des Arbeitseinsatzes zu einem unterproportionalen Anstieg des Outputs. Aus der willkürlichen Skalierung der Achsen folgen die in Abbildung 2.76 aufgeführten Zuordnungen von Arbeitseinsatz und

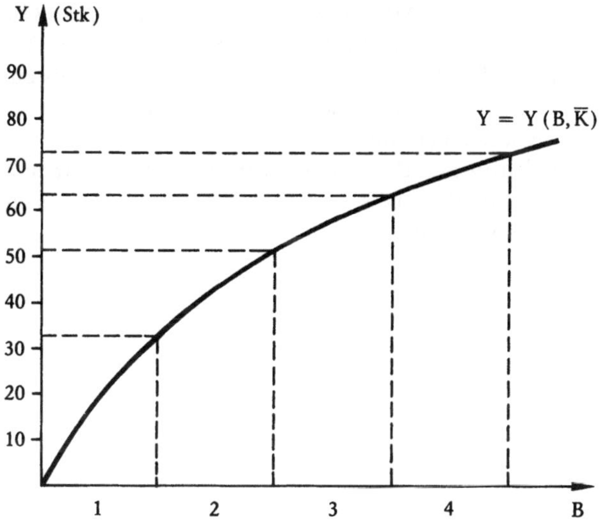

Arbeits-einsatz (B)	Gesamtproduktion (in Stück) (Y)	Produktionszuwachs durch den Arbeiter (in Stück) $(\frac{dY}{dB})$
1. Arbeiter	33	33
2. Arbeiter	52	19
3. Arbeiter	64	12
4. Arbeiter	73	9

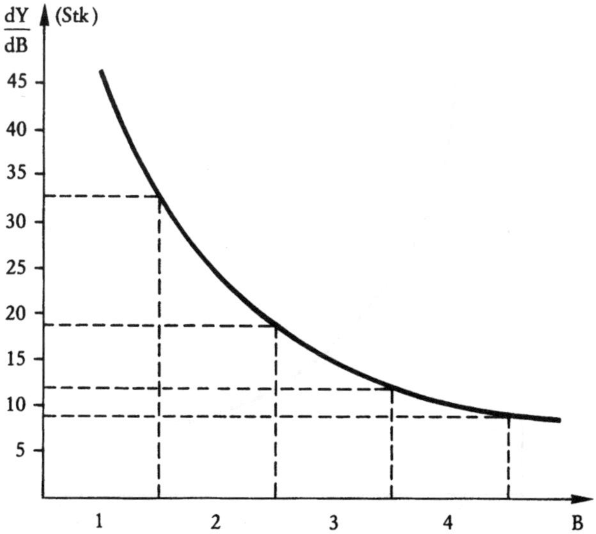

Abb. 2.76: Produktionsfunktion und physisches Grenzprodukt der Arbeit

Produktionsmenge. Der erste Arbeiter produziert 33 Stück eines Gutes, durch den zweiten Arbeiter erhöht sich die Produktion um 19 Stück auf 52 Gütereinheiten usw. Zeichnet man den Produktionszuwachs, der auf den jeweils zusätzlich eingestellten Arbeiter zurückgeht (= physisches Grenzprodukt der Arbeit) in das untere Diagramm von Abb. 2.76 ein und verbindet diese Punkte miteinander, so erhält man die **erste Ableitung der Produktionsfunktion.** Die mathematische Herleitung des Grenzproduktivitätssatzes zeigt, dass diese Kurve nichts anderes darstellt als die **Nachfrage nach Arbeit:**

Gewinn = Erlös-Kosten

$$G = P \cdot Y - l \cdot B$$

$$\frac{dG}{dB} = P \cdot \frac{dY}{dB} - l \stackrel{!}{=} 0$$

$$P \cdot \frac{dY}{dB} = l$$

$$\mathbf{\frac{dY}{dB} = \frac{l}{P} = l_r}$$

Die Unternehmer stellen aufgrund dieser Bedingung zusätzliche Arbeitskräfte so lange ein, wie der Grenzerlös der Arbeit (= Grenzwertprodukt = Produkt aus Preis und physischem Grenzprodukt der Arbeit) höher liegt als die Grenzkosten der Arbeit (= Geldlohnsatz). Die gewinnmaximale Produktionsmenge ist dann erreicht, wenn Grenzerlös und Grenzkosten übereinstimmen. Dann ist das physische Grenzprodukt der Arbeit gleich hoch wie der Reallohnsatz. Allgemein lautet die Funktion für die **Arbeitsnachfrage** (B^N):

$$\mathbf{B^N = B^N (l_r)}, \text{ mit } \frac{dB^N}{dl_r} < 0$$

Graphisch hat sie folgendes Aussehen:

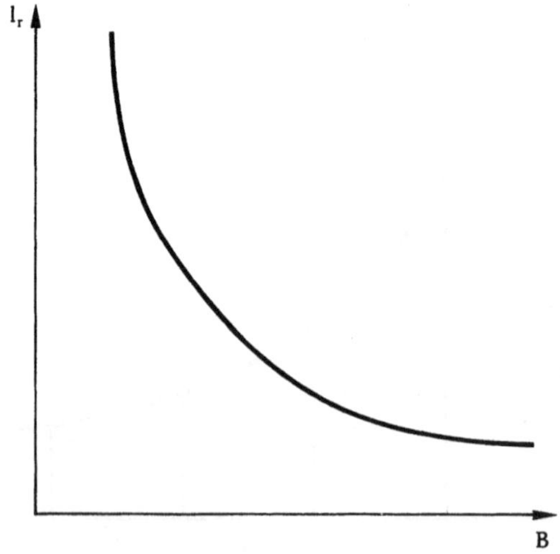

Abb. 2.77: Klassische Arbeitsnachfrage

Aus diesen Überlegungen geht deutlich die Rolle der Löhne in der Klassik hervor. **Löhne** sind nach klassischer Ansicht in erster Linie als ein **Kostenfaktor** für die Wirtschaft zu sehen. Je höher die Arbeitskosten ausfallen, welche die Unternehmer tragen müssen, desto geringer ist deren Bereitschaft, neue Arbeitsplätze zu schaffen.

c. Vollbeschäftigungsgleichgewicht

Der Arbeitsmarkt ist der ökonomische Ort des Aufeinandertreffens von Arbeitsangebot und Arbeitsnachfrage. Damit ergibt sich folgendes Bild:

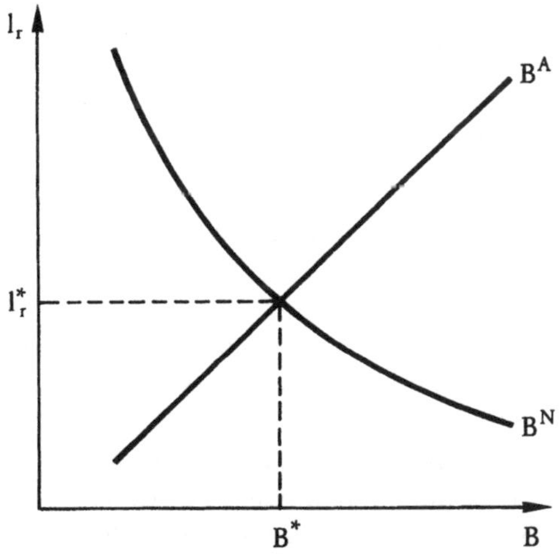

Abb. 2.78: Gleichgewicht auf dem klassischen Arbeitsmarkt

Im Gleichgewicht herrscht nach klassischer Auffassung stets **Vollbeschäftigung.** Dieser Tatbestand resultiert aus der Definition, wonach die Vollbeschäftigung ein Zustand ist, bei dem zum herrschenden Lohnsatz alle Arbeitswilligen auch einen Arbeitsplatz finden. Sollten beim Gleichgewichtslohnsatz l_r^* Arbeitskräfte nicht bereit sein, eine Arbeit aufzunehmen, so handelt es sich um **freiwillige Arbeitslosigkeit.**

Existiert jedoch ein Lohnsatz, der über dem Gleichgewichtslohn liegt, dann besteht zunächst eine unfreiwillige Arbeitslosigkeit (siehe Abb. 2.79). Beim Reallohnsatz $l_{r,1}$ beträgt das Arbeitsangebot B_1^A, dagegen liegt die Arbeitsnachfrage lediglich bei B_1^N. Dieser Angebotsmengenüberschuss bedeutet unfreiwillige Arbeitslosigkeit. Nach klassischer Auffassung ist dieser Unterbeschäftigungszustand jedoch nicht von Dauer. Der Arbeitsmarkt ist ein **Konkurrenzmarkt,** d.h. es gelten die bekannten Modellannahmen wie Homogenität und Mobilität des Faktors Arbeit, volle Flexibilität der Löhne usw. Unter diesen Voraussetzungen werden die Arbeitslosen den bis dahin bestehenden Lohnsatz $l_{r,1}$ unterbieten, was durch geringere Nominallohnforderungen gelingt. Dadurch nimmt die Arbeitsnachfrage der Unternehmer zu. Dieser Prozess hält so lange an, bis l_r^* und damit Vollbeschäfti-

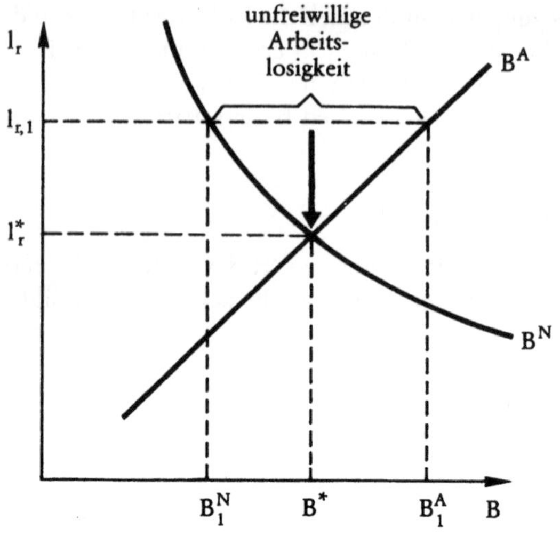

Abb. 2.79: Ungleichgewicht auf dem klassischen Arbeitsmarkt

gung erreicht ist. Im umgekehrten Fall würden sich die Unternehmer bei einer bestehenden Überbeschäftigung mit dem Reallohnsatz überbieten, bis das Gleichgewicht wieder erreicht wäre.

Die für die Erreichung des Vollbeschäftigungsgleichgewichts erforderliche Höhe des Reallohnsatzes ist nicht nur auf dem Weg von Änderungen des Nominallohnsatzes möglich. Denkbar sind auch **Änderungen des Preisniveaus.** Herrscht Arbeitslosigkeit, d.h. ist der Reallohnsatz zu hoch, so kann dessen Absinken auch über einen Anstieg des Preisniveaus herbeigeführt werden.

Daraus folgt eine zentrale Aussage der Klassik. Eine unfreiwillige Arbeitslosigkeit kann auf Dauer nur dann entstehen, wenn die Löhne **auf ihrem zu hohen Niveau verharren,** d.h. der Preismechanismus auf dem Arbeitsmarkt versagt. Als Ursache hierfür kommen etwa gesetzliche Mindestlöhne oder das Vorhandensein von Organisationen wie Gewerkschaften oder Arbeitgeberverbänden in Betracht. Der Arbeitsmarkt ist dann kein Konkurrenzmarkt mehr, der Lohnmechanismus wird außer Kraft gesetzt.

Da derartige Marktunvollkommenheiten jedoch kennzeichnend für die Realität sind, erscheint der klassische Vollbeschäftigungsoptimismus fragwürdig. Die Prämissen der vollkommenen Konkurrenz treffen in der Wirklichkeit nur für wenige Märkte – etwa für bestimmte Finanzmärkte – zu. Für den Arbeitsmarkt gelten sie sicherlich nicht. Außerdem ist zu bedenken, dass der gleichgewichtstheoretisch erforderliche Reallohnsatz ein derart niedriges Niveau aufweisen kann, dass Massenelend die Folge ist.

2. Der Keynesianische Ansatz

a. Arbeitsangebot

Auch nach Keynesianischer Ansicht determiniert der Lohnsatz das Arbeitsangebot. In der Literatur trifft man dabei auf die weit verbreitete These, dass die Haushalte die Bereitstellung ihrer Arbeitskraft am Nominallohnsatz orientieren, d.h. der sog. **Geldillusion** unterliegen. Dies besagt, dass die Arbeitnehmer bei der Bereitstellung ihrer Arbeitsleistung weder der Höhe noch der Veränderung des Preisniveaus Beachtung schenken, sondern nur „vordergründig“ auf den Geldlohnsatz schauen. Die neuere Exegese der Keynesschen Werke widerlegt jedoch diese populäre Interpretation. Auch nach Auffassung von Keynes richten nämlich die Arbeitnehmer ihr Arbeitsangebot am **Reallohnsatz** aus. Insofern besteht in diesem Punkt eine Gemeinsamkeit mit der klassischen Theorie.

Eine Keynesianische Besonderheit stellt hingegen die **Starrheit** der Löhne dar. Bedingt durch die Organisation und die Machtverhältnisse auf dem Arbeitsmarkt ist der Nominallohnsatz nach unten hin starr. Die Arbeitnehmer und deren Organisationen sind nicht bereit, ihre Arbeitsleistung unterhalb eines bestimmten Mindestlohnsatzes anzubieten. Bei konstantem Preisniveau ist auch der Reallohnsatz nach unten starr ($l_{r,\,min}$). Damit nimmt die **Arbeitsangebotsfunktion** folgende Gestalt an:

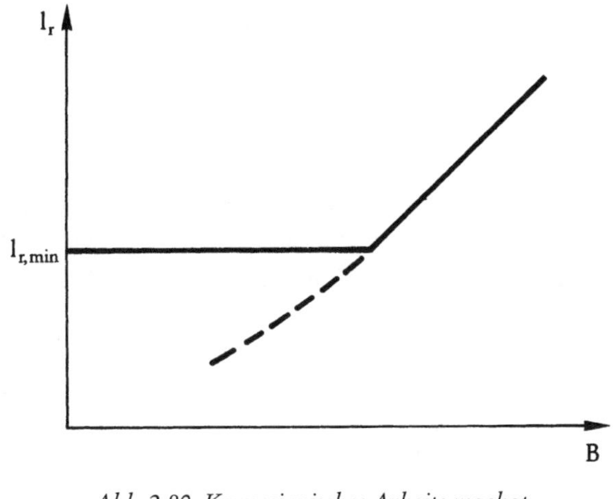

Abb. 2.80: Keynesianisches Arbeitsangebot

Der gestrichelt gezeichnete Teil der Arbeitsangebotsfunktion ist in der Realität nicht relevant. Die Funktion verläuft daher geknickt.

b. Arbeitsnachfrage

Auch auf der anderen Seite des Arbeitsmarktes schließt sich Keynes teilweise der klassischen Sicht an. Er übernimmt die Vorstellung, wonach zwischen der Arbeitsnachfrage und dem Reallohnsatz ein inverser Zusammenhang besteht. Im Gegensatz zur Klassik interpretiert Keynes dieses gegenläufige Verhältnis jedoch nicht als Kausalzusammenhang.

Entscheidend für die gesamtwirtschaftliche Beschäftigungsnachfrage ist nach Auffassung der Keynesianer aber nicht die Höhe des Reallohnsatzes, sondern die **effektive Gesamtnachfrage** im güterwirtschaftlichen Bereich. Wie bereits an früherer Stelle dargelegt, entscheidet die Höhe der gesamtwirtschaftlichen Nachfrage über das Produktionsvolumen und damit den Beschäftigungsstand in der Volkswirtschaft. Daraus resultiert eine **gesamtwirtschaftliche Beschäftigungsfunktion,** wie sie in Abbildung 2.81 dargestellt ist.

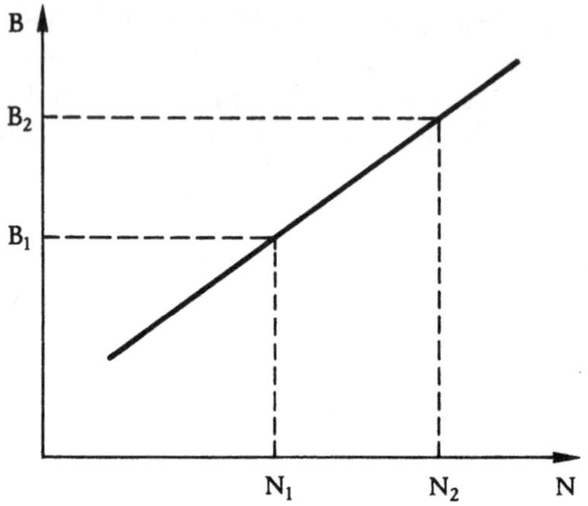

Abb. 2.81: Gesamtwirtschaftliche Beschäftigungsfunktion

Mit steigender Nachfrage nimmt ceteris paribus der Beschäftigungsgrad zu. Allerdings dürfte kaum damit zu rechnen sein, dass diese Funktion reversibel ist. Denn bei einem Rückgang der Nachfrage von N_2 auf N_1 erscheint es fraglich, ob angesichts bestehender institutioneller Faktoren, wie z.B. Kündigungsschutz, ein Abbau der Beschäftigung in dem Maße zustandekommt, wie es der Funktionsverlauf erwarten lässt.

Die Funktion der **Arbeitsnachfrage** nimmt daher folgende Form an:

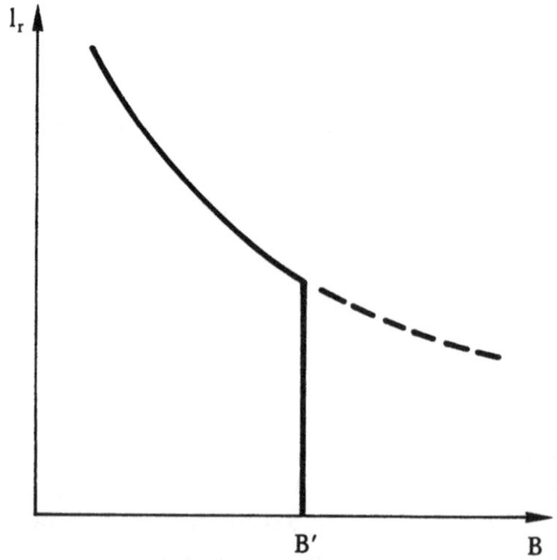

Abb. 2.82: Keynesianische Arbeitsnachfrage

Die Arbeitsnachfrage weist bis zur Beschäftigungsmenge B' den aus der Klassik bekannten Verlauf auf. Dann knickt die Funktion allerdings senkrecht nach unten ab. Der gestrichelt gezeichnete Teil der Funktion ist nach Keynesianischer Auffassung makroökonomisch irrelevant. Ursache hierfür ist die Höhe der gesamtwirtschaftlichen Nachfrage, zu deren Befriedigung lediglich der Arbeitseinsatz B' erforderlich ist. Eine Ausdehnung der Beschäftigung über B' hinaus kommt für die Unternehmer nicht in Betracht, da die dann zusätzlich eingestellten Arbeitnehmer infolge fehlender Auftäge keine Arbeit hätten.

c. Unterbeschäftigungsgleichgewicht

Fügt man das Arbeitsangebot und die Arbeitsnachfrage zusammen, so erhält man den Arbeitsmarkt, wie er sich aus Keynesianischer Sicht darstellt:

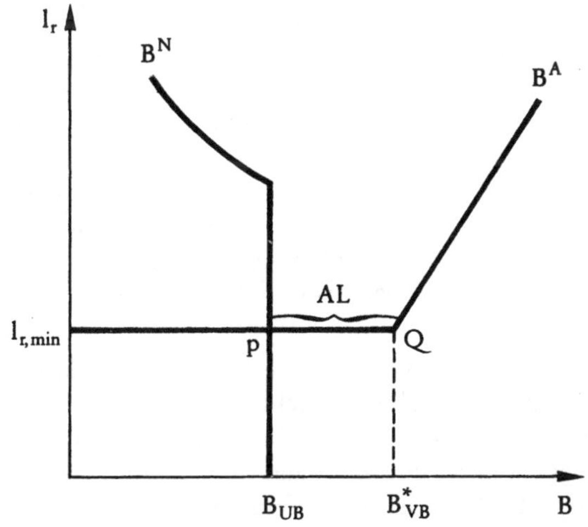

Abb. 2.83: Unterbeschäftigungsgleichgewicht auf dem Keynesianischen Arbeitsmarkt

Trotz Übereinstimmung von Arbeitsangebot und Arbeitsnachfrage (Punkt P) finden nicht alle Arbeitswilligen, die zum herrschenden Lohnsatz ($l_{r,\,min}$) arbeiten wollen, einen Arbeitsplatz, sondern nur der Teil B_{UB} findet eine Stelle. Mit anderen Worten, es tritt **unfreiwillige Arbeitslosigkeit** (AL) auf. Diesen Zustand bezeichnet man als **„Unterbeschäftigungsgleichgewicht"**.

Der Begriff erscheint zunächst als ein Widerspruch in sich selbst, denn mit „Gleichgewicht" verbindet man auf dem Arbeitsmarkt üblicherweise die Erreichung der Vollbeschäftigung. Das Unterbeschäftigungsgleichgewicht ist so zu verstehen, dass der Arbeitsmarkt im Zustand der Unterbeschäftigung **verharrt**. Hintergrund hierfür ist das Verharren der Güternachfrage auf einem Niveau, welches eine zu geringe Arbeitsnachfrage zur Folge hat. Verantwortlich für die zu geringe Güternachfrage können insbesondere die noch näher zu beschreibende „Investitionsfalle" (IS-Kurve verläuft senkrecht) bzw. die „Liquiditätsfalle" (LM-Kurve verläuft waagrecht) sein.

Eine Verbesserung der Beschäftigungslage wäre selbst dann nicht möglich, falls die **Nominallöhne gesenkt** würden. Die Arbeitsangebotsfunktion würde sich (sofern das Preisniveau nicht stärker sinkt als der Nominallohnsatz) nach unten verschieben, ohne dass es zu einer Mehrbeschäftigung käme. Die sinkenden Nominallöhne könnten sogar die Arbeitslosigkeit noch erhöhen, da mit einem Rückgang der Konsum- und damit der Güternachfrage gerechnet werden muss; dies würde eine Verschiebung der Arbeitsnachfragefunktion nach links zur Folge haben. Allgemeine Lohnsenkungen sind also bei Keynes – im Gegensatz zur Klassik – **kein geeignetes Mittel zur Bekämpfung von Arbeitslosigkeit**.

Um das Vollbeschäftigungsgleichgewicht (B^*_{VB}) zu erreichen, muss die Kurve der Arbeitsnachfrage so weit nach rechts verschoben werden, bis sie durch den Punkt Q geht. Dies erfordert einen entsprechenden Anstieg der Güternachfrage. Auslöser hierfür könnte beispielsweise der Staat sein, indem er seine autonomen Ausgaben erhöht bzw. die Steuern senkt, oder die privaten Haushalte, die sich zu einer Steigerung der marginalen Konsumneigung entschließen.

Eine weitere Möglichkeit für die Rechtsverlagerung der Arbeitsnachfragefunktion ist nach Keynesianischer Meinung in einer Erhöhung der Nominallöhne zu sehen. Dadurch steigt das Einkommen der Arbeitnehmer an, worauf diese eine höhere Nachfrage nach Konsumgütern entfalten können. Die solchermaßen ausgelöste Steigerung der Güternachfrage zieht ebenfalls einen positiven Beschäftigungseffekt nach sich; dieser kann sogar noch verstärkt werden, falls die steigende Güternachfrage zu einem Anstieg des Preisniveaus und damit sinkenden Reallöhnen führt. Diese Überlegungen bilden den Inhalt der sog. **„Kaufkrafttheorie“**. Sie betont die Rolle der Löhne in ihrer Eigenschaft als Einkommen und damit potenzielle Nachfrage.

Allerdings sieht sich dieser Ansatz verschiedenen **Kritikpunkten** ausgesetzt. Zunächst müssen die Sickerverluste beachtet werden. Beträchtliche Anteile der Löhne und Gehälter entfalten im Inland keine unmittelbare Nachfrage, sondern fließen an den Staat (Steuern und Beiträge), ins Ausland (Importe) bzw. werden gespart. Ein weiteres Problem ist in der Tatsache zu sehen, dass Lohn- und Gehaltssteigerungen für die Arbeitgeberseite einen Anstieg der Kosten bedeuten. Neben den an die Arbeitnehmer zu zahlenden höheren Bruttolöhne und -gehälter fallen für die Unternehmen zusätzliche Lohnnebenkosten an. Diese Kostensteigerungen können – insbesondere, wenn sie den Zuwachs der Arbeitsproduktivität übersteigen – zu einer Gefährdung der internationalen Wettbewerbsfähigkeit führen bzw. bergen die Gefahr der Tätigung von Rationalisierungsinvestitionen sowie der Verlagerung von Produktionsstätten ins kostengünstigere Ausland in sich. All diese Effekte wirken kontraproduktiv auf den Beschäftigungsstand im Inland. Schließlich ist zu erwarten, dass Lohn- und Gehaltserhöhungen in die Güterpreise hineinkalkuliert werden und damit die Inflation anheizen können. Dies wiederum verschlechtert nicht nur die Reallohnposition der Arbeitnehmer, sondern gefährdet die internationale Wettbewerbsfähigkeit der heimischen Volkswirtschaft; außerdem verringert Inflation das Realvermögen, wodurch mit negativen Rückwirkungen auf die Konsumnachfrage der privaten Haushalte zu rechnen ist.

Sollten die Preise stärker steigen als die Lohn- und Gehaltserhöhungen ausfallen, so würde dies ein Absinken des Reallohnsatzes bedeuten. Die Folge wäre ceteris paribus eine höhere Arbeitsnachfrage und damit eine Zunahme der Beschäftigung. Es stellt sich allerdings die Frage, ob in einem inflatorischen Umfeld überhaupt

Neueinstellungen vorgenommen werden. Bekanntlich zieht Inflation negative Konsequenzen für das gesamte Wirtschaftsleben nach sich. Die Allokationsfunktion der Preise wird gestört mit all den negativen Folgen für Wachstum und Beschäftigung, es kommt zu einer ungerechten Einkommens- und Vermögensverteilung, das Geld kann unter Umständen seine Funktionen nicht mehr erfüllen. Lohn- und Gehaltserhöhungen sollten daher nur in dem Maße erfolgen, wie sie nicht inflatorisch wirken, da sonst die Gefahr besteht, dass sich die Arbeitnehmer per Saldo schlechter stellen als vor den Einkommenserhöhungen.

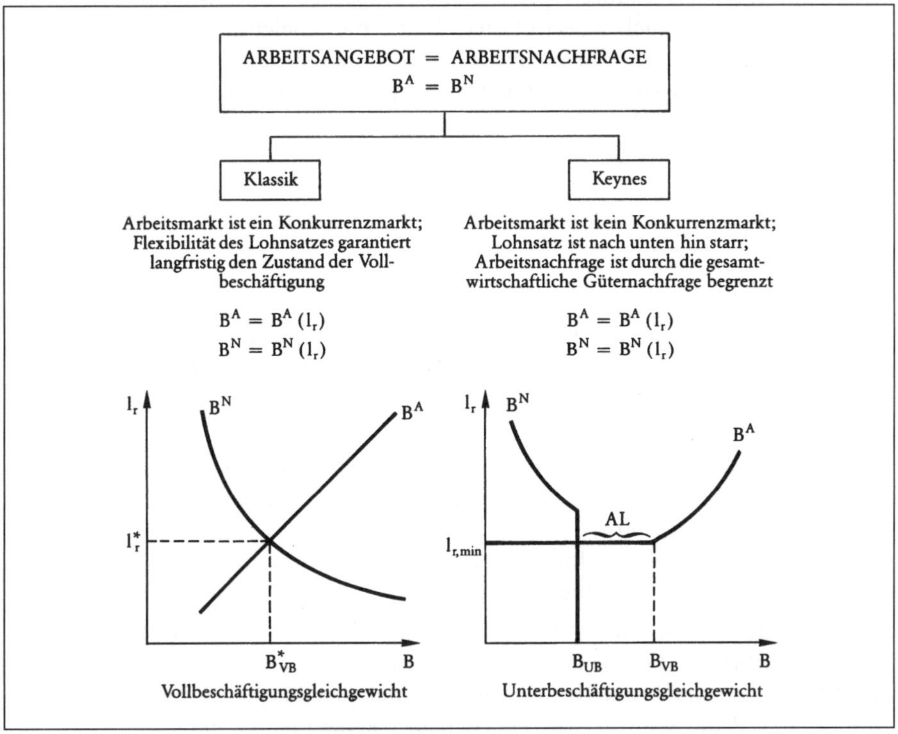

Abb. 2.84: Zusammenfassende Übersicht des Arbeitsmarktes

Abbildung 2.84 enthält eine zusammenfassende Übersicht des Arbeitsmarktes. Die unterschiedlichen paradigmatischen Positionen hinsichtlich der Bedeutung der Löhne als Kostenfaktor einerseits bzw. als nachfrageschaffendes Einkommen andererseits machen die kontroverse Diskussion zur Lösung des Arbeitslosenproblems bzw. bei Tarifverhandlungen verständlich. Während nach klassicher Meinung die Unterbeschäftigung eine Folge zu hoher Löhne ist, vertreten die Keynesianer die Meinung, die Arbeitslosigkeit sei Ergebnis zu geringer Löhne. Angesichts dieser rivalisierenden Auffassungen liegt es auch nahe, dass sich die Tarifpartner die jeweils ihren Interessen entsprechende Position zueigen machen.

Verknüpft man den Arbeitsmarkt mit dem Gütermarkt und dem Geldmarkt, so ergibt sich das gesamtwirtschaftliche Gleichgewicht. Dieses bildet den Gegenstand des nächsten Punktes.

V. Gesamtwirtschaftliches Gleichgewicht

Im Anschluss an die Erörterung der makroökonomisch relevanten Teilmärkte sollen nunmehr die partiellen Modelle des Güter-, Geld- und Arbeitsmarktes zusammengefügt werden. Dadurch gelangt man zu einem **Totalmodell** der Volkswirtschaft, welches auch **„gesamtwirtschaftliches Gleichgewicht“** heißt. Seine Präsentation geschieht im folgenden in erster Linie mithilfe der graphischen Darstellungsform, da sie die teilweise recht komplizierten interdependenten Zusammenhänge in anschaulicher Weise aufzeigt.

1. Das klassische Gesamtmodell

a. Darstellung

Das klassische gesamtwirtschaftliche Gleichgewicht kann in graphischer Form recht übersichtlich dargestellt werden (Abb. 2.85). Ausgangspunkt ist der Arbeitsmarkt (Quadrant 1), auf dem der Lohnmechanismus ein Vollbeschäftigungsgleichgewicht herbeiführt. Über die Vollbeschäftigungsmenge (B^*) verbindet man den Arbeitsmarkt mit dem Gütermarkt. Bei Kenntnis des Arbeitseinsatzes und gegebenem Sachkapitalbestand liegt über die Produktionsfunktion (im 2. Quadranten eingezeichnet) der gesamtwirtschaftliche **Output** (Y^*) fest. Ihm ist bei autonomer Geldmenge und gegebener Umlaufgeschwindigkeit des Geldes das gleichgewichtige **Preisniveau** (P^*) zugeordnet (3. Quadrant).

Die horizontale Linie im 3. Quadranten entspricht der **gesamtwirtschaftlichen Angebotsfunktion.** Das Güterangebot kommt auf makroökonomischer Ebene unabhängig von der Höhe des Preisniveaus auf den Markt. Maßgeblich für den Umfang der Produktion ist bei gegebenem Sachkapitalbestand der Einsatz des Faktors Arbeit. Entsprechend kann die Geldhyperbel als **gesamtwirtschaftliche Nachfragefunktion** interpretiert werden. Bei gegebener Geldmenge und gegebenen Zahlungssitten ist hohen Güterpreisen eine niedrige Nachfrage nach Gütern zugeordnet und umgekehrt. Aus dem Schnittpunkt von Angebots- und Nachfragefunktion resultiert dann das gleichgewichtige Preisniveau.

Dieses erlaubt in Verbindung mit dem Reallohnsatz die Bestimmung des gleichgewichtigen **Geldlohnsatzes** (l^*), der definitionsgemäß als Produkt aus Reallohnsatz und Preisniveau errechnet wird. Graphisch resultiert hieraus die schraffiert eingezeichnete Fläche im 4. Quadranten. Man erhält sie durch Projektion des gleichgewichtigen Preisniveaus nach unten und des gleichgewichtigen Reallohnsatzes nach links.

Bei Kenntnis der Funktionsverläufe auf dem Kapitalmarkt ist es schließlich möglich, die Produktionsstruktur sowie den **Gleichgewichtszins** und das im Gleichgewicht getätigte **Sparen** und **Investieren** zu bestimmen (5. Quadrant). Überträgt

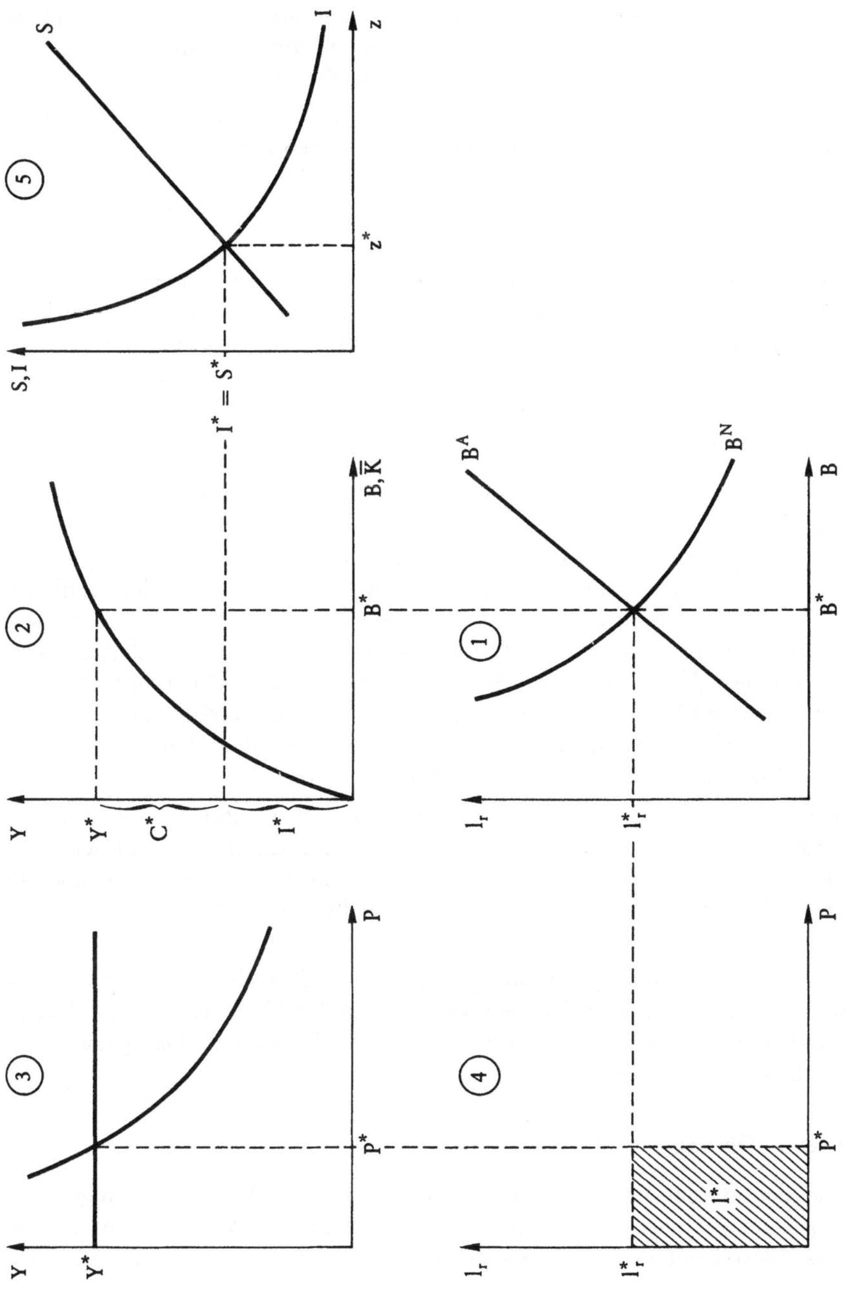

Abb. 2.85: Gesamtwirtschaftliches Gleichgewicht in der Klassik

man I^* auf die Ordinate des 2. Quadranten, so kann dort die Zusammensetzung des Sozialprodukts abgelesen werden. Das Problem unterschiedlicher Preise für Konsum- und Investitionsgüter wird hierbei vernachlässigt.

Damit sind alle in Betracht kommenden Gleichgewichtswerte simultan ermittelt. Die Darstellung verdeutlicht den **angebotsorientierten Ansatz der Klassik.** Der Arbeitsmarkt und die damit verknüpfte Produktionsfunktion, d. h. die Determinanten für die Erstellung des Angebots in der Volkswirtschaft, verleihen dem gesamtwirtschaftlichen Gleichgewicht seine Gestalt.

Interessant ist nun die Frage, wie das klassische System auf Störungen reagiert. In Anlehnung an das bisherige Vorgehen sollen dabei im Folgenden die Auswirkungen von Störungen im güterwirtschaftlichen und geldwirtschaftlichen Sektor genauer analysiert werden.

b. Realwirtschaftliche Störung

Ausgangspunkt sei eine Verbesserung der **Produktionstechnologie** (Abb. 2.86). Dadurch verschiebt sich die Produktionsfunktion nach oben (2. Quadrant). Die Arbeitsnachfragefunktion als 1. Ableitung der Produktionsfunktion verlagert sich als Folge hiervon nach rechts (1. Quadrant). Angesichts des steigenden Reallohnsatzes nehmen das Arbeitsangebot und die Vollbeschäftigungsmenge zu (B_2^*), wodurch der Output auf Y_2^* ansteigt. Das Preisniveau geht bei unveränderten Gegebenheiten innerhalb des monetären Sektors auf P_2^* zurück (3. Quadrant). Die Auswirkung auf den Geldlohnsatz (4. Quadrant) hängt vom Verlauf der relevanten Kurven ab; so kommt es zu einem Anstieg des Geldlohnsatzes, falls die Zunahme des Reallohnsatzes größer ausfällt als der Rückgang von P.

Der technische Fortschritt verschiebt auch die Investitionsfunktion nach außen (Quadrant 5). Dies bedingt eine neue Produktionsstruktur, die man auf der Ordinate des 2 Quadranten ablesen kann. Die größere Gütermenge wird über sinkende Preise an die Wirtschaftssubjekte abgesetzt, was im gestiegenen Reallohn seinen Ausdruck findet.

Die komparativ-statische Betrachtung zeigt damit, dass eine realwirtschaftliche Störung zwar die Werte der Variablen im güter- und geldwirtschaftlichen Bereich verändert, der Gleichgewichtszustand bleibt jedoch erhalten. Das gesamtwirtschaftliche Gleichgewicht ist **stabil.**

c. Monetäre Störung

Anhand der graphischen Darstellung lassen sich auch die Auswirkungen von Störungen im geldwirtschaftlichen Bereich durchspielen (Abb. 2.87). Angenommen, die Zentralbank **erhöhe** die **Geldmenge.** Dies bewirkt eine Verschiebung der Geldhyperbel nach rechts (3. Quadrant).

Folge hiervon ist ein Anstieg des Preisniveaus auf P_2^* (3. Quadrant). Der Geldlohnsatz steigt proportional an (Quadrant 4), so dass der Reallohnsatz unverändert bleibt (Quadrant 1). Auch die anderen Variablen des güterwirtschaftlichen Sektors bleiben von der Geldmengenerhöhung unberührt. **Geld** ist **neutral,** es gehen von ihm keinerlei Einflüsse auf Produktion und Beschäftigung aus. Die relativen Preise

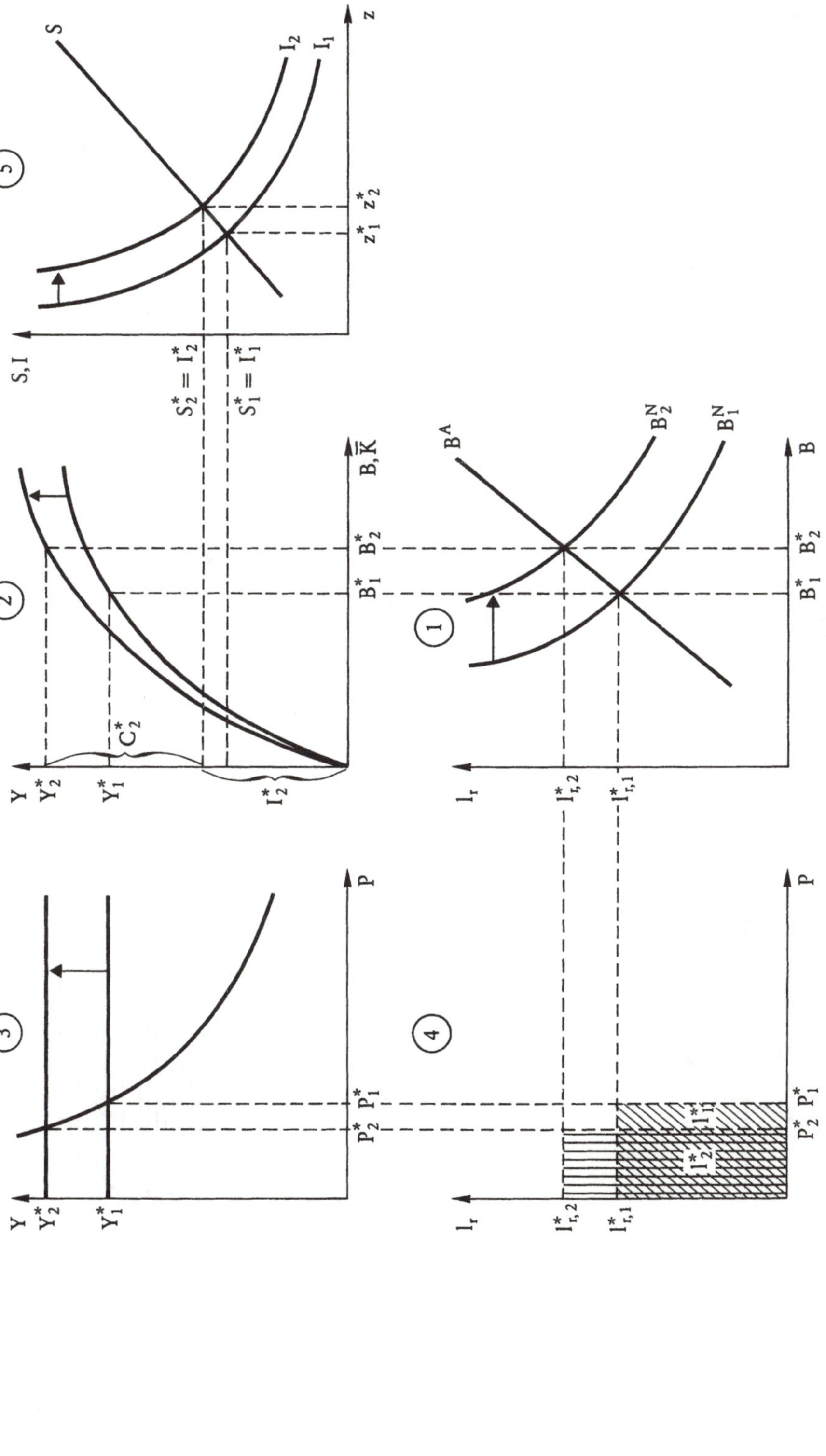

Abb. 2.86: Realwirtschaftliche Störung in der Klassik

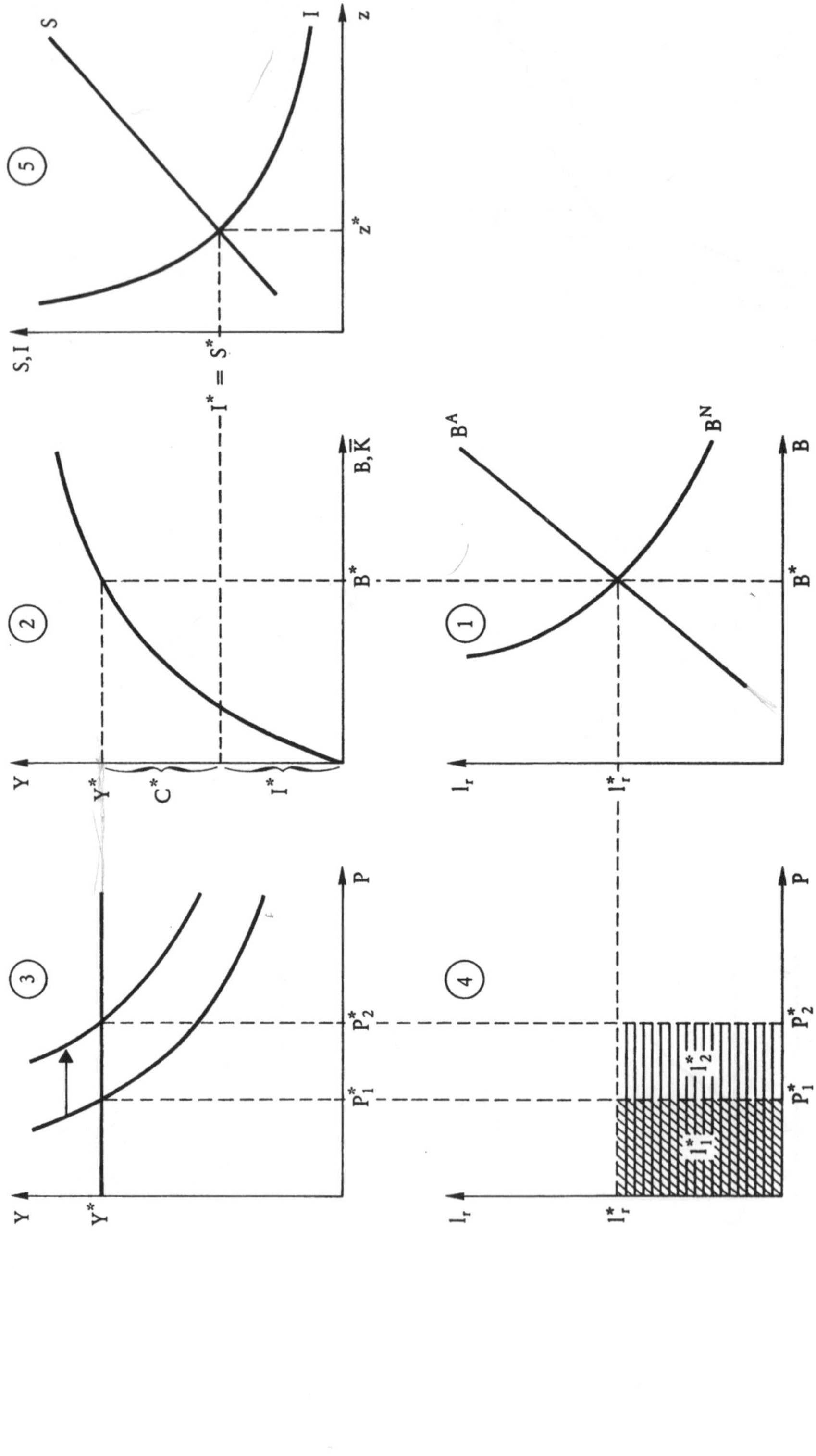

Abb. 2.87: Monetäre Störung in der Klassik

werden nicht berührt, es gilt die klassische Dichotomie. Die Aufrechterhaltung des gesamtwirtschaftlichen Gleichgewichts ist auch hier gewährleistet, eine Änderung der Gleichgewichtswerte tritt ausschließlich im monetären Sektor ein.

Diese streng klassische Sicht wurde allerdings in der zweiten Hälfte des 19. Jahrhunderts relativiert. Nach **neoklassischer** Auffassung spielen Vorgänge im monetären Sektor durchaus eine Rolle für die Struktur der Produktion. Ursache für eine Störung des gesamtwirtschaftlichen Gleichgewichts ist hierbei die **Giralgeldschöpfung der Geschäftsbanken,** der bislang keine besondere Beachtung zukam. Berücksichtigt man jedoch die Fähigkeit der Kreditinstitute, zusätzliche Sichteinlagen zu schaffen, d. h. multiple Giralgeldschöpfung zu betreiben, so folgen hieraus Rückwirkungen auf das gesamtwirtschaftliche Gleichgewicht.

Bei den bisherigen Überlegungen traten ausschließlich Haushalte als Käufer von festverzinslichen Wertpapieren auf. Durch die Giralgeldschöpfung sind aber auch die Geschäftsbanken in der Lage, Obligationen zu erwerben. Die hieraus resultierenden Konsequenzen gehen aus Abbildung 2.88 hervor.

Infolge der zusätzlichen Nachfrage nach Wertpapieren seitens der Kreditinstitute verlagert sich die Sparfunktion (Quadrant 5) nach oben. Allerdings herrscht im Punkt Q kein Gleichgewicht mehr. Wegen des gesunkenen Zinses liegen die geplanten Investitionen bei I_2^*, dagegen betragen die geplanten Ersparnisse nur S_2^*. Die Banken täuschen auf dem Kapitalmarkt quasi ein Sparen der Haushalte vor. Denjenigen Zins, der geplantes Sparen und geplantes Investieren zur Übereinstimmung bringt (z_1^*), bezeichnet man als **„natürlichen Zins“.** Dagegen heißt der Zins, welcher sich durch das Hinzutreten der Banken einstellt (z_2^*), **„Marktzins“.**

Da im Ausgangszeitpunkt Vollbeschäftigung herrscht, kann die Ausdehnung der Investitionsgüterproduktion nur zulasten der Herstellung von Konsumgütern vorgenommen werden. Die monetäre Störung findet in einer **geänderten Produktionsstruktur** ihren Niederschlag (siehe Ordinate des 2. Quadranten). Das von den Geschäftsbanken geschaffene zusätzliche Giralgeld erhöht die Geldmenge, die Geldhyperbel im 3. Quadranten verschiebt sich nach rechts, das Preisniveau steigt. Im gleichen Ausmaß nimmt auch der Geldlohn zu, während der Reallohn unverändert bleibt.

In dieser gesamtwirtschaftlichen Betrachtung kommt jedoch die partielle Preis- und Lohnentwicklung im Konsum- und Investitionsgütersektor nicht zum Ausdruck. Infolge des Rückgangs der Konsumgüterproduktion steigen die Preise auf dem Markt für Konsumgüter. Dadurch sinkt die auf Konsumgüter bezogene Kaufkraft des Geldlohnes, das insgesamt unveränderte Einkommen (Y^*) stößt auf eine geringere Menge an Konsumgütern. Dies stellt einen ungeplanten Konsumverzicht der Haushalte dar, es liegt ein **Zwangssparen** vor, welches dann ex post die Lücke zwischen geplantem Sparen und geplantem Investieren schließt.

Der Prozess ist damit allerdings noch nicht zu Ende. Aufgrund der Preissteigerungen erhöht sich das Grenzwertprodukt des Kapitals, was formal zu einer Verschiebung der Investitionsfunktion nach oben führt. Die Finanzierung der zusätzlichen Investitionen erfolgt wiederum über die Giralgeldschöpfung der Banken. Es entwickelt sich ein **kumulativer Prozess,** der erst dann zum Stillstand kommt bzw. umgekehrt wird, wenn die Giralgeldschöpfungsfähigkeit der Banken am Ende ist. Dies kann durch Maßnahmen der Zentralbank herbeigeführt werden.

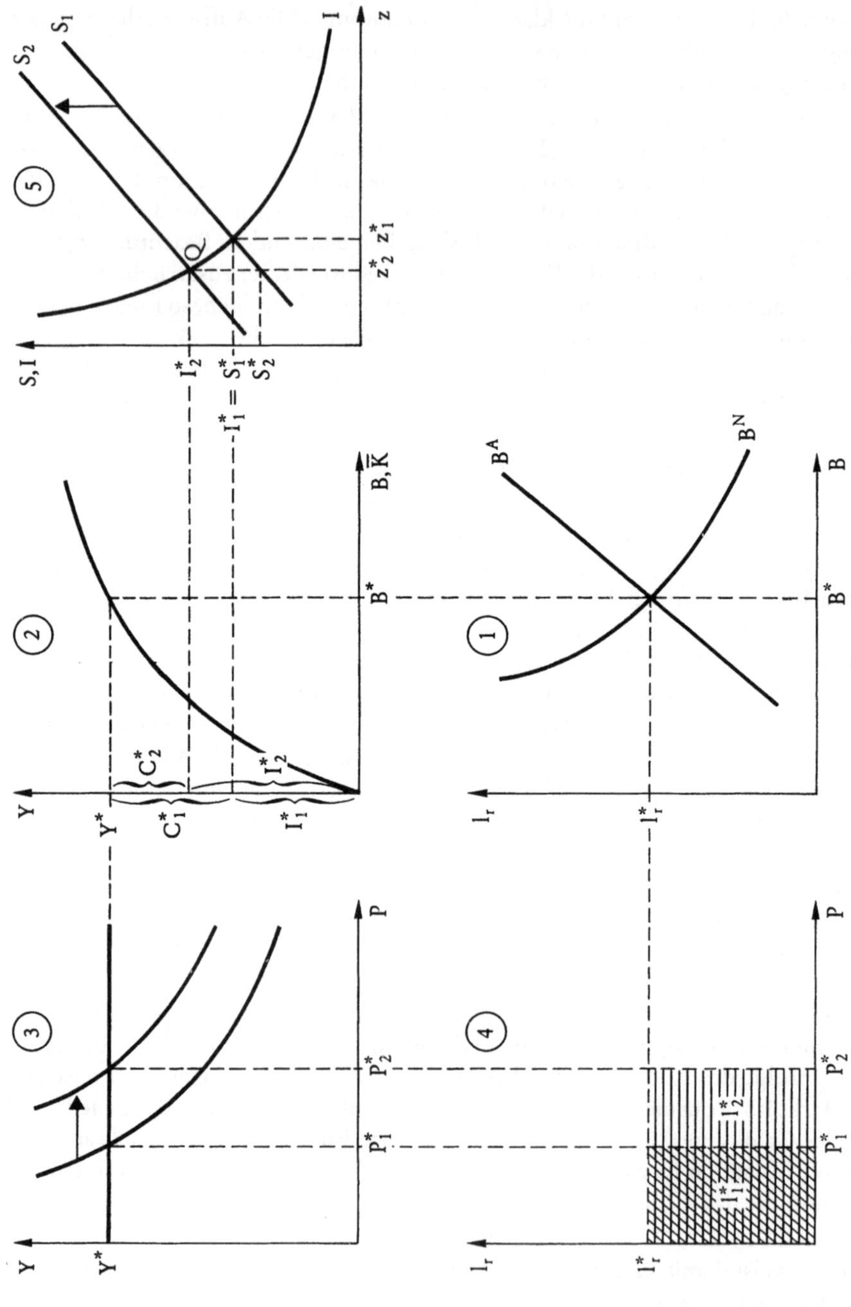

Abb. 2.88: Wicksellscher Prozess

Da das auslösende Moment des beschriebenen Prozesses in einem Abweichen des Marktzinses vom natürlichen Zins zu sehen ist, spricht man auch vom **„Zinsspannentheorem“.** Seine Entwicklung geht auf den Neoklassiker K. Wicksell zurück, daher heißt der beschriebene Prozess auch **„Wicksellscher Prozess“.** Gegenüber der rein klassischen Theorie liegt hier im Ansatz eine dynamische Analyse vor, die über die bloße Betrachtung von Gleichgewichtszuständen zu einem bestimmten Zeitpunkt hinausgeht und ökonomische Vorgänge im Zeitablauf beschreibt.

Am klassischen Ergebnis der Neutralität des Geldes ändert sich also insofern nichts, als eine monetäre Störung langfristig keine Auswirkungen auf die Höhe des Outputs und die Vollbeschäftigung hat. Allerdings folgt aus der neoklassischen Theorie insofern ein Einfluss auf den realen Sektor, als die Produktion eine geänderte Struktur aufweist. Im Zuge der Umschichtung in der Produktionssphäre kann daher eine temporäre Arbeitslosigkeit auftreten.

2. Das Keynesianische Gesamtmodell

a. Hicks-Hansen-Diagramm

Auch die Keynesianische Theorie bietet die Möglichkeit, das gesamtwirtschaftliche Gleichgewicht in unterschiedlichen Sprachsystemen darzustellen. Wählt man die häufig anzutreffende graphische Form, so kann der Gütermarkt mithilfe der IS-Kurve und der Geldmarkt durch die LM-Kurve abgebildet werden:

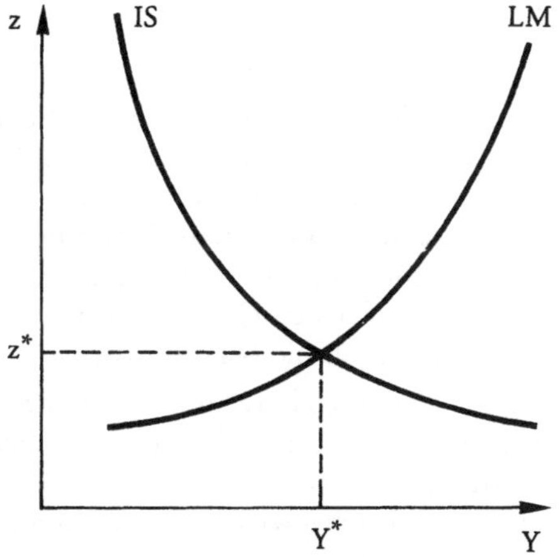

Abb. 2.89: Hicks-Hansen-Diagramm

Diese Standard-Darstellung der Keynesianischen Theorie heißt **IS-LM-Diagramm** oder **Hicks-Hansen-Diagramm.** Es geht auf die beiden, bereits an früherer Stelle erwähnten Ökonomen J. R. Hicks und A. H. Hansen zurück. Sie formalisierten die Theorie von J. M. Keynes in dieser weit verbreiteten, allerdings keineswegs unumstrittenen Darstellungsweise.

Abbildung 2.89 macht deutlich, dass die partiellen Gleichgewichte im realen und monetären Sektor von der Höhe des Einkommens und des Zinses bestimmt werden. Ausgehend von den Gleichgewichtsbedingungen:

$S(Y) = I(z)$ (Gütermarkt) und

$\overline{M} = L(Y, z)$ (Geldmarkt)

lässt sich die Rolle von Einkommen und Zins auch schematisch darstellen:

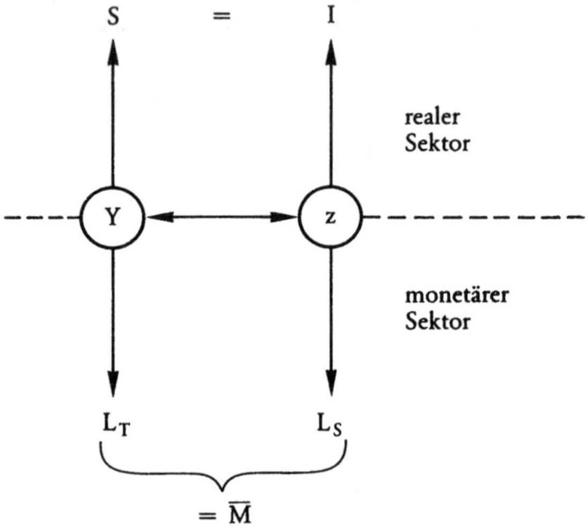

Abb. 2.90: Rolle von Einkommen und Zins bei Keynes

Aufgrund der beschriebenen gleichgewichtstheoretischen Erfordernisse besteht im realen Sektor eine inverse Zuordnung von Einkommen und Zins, während der monetäre Sektor einen positiven Zusammenhang von Y und z impliziert. Trotz dieser Gegenläufigkeit existiert aber **eine Einkommens-Zins-Kombination** (Y^*/z^*), die ein Gleichgewicht auf beiden Teilmärkten garantiert. Häufig spricht man bereits an dieser Stelle vom „gesamtwirtschaftlichen Gleichgewicht". Diese Bezeichnung ist allerdings insofern nicht zutreffend, als hierbei der Arbeitsmarkt außer Acht bleibt.

Vor dessen Einbeziehung soll aber noch kurz auf die Stabilität des simultanen geld- und güterwirtschaftlichen Gleichgewichts eingegangen werden. Wie die partiellen Betrachtungen zeigten, löst das System bei bestehenden **Ungleichgewichten** Anpassungsprozesse aus, die zum Gleichgewicht zurückführen. Ein güterwirtschaftliches Ungleichgewicht wird tendenziell über Einkommensänderungen beseitigt, während die Erreichung des geldwirtschaftlichen Gleichgewichts in erster Linie über Zinsänderungen erfolgt. In Abbildung 2.91 herrscht im Punkt A ein Gleichgewicht auf dem Gütermarkt, während das Geldangebot über der Geldnachfrage liegt. Die Wirtschaftssubjekte bauen ihre Überschusskasse durch Wertpapierkäufe ab; dies bewirkt einen Kursanstieg und damit Zinsrückgang. Im Punkt B ist zwar der Geldmarkt im Gleichgewicht, aber nunmehr besteht ein güterwirtschaftliches Ungleichgewicht des Typs $I > S$. Der niedrigere Zins zieht höhere Investitionen nach sich, die zu einer Einkommenssteigerung führen (Punkt C). Zur Finanzie-

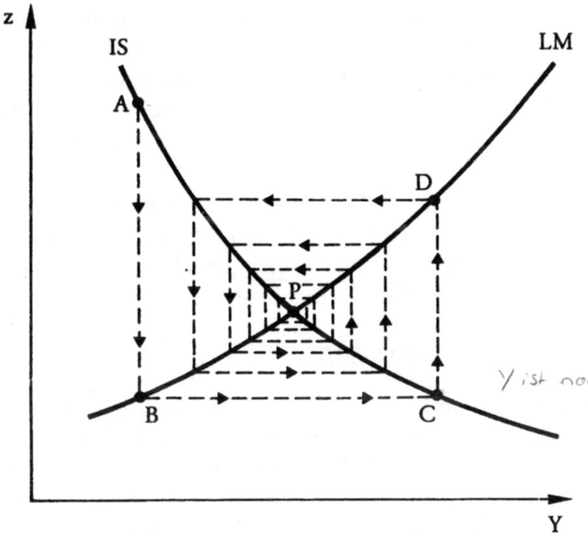

Y ist noch investiert in Bonds

Abb. 2.91: Anpassungsprozess zum Gleichgewicht

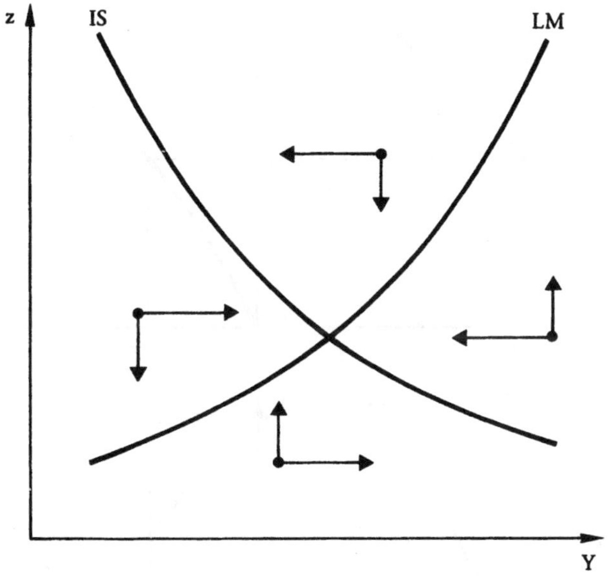

Abb. 2.92: Anpassungsrichtungen bei Ungleichgewichten

rung des höheren Einkommens ist jedoch eine höhere Transaktionskasse erforderlich. Das hierfür benötigte Geld wird aber nur bei einem höheren Zins aus der Spekulationskasse freigegeben, wodurch man zum Punkt D gelangt. Infolge des höheren Zinses sinken die Investitionen, woraus wiederum Rückwirkungen auf die Transaktionskasse resultieren. Der Prozess dauert so lange an, bis schließlich ein simultanes geld- und güterwirtschaftliches Gleichgewicht im Punkt P besteht.

Dabei ist zu beachten, dass der Zeitbedarf zur Beseitigung eines partiellen Ungleichgewichts unterschiedlich groß sein dürfte. Die zur Erreichung des geldwirtschaftlichen Gleichgewichts erforderlichen Zinsänderungen geschehen üblicherweise schneller als die Einkommensänderungen, derer es für die Realisierung des güterwirtschaftlichen Gleichgewichts bedarf. Bezogen auf Abbildung 2.91 würde dies bedeuten, dass der Punkt B relativ schnell erreicht wird. Die entlang der LM-Kurve einsetzende Bewegung in Richtung zu Punkt P nimmt dagegen vergleichsweise viel Zeit in Anspruch. In jedem Fall tendiert das System aber hin zum simultanen geld- und güterwirtschaftlichen Gleichgewicht, dieses ist also **stabil.** Abbildung 2.92 verdeutlicht diesen Sachverhalt in schematischer Form.

b. Gleichgewicht bei Voll- und Unterbeschäftigung

Zur Darstellung des gesamtwirtschaftlichen Gleichgewichts ist die Einbeziehung des **Arbeitsmarktes** als dem dritten zentralen makroökonomischen Teilmarkt erforderlich (Abb. 2.93). Als Verbindungsglied zwischen dem im Hicks-Hansen-Diagramm abgebildeten geld- und güterwirtschaftlichen Gleichgewicht (Quadrant 4) und dem Arbeitsmarkt dient die Produktionsfunktion. Sie tritt zwar in der

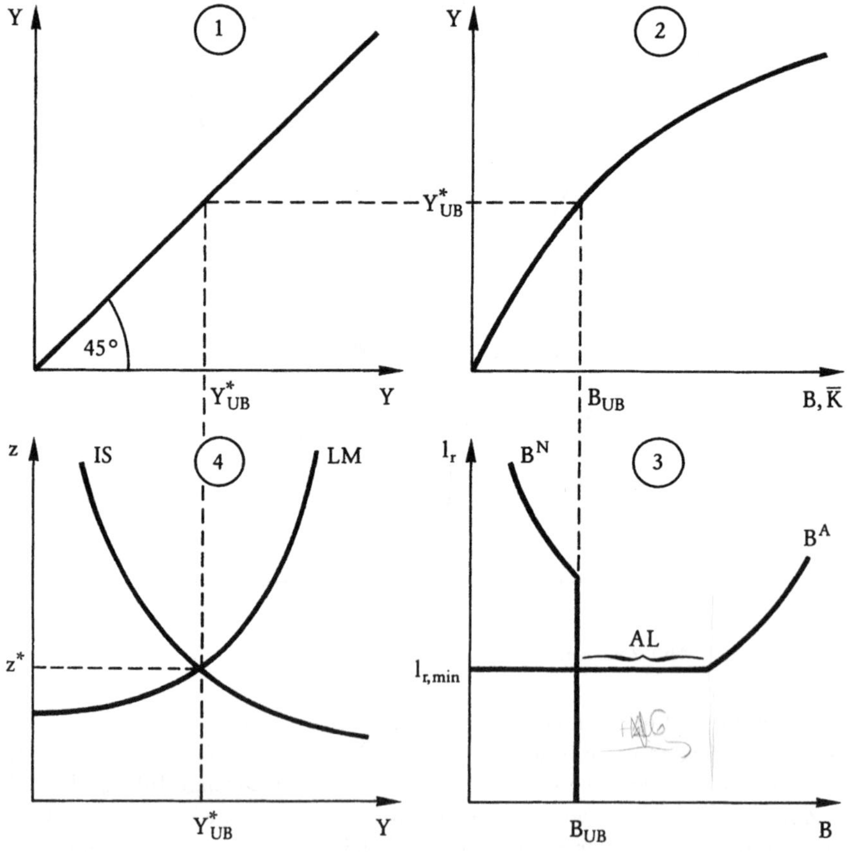

Abb. 2.93: Unterbeschäftigungsgleichgewicht bei Keynes

Keynesianischen Theorie angesichts der Nachfrageorientierung in den Hintergrund. Gleichwohl existieren aber auch hier produktionstechnische Gegebenheiten, die analog zur Klassik in einer ertragsgesetzlichen Produktionsfunktion Eingang finden (Quadrant 2). Um zur relevanten Produktionsmenge zu gelangen, projiziert man das im IS-LM-Diagramm ermittelte Gleichgewichtseinkommen über eine Spiegelachse (Quadrant 1) auf die Ordinate des 2. Quadranten. Der 3. Quadrant enthält den Arbeitsmarkt. Dort bildet sich gemäß der beschriebenen Funktionsverläufe von Arbeitsangebot und Arbeitsnachfrage die für die Produktion erforderliche Beschäftigungsmenge heraus.

Wie Abbildung 2.93 zeigt, ist ein Gleichgewicht auf dem Güter- und Geldmarkt durchaus mit Arbeitslosigkeit vereinbar. Man bezeichnet diesen Sachverhalt auch als das **Keynessche Unterbeschäftigungsgleichgewicht.** Wenngleich auf dem Arbeitsmarkt nicht alle Arbeitswilligen zum herrschenden Lohnsatz einen Arbeitsplatz finden, existiert eine Einkommens-Zins-Kombination, die eine Übereinstimmung von Angebot und Nachfrage im realen und monetären Sektor garantiert.

Das Keynesianische Modell ist aber prinzipiell auch mit Vollbeschäftigung vereinbar. Hierzu bedarf es allerdings ganz bestimmter Kurvenverläufe. Liegt beispielsweise die LM-Kurve weiter rechts (LM_2 in Abb. 2.94), so bildet sich ein Vollbeschäftigungseinkommen (Y^*_{VP}) heraus. Infolge der hier herrschenden höheren Güternachfrage kommt eine Produktion zustande, die eines höheren Arbeitseinsatzes bedarf. Die Funktion der Arbeitsnachfrage verlagert sich entsprechend nach rechts (B^N_2), so dass keine unfreiwillige Arbeitslosigkeit mehr besteht. Zu demselben Ergebnis gelangt man über eine Rechtsverschiebung der IS-Kurve (IS_2) bzw. durch eine (in Abbildung 2.94 nicht eingezeichnete) kombinierte Rechtsverschiebung der IS- und der LM-Kurve. Man erhält in diesen Fällen ein gesamtwirtschaftliches Gleichgewicht im Sinne eines **Vollbeschäftigungsgleichgewichts.**

Im Gegensatz zur Klassik ist das Zustandekommen eines derartigen Gleichgewichts jedoch **reiner Zufall.** Entscheidend hierfür ist die Lage, welche die IS-Kurve und die LM-Kurve einnehmen. Herrscht im Ausgangszeitpunkt ein Unterbeschäftigungsgleichgewicht, so sind zur Erreichung der Vollbeschäftigung die beschriebenen Kurvenverschiebungen erforderlich. Es stellt sich daher die Frage, ob das System von sich heraus die zur Beseitigung der Arbeitslosigkeit erforderlichen Anpassungsprozesse in Gang setzt, bzw. welche Möglichkeiten der Wirtschaftspolitik zur Verfügung stehen, um die Lage der IS- und LM-Kurve und damit das Volkseinkommen und den Beschäftigungsgrad in gewünschter Weise zu beeinflussen.

c. Das gleichgewichtige Preisniveau

Die bisherigen Ausführungen gingen von einem konstanten, exogen vorgegebenen Preisniveau aus. Gibt man diese vereinfachende Annahme auf, so ist die Einführung der gesamtwirtschaftlichen Angebots- und Nachfragefunktion erforderlich. Auf deren Herleitung sowie die damit verbundenen Implikationen für das gesamtwirtschaftliche Gleichgewicht soll nunmehr kurz eingegangen werden.

Die **gesamtwirtschaftliche Angebotsfunktion** entspringt der volkswirtschaftlichen Produktionssphäre. Nach Maßgabe der produktionstechnischen Gegebenheiten erstellen die Unternehmungen mithilfe des Einsatzes der Produktionsfakto-

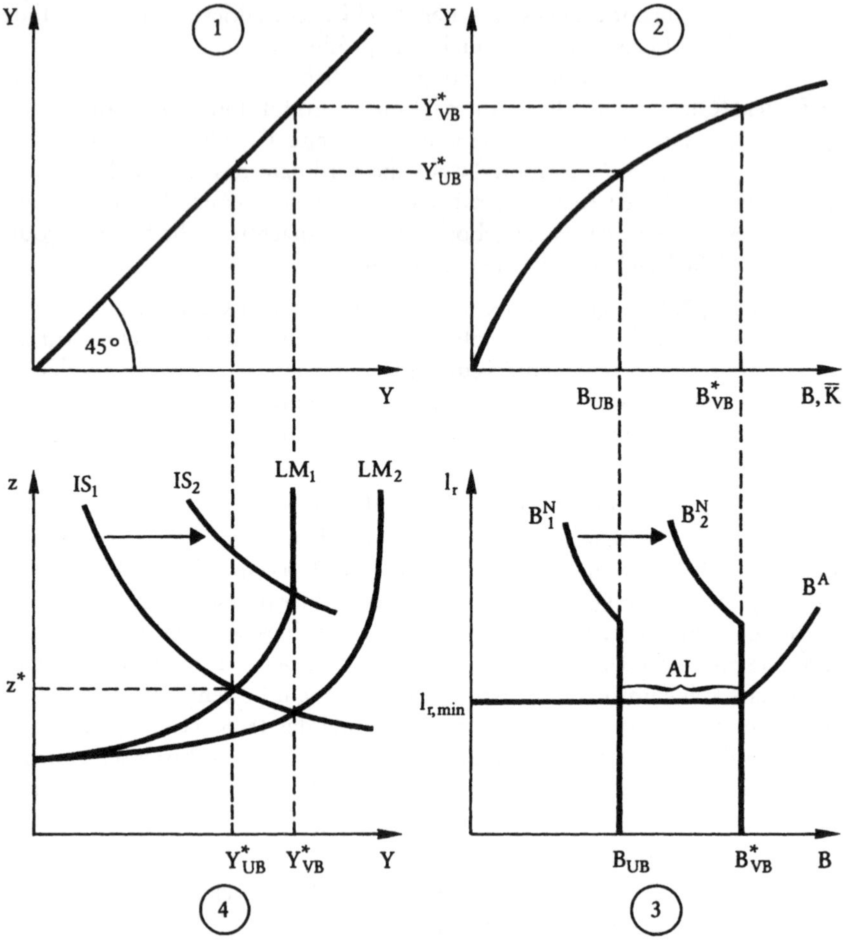

Abb. 2.94: Vollbeschäftigungsgleichgewicht bei Keynes

ren das Angebot. Bei gegebenem Sachkapitalbestand und gegebener Faktorqualität hängt der Output von der Arbeitsmenge ab. Dabei orientieren die nach dem Gewinnmaximierungsprinzip entscheidenden Unternehmer den Arbeitseinsatz an der Höhe des Reallohns. Wie bereits an früherer Stelle ausgeführt, berühren Preisänderungen den Reallohn und damit die Beschäftigungs- und Produktionsmenge nicht, falls bei Variationen des Preisniveaus gleichgerichtete Nominallohnänderungen zu verzeichnen sind. Dies ist nach klassischer Auffassung der Fall.

Ist der Geldlohn hingegen, wie in der Keynesianischen Theorie unterstellt, starr, so bewirken Preisniveauvariationen entsprechende Veränderungen des Reallohnsatzes. So führt eine Erhöhung des Preisniveaus ceteris paribus zu einem Rückgang des Reallohns. Die Unternehmer sind daraufhin bereit, zusätzliche Arbeitsplätze bereitzustellen. Sofern der Produktionsfaktor Arbeit noch nicht voll ausgelastet ist, kann die Produktion gesteigert werden. Einem höheren Preisniveau ist somit – analog zur mikroökonomischen Angebotsfunktion – prinzipiell ein höheres Angebot zugeordnet und umgekehrt. Daraus folgt die Keynesianische gesamtwirtschaftliche **Angebotsfunktion:**

$$A = A(P), \text{ mit } \frac{dA}{dP} > 0$$

Im Gegensatz zur „üblichen" mikroökonomischen Angebotsfunktion weist die gesamtwirtschaftliche Angebotsfunktion jedoch zwei Extrembereiche auf, nämlich einen senkrechten und einen waagerechten Teil. Der **senkrechte** Ast markiert die produktionstechnisch vorgegebene Kapazitätsgrenze der Volkswirtschaft. Die Herstellungsmenge (Y_{max}) kann – zumindest kurzfristig – nicht überschritten werden. Bei diesem Produktionsniveau herrscht Vollbeschäftigung. Insoweit könnte man den senkrechten Verlauf der gesamtwirtschaftlichen Angebotsfunktion als „klassischen Fall" einstufen. Zum anderen besitzt diese Funktion einen **waagerechten** Bereich. Dieser Teil beinhaltet die Produktionsmenge, bis zu der das Angebot vollkommen preiselastisch ist. Bei starrem Nominallohnsatz und einem Überschussangebot auf dem Arbeitsmarkt dehnen die Unternehmer ihr Güterangebot auch bei einem nicht steigenden Preisniveau aus.

Graphisch hat die Keynesianische Angebotsfunktion damit folgendes Aussehen:

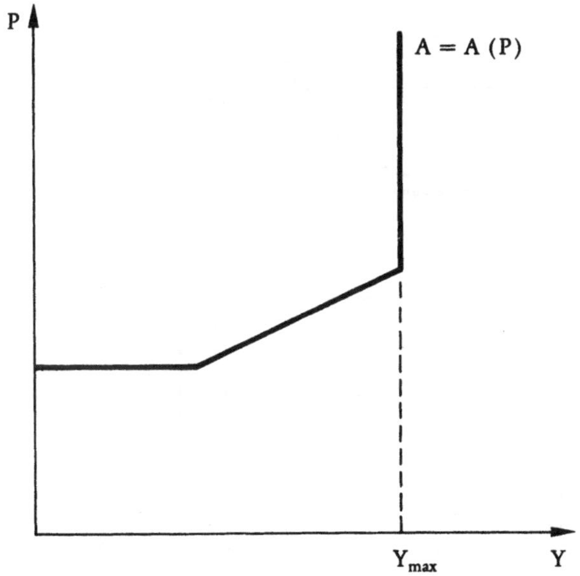

Abb. 2.95: Keynesianische Angebotsfunktion

Den Ausgangspunkt zur Ableitung der **gesamtwirtschaftlichen Nachfragefunktion** bildet das IS-LM-Diagramm. In diesem statisch konzipierten, nachfrageorientierten Modell wird das Gleichgewichtseinkommen in Abhängigkeit von der Höhe der gesamtwirtschaftlichen Nachfrage erstellt. Preisniveauveränderungen schlagen sich hierbei in der Lage der LM-Kurve nieder.

Steigen die Preise, so bedarf es bei gegebenem Realeinkommen zur Finanzierung der höheren nominellen Ausgaben einer höheren Transaktionskasse. Bei unverändertem Geldangebot muss das für Transaktionszwecke zusätzlich benötigte Geld aus der Spekulationskasse freigesetzt werden. Eine geringere Spekulationskasse kommt aber nur bei einem höheren Zinssatz zustande. Bleibt dagegen der Zins und damit auch L_S unverändert, dann muss ceteris paribus das Realeinkommen sinken. Zur Aufrechterhaltung des geldwirtschaftlichen Gleichgewichts muss sich die LM-Kurve bei einem gestiegenen Preisniveau und damit einer niedrigeren realen Geldmenge also nach oben bzw. links verschieben. Analog bedingt ein niedrigeres Preisniveau, d.h. ein Anstieg der realen Geldmenge, eine Rechtsverschiebung der LM-Kurve.

Die Verschiebung der LM-Kurve führt im Hicks-Hansen-Diagramm zu einem neuen Gleichgewichtseinkommen. So bewirkt der infolge von Preiserhöhungen in-

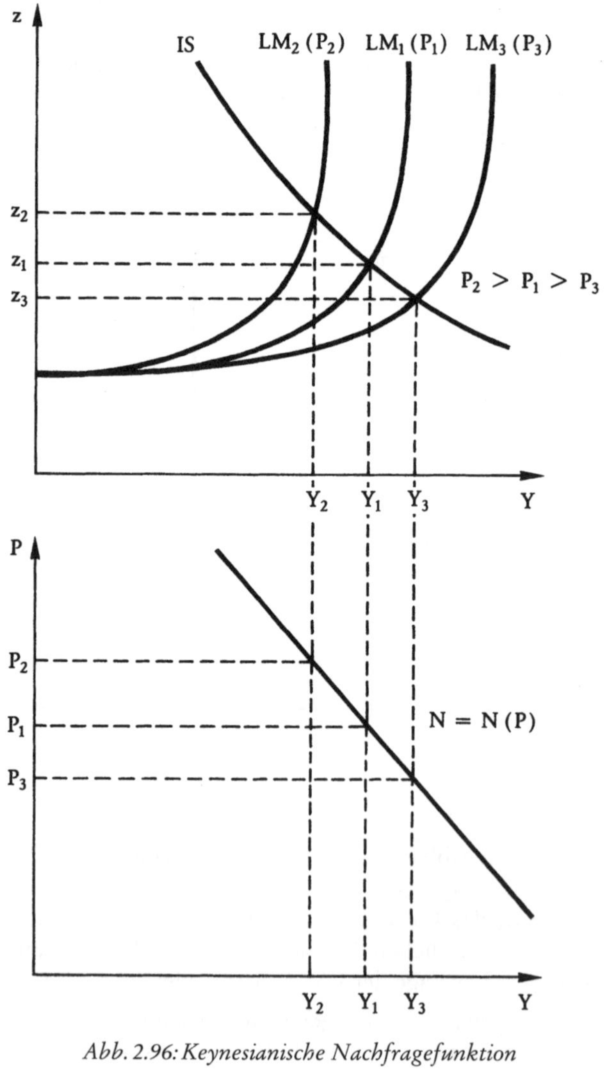

Abb. 2.96: Keynesianische Nachfragefunktion

duzierte Zinsanstieg eine Verringerung der Investitionsnachfrage. Als Folge hiervon sinkt die Gesamtnachfrage auf dem Gütermarkt. Umgekehrt geht ein Rückgang des Preisniveaus mit sinkenden Zinsen einher, woraus ein Anstieg der Investitions- und damit der Güternachfrage resultiert. Für die gesamtwirtschaftliche **Nachfragefunktion** folgt hieraus:

$$\mathbf{N = N(P)}, \quad \text{mit } \frac{dN}{dP} < 0$$

Die beschriebenen Zusammenhänge sind in Abbildung 2.96 graphisch illustriert.

Auch bei der gesamtwirtschaftlichen Nachfragefunktion kann es zu einem atypischen Verlauf kommen. Zum einen ist dies möglich, wenn der Schnittpunkt der IS-Kurve mit der LM-Kurve im Keynesschen Bereich liegt. Zum anderen gilt dies für den Fall, dass die IS-Kurve senkrecht verläuft. In beiden Extremfällen knickt dann die gesamtwirtschaftliche Nachfragefunktion bei Erreichung des jeweiligen Gleichgewichtseinkommens **senkrecht** nach unten ab.

Fügt man die Angebots- und Nachfragefunktion zusammen, so kann das **gleichgewichtige Preisniveau** (P^*) in der Volkswirtschaft ermittelt werden. In Abb. 2.97 ist das bisher verwendete Keynesianische System im 5. Quadranten um diesen Aspekt erweitert, wobei hier eine Unterbeschäftigungssituation unterstellt ist.

d. Flexibilität der Preise und Löhne

Häufig wird die Auffassung vertreten, die im Keynesianischen Modell auftretende Arbeitslosigkeit sei Folge der starren Geldlöhne. Im Folgenden soll geprüft werden, ob flexible Geldlöhne im Verein mit flexiblen Preisen stets Garant der Vollbeschäftigung sind.

Ist der Nominallohnsatz nach unten flexibel, so verläuft die Arbeitsangebotsfunktion nicht mehr teilweise horizontal, sondern durchgehend positiv, wie in Abbildung 2.98 (Seite 173) im 3. Quadranten dargestellt. Dadurch liegt der Reallohnsatz unter dem bisher gültigen Minimallohn. Die Flexibilität der Löhne und Preise impliziert darüber hinaus einen senkrechten Verlauf der gesamtwirtschaftlichen Angebotsfunktion (5. Quadrant), wodurch das gesamtwirtschaftliche Preisniveau sinkt (auf P_2^*). An dieser Stelle setzen nun zwei Überlegungen an, die in den Keynes-Effekt sowie den Pigou-Effekt münden. Diesen Effekten zufolge können in einer Keynesianischen Welt systemimmanente Kräfte wirken, die zur Vollbeschäftigung führen.

Der sog. **Keynes-Effekt** läuft auf eine Rechtsverschiebung der LM-Kurve hinaus. Ursache hierfür ist eine Deflation, wie sie während schwerer Wirtschaftskrisen auftreten kann. Das sinkende Preisniveau erhöht die reale Geldmenge, die LM-Kurve verschiebt sich nach rechts (4. Quadrant). Im IS-LM-Diagramm entsteht dadurch ein neues Gleichgewichtseinkommen (Y_{VB}^*), welches höher als der ursprüngliche Wert liegt. Die Erklärung hierfür liefert der gesunkene Zins, der eine zusätzlichen Investitionsnachfrage auslöst. Über Multiplikatorprozesse kommt es dann zur Einkommenssteigerung.

Auf dem Arbeitsmarkt weist die Arbeitsangebotsfunktion infolge der Flexibilität der Geldlöhne und Preise einen stetigen Verlauf auf (3. Quadrant). Dadurch liegt

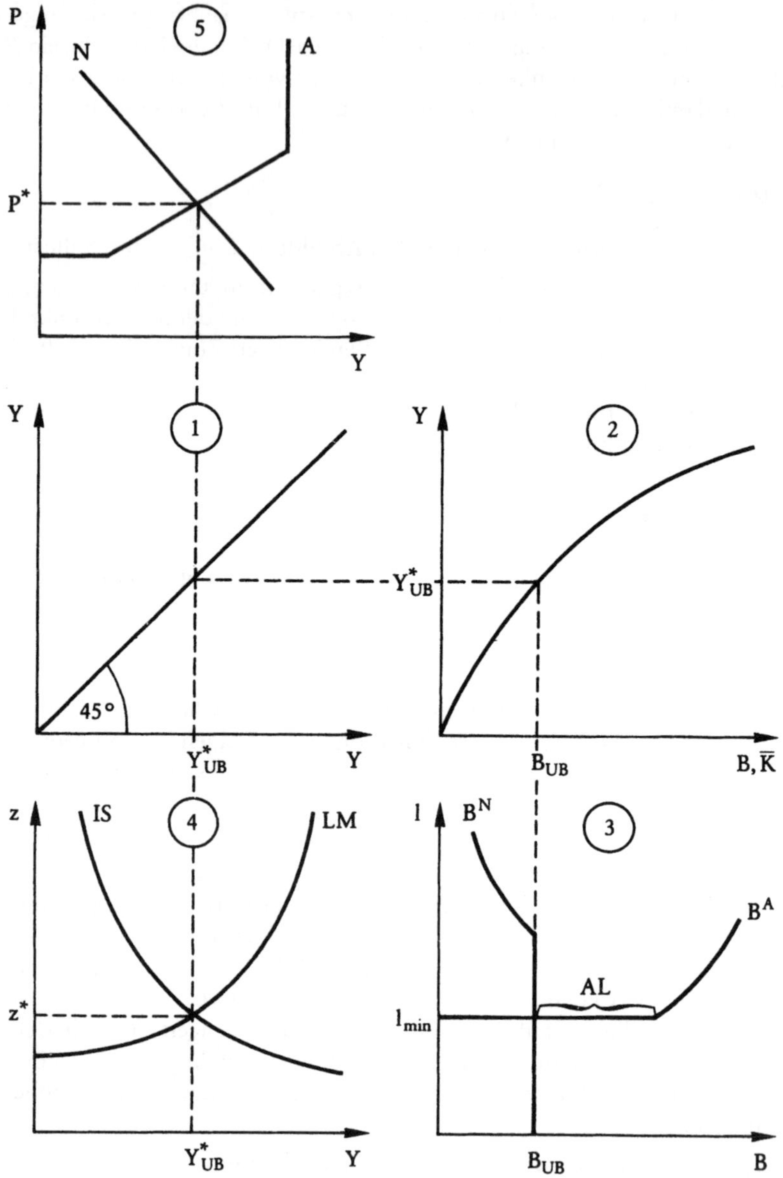

Abb. 2.97: Einbeziehung der Angebots- und Nachfragefunktion

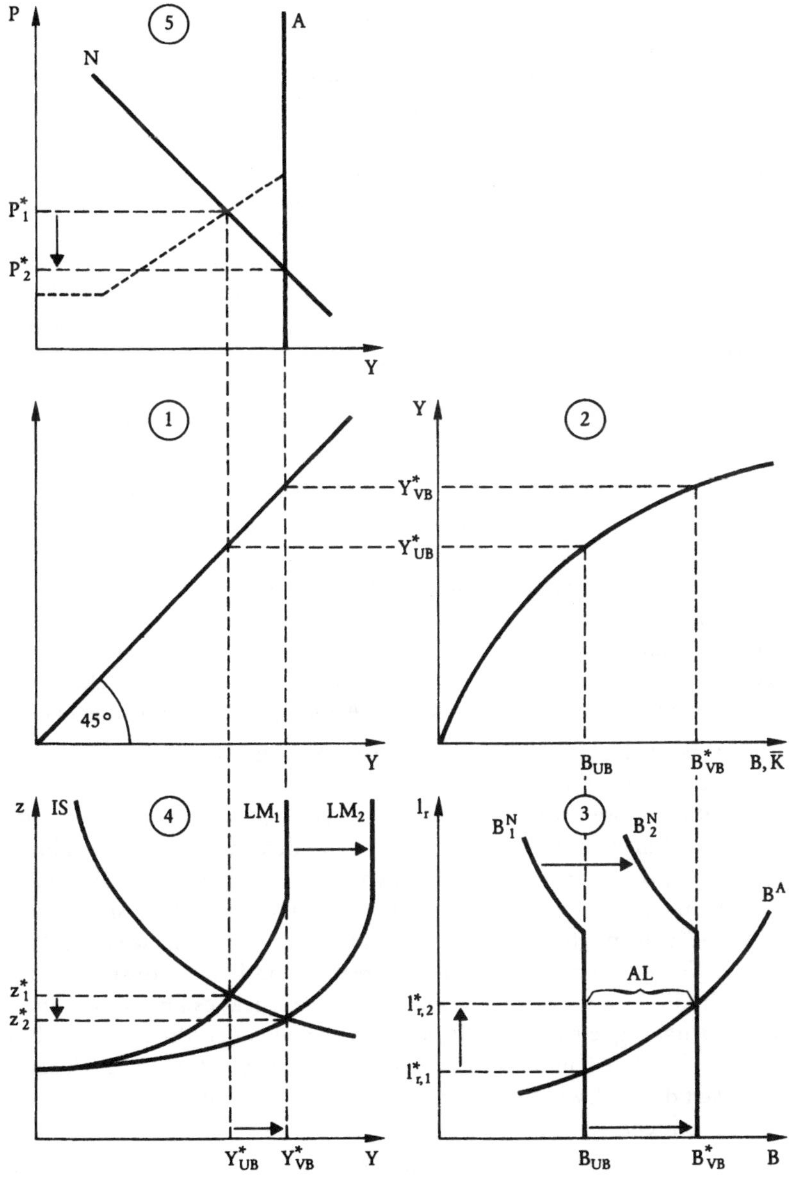

Abb. 2.98: Keynes-Effekt

der Reallohn im Ausgangspunkt auf dem Niveau $l^*_{r,1}$. Die gestiegene Güternachfrage zieht nun eine Ausweitung der Produktion und damit einen gestiegenen Bedarf an Arbeitskräften nach sich; dadurch kommt es zu einer Rechtsverlagerung der Arbeitsnachfragefunktion. Dieser Vorgang bewirkt eine Zunahme des Beschäftigungsstandes hin zur Vollbeschäftigung, d.h. die ursprünglich vorhandene Arbeitslosigkeit wird abgebaut. Der Anstieg des Reallohnsatzes (auf $l^*_{r,2}$) ist auf das sinkende Preisniveau zurückzuführen.

Das System kann offenbar von sich heraus Kräfte entwickeln, die Anpassungsvorgänge in Richtung Vollbeschäftigung in Gang setzen. Allerdings ist das Zustandekommen der Anpassungsprozesse an verschiedene Voraussetzungen geknüpft. Zum ersten darf das Ausgangsgleichgewicht nicht im Keynesschen Bereich der LM-Kurve liegen (**„Liquiditätsfalle"**). Eine hohe Liquiditätsneigung impliziert sehr niedrige Zinsen. Sinken diese trotz der Rechtsverlagerung der LM-Kurve nicht weiter ab, so unterbleiben zusätzliche Investitionen und damit Einkommenssteigerungen. Zum zweiten müssen die Investitionen auf einen Zinsrückgang reagieren. Eine geringe Investitionsneigung, die in einem sehr steilen (im Extremfall senkrechten) Verlauf der IS-Kurve ihren Ausdruck findet, lässt ebenfalls den für das Vollbeschäftigungsgleichgewicht erforderlichen Einkommensanstieg nicht zu (**„Investitionsfalle"**). Schließlich ist zu bedenken, dass die gestiegene Nachfrage inflatorisch wirken kann. Dies würde wieder zu einer Linksverschiebung der LM-Kurve führen, der ursprüngliche expansive Effekt würde also zumindest teilweise zunichte gemacht.

Eine weitere Chance zum Abbau der Arbeitslosigkeit eröffnet der sog. **Pigou-Effekt.** Danach hat die in der Rezession auftretende Deflation auch Auswirkungen auf das Vermögen der Wirtschaftssubjekte. Das Geld- oder Nominalvermögen weist, wie bereits kurz erwähnt, wegen der Preisniveausenkung einen höheren Realwert auf. Dadurch fühlen sich die Geldvermögensbesitzer „reicher" und dehnen ihre Konsumnachfrage aus. Als Folge hiervon verschiebt sich die **IS-Kurve** nach **rechts.** Auf diesem Wege kann dann – analog zum Keynes-Effekt – das Vollbeschäftigungseinkommen erreicht werden; Abbildung 2.98 gilt sinngemäß.

Die **Wirksamkeit** des Pigou-Effektes, den man auch als „Vermögenseffekt" bezeichnet, ist allerdings ebenfalls nicht immer gesichert. So stehen dem Geldvermögen der Gläubiger notwendigerweise Schulden gegenüber. Die mit Preissenkungen einhergehende Zunahme des Realwertes der Schulden kann aber dazu führen, dass die Schuldner ihre Ausgaben einschränken. Die Erhöhung der Güternachfrage kommt dann allenfalls abgeschwächt zustande. Außerdem bilden sich bei deflatorischen Tendenzen möglicherweise Erwartungen in Richtung weiterer Preissenkungen. Die Folge ist ein Rückgang der Konsum- und Investitionsgüternachfrage. Dadurch geht die Nachfrage nach Arbeitskräften zurück, es kommt zu einem Anstieg der Arbeitslosigkeit. Dieses Phänomen von sinkenden Preisen in Verbindung mit sinkenden Löhnen und damit einhergehend steigenden Arbeitslosenzahlen war in der Zeit der Weltwirtschaftskrise („große Depression" bzw. „große Deflation") zu beobachten.

Insgesamt kann festgehalten werden, dass in Gestalt des Keynes-Effekts und des Pigou-Effekts prinzipiell systemimmanente Kräfte vorhanden sind, die bei flexiblen Preisen und Geldlöhnen zur Überwindung der Unterbeschäftigung beitragen können. Die Erreichung eines Vollbeschäftigungsgleichgewichts ist jedoch nicht gesichert. Insbesondere die Existenz der Liquiditätsfalle, d.h. einer sehr hohen Liquiditätsneigung, sowie eine fehlende Zinsempfindlichkeit der Investitionen können dazu führen, dass trotz voll beweglicher Löhne und Preise die Arbeitslosigkeit bestehen bleibt. Angesichts einer derartigen Situation stellt sich die Frage, ob und inwieweit die Wirtschaftspolitik Möglichkeiten besitzt, ein Vollbeschäftigungsgleichgewicht herbeizuführen. Dies soll im letzten Teil dieses Buches geprüft werden.

Dritter Teil: Wirtschaftspolitische Konsequenzen

I. Vorbemerkungen

Wie die Klassifikation der Volkswirtschaftslehre zeigte, besteht zwischen der Wirtschaftstheorie und der Wirtschaftspolitik ein untrennbarer Zusammenhang. Der Theorie kommt die wichtige und schwierige Aufgabe zu, der Wirtschaftspolitik Handlungsanweisungen zur Erreichung wirtschaftspolitischer Ziele zu liefern.

Innerhalb des Zielbündels der Wirtschaftspolitik sind für die makroökonomische Theorie vor allem die **Stabilisierungsziele** relevant. In der Bundesrepublik Deutschland findet sich die Formulierung dieser Ziele im bereits erwähnten § 1 des Stabilitäts- und Wachstumsgesetzes. In ihm werden Bund und Länder aufgefordert, „bei ihren wirtschafts- und finanzpolitischen Maßnahmen die Erfordernisse des gesamtwirtschaftlichen Gleichgewichts zu beachten". Der Begriff des „gesamtwirtschaftlichen Gleichgewichts" wird hierbei aber nicht im Sinne der makroökonomischen Theorie als simultanes Gleichgewicht auf dem Güter-, Geld- und Arbeitsmarkt begriffen. Vielmehr sieht das Stabilitätsgesetz den Zustand des gesamtwirtschaftlichen Gleichgewichts in der Realisierung des **magischen Vierecks.** Danach sollen gleichzeitig die Stabilität des Preisniveaus, ein hoher Beschäftigungsstand und außenwirtschaftliches Gleichgewicht bei stetigem und angemessenem Wirtschaftswachstum herrschen. Hierbei werden die Preisniveaustabilität und der hohe Beschäftigungsstand als Primärziele der Stabilisierungspolitik angesehen. Die folgenden Ausführungen stellen deshalb insbesondere auf diese beiden Ziele ab. Die Behandlung des außenwirtschaftlichen Gleichgewichts ist vorwiegend Gegenstand der Außenwirtschaftstheorie und -politik, während das Wachstumsziel unter langfristigem Aspekt im Rahmen der Wachstumstheorie und -politik vertieft behandelt wird.

Angesichts der rivalisierenden theoretischen Positionen von Klassikern und Keynesianern kann es nicht überraschen, wenn die Handlungsanweisungen für die Wirtschaftspolitik unterschiedlich ausfallen. Klassisch orientierte Ökonomen empfehlen, ihrem Paradigma folgend, wirtschaftspolitische Maßnahmen, welche auf der Angebotsseite der Volkswirtschaft ansetzen. Demgegenüber erblickt die keynesianische Lehre die Ursachen für Fehlentwicklungen in einer Volkswirtschaft auf der Nachfrageseite; Konsequenterweise plädieren Keynesianer daher für eine nachfrageorientierte Wirtschaftspolitik. Auf die konkurrierenden wirtschaftspolitischen „Rezepte" soll abschließend nach etwas genauer eingegangen werden.

II. Klassischer Ansatz und angebotsorientierte Wirtschaftspolitik

1. Wirtschaftspolitik im klassischen Modell

Kennzeichnend für die klassische Theorie ist der Glaube an die **inhärente Stabilität des privaten Sektors.** Das System tendiert von sich heraus zur Übereinstimmung von Angebot und Nachfrage auf allen Märkten. Voraussetzung hierfür ist die Wirksamkeit des Preismechanismus, wozu es der vollen Flexibilität sämtlicher Güter- und Faktorpreise bedarf. Hierauf basiert das Saysche Theorem, demzufolge auf Dauer eine allgemeine Überproduktion in der Volkswirtschaft nicht möglich ist. Dem Geld messen die Klassiker keinerlei Bedeutung für die Geschehnisse im realen Sektor zu, Geld ist neutral. Schematisch dargestellt, ruht das klassische Gedankengebäude auf drei Säulen:

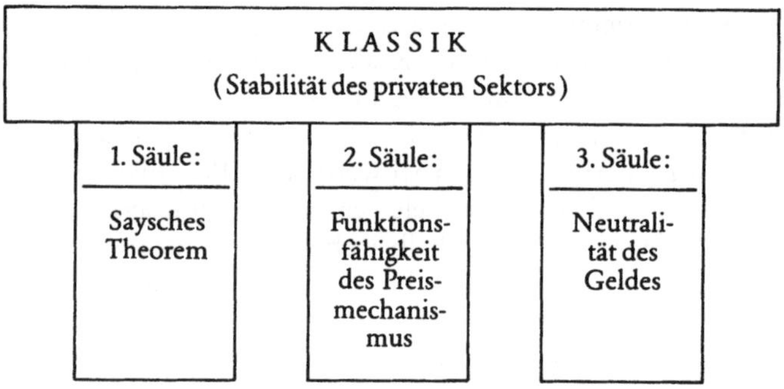

Abb. 3.1: Die „Säulen“ der Klassik

Aus diesen konstituierenden Elementen folgen die wirtschaftspolitischen Konsequenzen. Da das klassische System von innen heraus zu Gleichgewichtszuständen auf allen Märkten neigt, bedarf es zur Steuerung der Abläufe in der Volkswirtschaft prinzipiell keinerlei korrigierender Eingriffe durch den Staat. Dem **Interventionismus** wird eine **Absage** erteilt, die Prozesspolitik ist grundsätzlich überflüssig.

Wenngleich in der Neutralität des Geldes zum Ausdruck kommt, dass Beschäftigung und Produktion auf Änderungen der Geldmenge nicht reagieren, so ist die **Geldpolitik** deshalb keineswegs bedeutungslos. Die Quantitätsgleichung verdeutlichte den proportionalen Zusammenhang zwischen Geldmenge und Preisniveau, wenn gegebene Zahlungsgewohnheiten und ein konstanter Output angenommen werden. In einer wachsender Wirtschaft führt eine Geldmengenausweitung jedoch nur dann zu Inflation, wenn bei unveränderter Umlaufgeschwindigkeit das Geldmengenwachstum über der Zuwachsrate der Produktion liegt. Der Geldpolitik fällt somit die Aufgabe der **Stabilisierung des Preisniveaus** zu. Die Stabilität des Preisniveaus garantiert die Erhaltung der Allokationsfunktion des Preismechanismus und damit die Funktionsfähigkeit einer Marktwirtschaft schlechthin. Damit trägt die Geldpolitik einen **ordnungspolitischen** Charakter. Verantwortlich für die Geldmengenentwicklung ist die Zentralbank. Sie sollte zur Erfüllung ihrer bedeutsamen gesamtwirtschaftlichen Aufgabe der Währungssicherung mit einem möglichst hohen Grad an **Autonomie** ausgestattet sein.

Die Hauptaufgabe der Wirtschaftspolitik liegt in einer klassisch funktionierenden Wirtschaft neben der Preisniveaustabilisierung in der Aufrechterhaltung des Preismechanismus. Auf dem Gütermarkt hat hierfür in erster Linie die **Wettbewerbspolitik** zu sorgen. Dazu muss es ihr gelingen, Marktmacht generell zu verhindern bzw. zu beseitigen. Dadurch soll die Beweglichkeit der Güterpreise aufrechterhalten werden, woraus die Unternehmer Signale für die jeweilige Produktionsrichtung und damit die Allokation der Produktionsfaktoren erhalten. Nur so ist es möglich, dass die im Rahmen des Sayschen Theorems auftretenden partiellen Überschüsse bzw. Defizite lediglich kurzfristiger Natur sind.

Bezüglich des Arbeitsmarktes tritt die Aufrechterhaltung des Preismechanismus in Gestalt von nach unten flexiblen Nominallöhnen zutage. Damit kommt der **Lohnpolitik** entscheidende Bedeutung für die Vollbeschäftigung zu. Da der Arbeitsmarkt in der Realität kein vollkommenes Polypol, sondern ein bilaterales Monopol ist, wo sich Arbeitgeber und Arbeitnehmer in organisierter Form gegenüberstehen, sind gemäß des klassischen Modells die Gewerkschaften in besonderem Maße für die Erreichung eines hohen Beschäftigungsgrades verantwortlich.

Daneben hat der Staat entsprechend der Idee des Liberalismus die Freiheitsrechte der Individuen zu sichern. Zur freien Entfaltung der Privatinitiative des einzelnen Wirtschaftssubjektes gehören etwa das Recht auf Privateigentum und dessen freie Verfügung sowie das Recht auf Freiheit des Vertragsabschlusses. Die **Rahmenbedingungen** sollten grundsätzlich so ausgestaltet sein, dass sie die Erbringung wirtschaftlicher Leistung fördern, und nicht behindern.

Die genannten Bereiche der Wirtschaftspolitik verdeutlichen die für das klassische Denken typische Betonung der **Ordnungspolitik.** Sie sollte durch die Schaffung eines entsprechenden Datenkranzes den Schwerpunkt der Wirtschaftspolitik bilden. Die Prozesspolitik ist angesichts der inhärenten Stabilität des privaten Sektors im Grunde überflüssig. Damit entfällt für den Staat auch die Aufgabe, vorübergehend defizitfinanzierte Ausgaben zu tätigen – eine Aktivität, die der Keynesianismus später explizit forderte.

2. Monetarismus und angebotsorientierte Wirtschaftspolitik

Spätestens die im Zuge der Weltwirtschaftskrise eingetretenen Ergebnisse des Wirtschaftsprozesses erschütterten den bis dahin vorherrschenden Glauben an die klassische Wirtschaftstheorie und die damit verbundenen Implikationen für die Wirtschaftspolitik. Vor diesem historischen Hintergrund formulierte J. M. Keynes seine Theorie, deren wirtschaftspolitische Bedeutung noch behandelt wird.

Wenngleich Keynesianische Gedanken in der damaligen Zeit rasch Eingang in die praktische Wirtschaftspolitik fanden, gab es weiterhin Ökonomen, die der Stabilität des privaten Sektors vertrauten. Allerdings vergingen rund dreißig Jahre, bis klassische Ideen unter dem – eigentlich bereits durch die wissenschaftlichen Arbeiten des ausgehenden 19. Jahrhunderts belegten – Etikett der **Neoklassik** wieder verstärkt in der Öffentlichkeit auf Beachtung stießen. Insbesondere das Inflationsproblem führte zu einer Rückbesinnung auf die Arbeiten der Klassiker. Es war vor allem M. Friedman, der seit den sechziger Jahren des 20. Jahrhunderts mit seiner „Neoquantitätstheorie" dem klassischen Denken zu einer Renaissance verhalf.

Die Neoklassiker sehen die auf Interventionen ausgerichtete Keynesianische Wirtschaftspolitik als hauptverantwortlich für die Instabilitäten des Wirtschaftsprozesses an. Infolge der diskretionären Eingriffe des Staates in den Wirtschaftsablauf kommt es insbesondere in zeitlicher Hinsicht zu nicht vorhersehbaren Reaktionen der Marktteilnehmer. Diese **time lags** verursachen bzw. verstärken Fehlentwicklungen in der Volkswirtschaft. Den zentralen Aktionsparameter der Wirtschaftspolitik sehen Neoklassiker in der **Geldmenge,** deren Entwicklung durch die Wirtschaftspolitik zu **verstetigen** ist. Daher trägt diese Strömung auch die Bezeichnung **„Monetarismus".** Sie versteht sich als „Konterrevolution" auf die „Keynesianische Revolution". Gefordert wird eine im Zeitablauf konstante Zuwachsrate der Geldmenge, die an der Zunahme des Produktionspotenzials zu orientieren ist. Damit weist diese sog. **„Geldmengenregel"** typische Züge einer langfristig ausgerichteten wirtschaftspolitischen Konzeption auf.

In einem konstanten und knappen Geldmengenanstieg erblicken die Neoklassiker die entscheidende Vorbedingung für die Wiedergewinnung und Erhaltung der Preisniveaustabilität, die ihrerseits die langfristig entscheidende Voraussetzung für Vollbeschäftigung und ein stabiles Wirtschaftswachstum darstellt. Um die Geldmenge in gewünschter Weise steuern zu können, ist insbesondere eine **außenwirtschaftliche Absicherung** erforderlich. Bei festen Wechselkursen besteht für eine Zentralbank die Verpflichtung, unter Umständen große Mengen an Devisen ankaufen zu müssen, was eine entsprechende Zentralbankgeldschöpfung bedeutet. Zur Vermeidung einer unerwünschten Geldschaffung plädieren Monetaristen deshalb für ein System **flexibler Wechselkurse,** in dem keine Interventionspflicht existiert.

Hinsichtlich der Wirkungen von Geldmengenveränderungen ist nach monetaristischer Ansicht zwischen kurz- und langfristigen Effekten zu unterscheiden. Eine Geldmengenvariation stört kurzfristig das Vermögensgleichgewicht der Wirtschaftssubjekte. Dies setzt Anpassungsprozesse in Gang, im Zuge derer die Vermögensstruktur eine Veränderung erfährt. Da das Gesamtvermögen sowohl Nominal- als auch Realvermögen enthält, beeinflusst eine Veränderung der Geldmenge den güterwirtschaftlichen Sektor, d.h. die Höhe von Produktion und Beschäftigung. Die komplizierten Substitutionsvorgänge innerhalb des Gesamtvermögens werden durch eine Veränderung der relativen Preise und Erträge der Aktiva hervorgerufen. Daher spricht man auch von der „Theorie der relativen Preise", die insbesondere auf K. Brunner zurückgeht.

Entgegen der klassischen Theorie ist Geld damit nicht mehr neutral, da es Auswirkungen auf die Preisrelationen in der Wirtschaft hat. Diese Aussage gilt jedoch nur für die kurze Frist. Auf längere Sicht kommt es zu Rückkoppelungsprozessen, im Gefolge derer die ursprünglichen Verhältnisse im realen Sektor wiederhergestellt werden. Einzig das Preisniveau passt sich langfristig der Geldmengenentwicklung an. So kann z.B. ein Geldmengenzuwachs vorübergehend zu einem Anstieg des

Outputs und der Beschäftigung führen, langfristig bewirkt er aber nur eine Erhöhung des Preisniveaus. **Inflation** ist damit ein ausschließlich **monetäres Phänomen.** Insoweit ist die klassische Dichotomie langfristig nach wie vor gültig.

Der **Staat** hat nach monetaristischer Auffassung nicht die Aufgabe, stabilisierend in den Wirtschaftsprozess einzugreifen. Er hat vielmehr primär die Wirtschaftssubjekte in angemessener Weise mit öffentlichen Gütern zu versorgen. Die Beeinflussungsmöglichkeiten der Wirtschaft durch die Fiskalpolitik werden von monetaristischer Seite ohnehin als gering veranschlagt. Im Vergleich zu Maßnahmen der Geldpolitik, die in eine Änderung der Geldmenge münden („monetärer Impuls"), zeitigen Variationen der Staatseinnahmen und Staatsausgaben („fiskalischer Impuls") nur geringe Wirkungen auf die wirtschaftliche Aktivität. Dieser Tatbestand ist Inhalt der sog. **„Dominanzhypothese"**, deren Gültigkeit die Monetaristen in zahlreichen empirischen Arbeiten nachzuweisen versuchten.

Bis in die siebziger Jahre hinein verengte sich die Weiterentwicklung der klassischen Theorie vor allem auf die Betrachtung der Rolle des Geldes in der Volkswirtschaft. Seitdem erleben klassische Gedanken jedoch auf wesentlich breiterer Basis eine Wiederentdeckung, die unter dem Etikett der **„angebotsorientierten Wirtschaftspolitik"** bekannt wurden. Den Hintergrund bildeten neben der aufkeimenden Inflation vor allem rückläufige Wachstumsraten der Produktion sowie ein drastischer Anstieg der Arbeitslosenzahlen. Die entscheidenden Ursachen hierfür wurden in Fehlentwicklungen auf der Angebotsseite erblickt. Genannt werden insbesondere ein „falsches" Steuersystem, bürokratische Überregulierungen, zu weitgehende soziale Sicherungssysteme oder zu hohe Arbeitskosten. Derartige Gegebenheiten ziehen die Erlahmung der Sachkapitalbildung in der Volkswirtschaft sowie Starrheiten auf den Märkten nach sich. In diesem Zusammenhang ist auch das gestiegene Anspruchsdenken bei Verteilungsauseinandersetzungen zu erwähnen.

Theoretischer Hintergrund dieser wirtschaftspolitischen Konzeption, die vor allem in den Vereinigten Staaten, England und der Bundesrepublik Deutschland auf Akzeptanz stieß, ist letztlich das bekannte Saysche Theorem in Verbindung mit Schumpeters Theorie der wirtschaftlichen Entwicklung. Die Aussage des Sayschen Theorems kommt beispielsweise in einer Äußerung des Sachverständigenrates zur Begutachtung der gesamtwirtschaftlichen Entwicklung deutlich zum Ausdruck: „Die dauerhaften Impulse für wirtschaftliche Tätigkeit müssen jedoch von der einzelwirtschaftlichen Basis ausgehen, von der unternehmerischen Nutzung rentabel erscheinender Produktionschancen. Dabei wird Arbeit nachgefragt und Einkommen geschaffen, woraus dann Nachfrage nach Gütern entsteht. Im Zusammenspiel der Vielen schafft so das Angebot seine Nachfrage" (Jahresgutachten 1977/78, Ziffer 241). Partielle Ungleichgewichte sind denkbar, jedoch nur vorübergehender Natur. Langfristig ist nicht mit einer allgemeinen Überproduktion zu rechnen.

Ebenso wie die Klassiker gehen auch angebotsorientierte Ökonomen von langfristig **unbegrenzten Bedürfnissen** der Wirtschaftssubjekte aus. Das Wachstums- und Beschäftigungsproblem ist nach ihrer Auffassung nicht auf eine allgemeine Sättigung und damit auf einen Nachfragemangel zurückzuführen. Vielmehr sollten die **Angebotsbedingungen verbessert** werden, um eine Zunahme von Produktion und Beschäftigung herbeizuführen. Daraus folgen die Implikationen einer angebotsorientierten Wirtschaftspolitik. Sie hat den Abbau vorhandener Produktionshemmnisse zum Ziel, wodurch neue Bedürfnisse geweckt werden sollen.

Die Weckung neuer Bedürfnisse setzt die Einführung neuer Produkte voraus. Hier sind die Unternehmer gefordert, innovative Aktivitäten zu entfalten. Notwendig ist das Auftreten von sog. **„Pionierunternehmern“**, wie sie von J.A. **Schumpeter** charakterisiert wurden. Sie stellen das eigentliche dynamische Element des volkswirtschaftlichen Entwicklungsprozesses dar. Mit grundlegend neuen Erfindungen und Entdeckungen erschließen diese Unternehmer neue Märkte, in die dann alsbald weitere Anbieter als „Nachahmer“ („gemeine Wirte“) vorstoßen. Dieser sog. Diffusionsprozess bildet die Grundlage für eine Erhöhung des gesamtwirtschaftlichen Outputs und die Schaffung neuer Arbeitsplätze. Der Wirtschaftspolitik kommt hierbei die Aufgabe zu, ein innovationsfreundliches Klima zu schaffen. Insbesondere sind administrative Hemmnisse, welche die Forschungs- und Entwicklungstätigkeit behindern, zu beseitigen. Durch eine entsprechende Förderpolitik ist die schöpferische Kraft der Unternehmer zu stärken, was etwa über Erleichterungen von Existenzgründungen bewirkt werden kann. Formal kommt es dadurch zu der in Abbildung 2.86 beschriebenen Verschiebung der Produktionsfunktion nach oben mit den einhergehenden positiven Auswirkungen auf Wachstum, Beschäftigung und Reallöhne.

Darüber hinaus gilt es, Hemmnisse für die bereits laufende Produktion abzubauen. So sollten im Zuge der **Deregulierung** staatliche Vorschriften aller Art auf ihre Notwendigkeit hin überprüft werden, steuer- und ausgabenpolitische Regelungen sind leistungsfördernd zu gestalten. Auch sollte das in einem modernen Wohlfahrtsstaat anzutreffende Sicherheits- und Anspruchsdenken von den Beteiligten überdacht werden. Derartige Maßnahmen laufen auf die **Schaffung neuer Rahmenbedingungen** für die Wirtschaft und Gesellschaft hinaus. Sie zielen im Kern auf eine **Stärkung der privaten Investitionstätigkeit** ab. Hierzu gehört auch eine zurückhaltende Lohnpolitik, die kostenniveauneutral sein sollte. Außerdem ist der zunehmenden Angleichung der Einkommen in den unterschiedlichen Lohn- und Gehaltsgruppen entgegenzutreten.

Der Rückzug des Staates wird von Seiten der angebotsorientierten Ökonomen jedoch nicht nur in bürokratischer Hinsicht gefordert. Vielmehr sollten der Staatsanteil sowie Defizite reduziert werden. Auch der Abbau von Subventionen sowie Steuersenkungen gehören in den Forderungskatalog, wobei eine leistungsfördernde Korrektur des Steuersystems zugunsten der indirekten Steuern anzustreben ist. Die öffentliche **Haushaltspolitik** sollte eine Verstetigung der Einnahmen und Ausgaben zum Ziel haben.

Zusammenfassend lässt sich festhalten, dass in strategischer Hinsicht sowohl der Staat als auch die Zentralbank eine **Verstetigung** ihrer am Wachstum des **Produktionspotenzials** ausgerichteten Politik betreiben sollten. Dabei hat die Geldpolitik unter Anwendung der monetaristischen Geldmengenregel für ein stabiles Preisniveau zu sorgen. Mit dieser Strategie wird die Absicht verbunden, die Erwartungen aller am Wirtschaftsprozess Beteiligten zu stabilisieren. Die beschriebenen Maßnahmen sollten nach Ansicht der Angebotstheoretiker und -politiker durch eine wirksame **Wettbewerbspolitik** unterstützt werden, wozu es gegebenenfalls einer geänderten Ausgestaltung der Wettbewerbsgesetzgebung bedarf. Ein funktionsfähiger Wettbewerb ist die entscheidende Voraussetzung für das Spiel der relativen Preise, ohne welches das Saysche Theorem nicht zum Tragen kommt.

III. Keynesianischer Ansatz und nachfrageorientierte Wirtschaftspolitik

Bereits an anderer Stelle wurden die Hintergründe des Paradigmawechsels in der makroökonomischen Theorie beleuchtet. Die schwere Depression der Jahre 1929 bis 1933 forderte ein Überdenken der klassischen Theorie geradezu heraus. Deren Prämissen waren in der Realität nicht mehr erfüllt. Vor allem die in den zwanziger Jahren verstärkt aufgekommenen Monopolisierungs- und Kartellierungstendenzen setzten den Wettbewerb mehr und mehr außer Kraft. Damit stürzte eine entscheidende Säule, auf der die Stabilität des privaten Sektors ruht, ein.

Mit Blick auf die damaligen aktuellen Geschehnisse bezweifelte Keynes verständlicherweise die von klassischer Seite unterstellte Stabilität des privaten Sektors. Stattdessen ging er von einer **inhärenten Instabilität** eines marktwirtschaftlichen Wirtschaftssystems aus. Insbesondere die im realen Sektor angesiedelte Grenzleistungsfähigkeit des Kapitals sowie die dem monetären Sektor zugehörige Liquiditätsneigung erweisen sich aus Keynesianischer Sicht als instabile Größen. Der klassischen Vorstellung voll flexibler Preise und Löhne stellt die Keynesianische Theorie empirisch beobachtbare Preis- und Lohnstarrheiten gegenüber. Sie behindern die Funktionsfähigkeit des Sayschen Theorems. Schließlich steht die Existenz einer Spekulationskasse der Neutralität des Geldes im Wege. Als Folge des Auftretens dieser Faktoren kommt es bei der Nachfrage nach Waren und Diensten zu zyklischen Schwankungen, die zu Fehlentwicklungen des Outputs, der Beschäftigung und des Preisniveaus führen.

Daraus ergibt sich unmittelbar die Stoßrichtung einer Keynesianisch ausgerichteten Wirtschaftspolitik. Ihr fällt die Aufgabe zu, die **Schwankungen** der **privaten Nachfrage** zu **glätten.** Die Einflussnahme auf die gesamtwirtschaftliche Güternachfrage bezeichnet man auch als **„Globalsteuerung“** oder **„demand management“.** Die gesamtwirtschaftliche Nachfrage hat einen kurzfristigen Charakter; folglich kann sie kurzfristig starken Veränderungen unterworfen sein. Daher handelt es sich bei der Keynesianischen Wirtschaftspolitik um eine **kurzfristig** angelegte Strategie. Angesichts der Tatsache, dass hierbei die Steuerung der Nachfrage im Zentrum steht, spricht man auch von einer **nachfrageorientierten Wirtschaftspolitik.**

Die Steuerung der Nachfrage kann prinzipiell auf zwei Wegen geschehen. Entweder beeinflussen die Wirtschaftpolitiker die gesamtwirtschaftliche Nachfrage auf **indirekte** Weise, indem sie mithilfe geeigneter Maßnahmen die private Nachfrage zu steuern versuchen. Oder aber sie variieren ihre eigene Nachfrage, betreiben also eine **direkte** Nachfragesteuerung. Als entscheidende Bereiche der Wirtschftspolitik rücken damit die **Geldpolitik** und die **Fiskalpolitik** in den Vordergrund. Die Geldpolitik hat die Beeinflussung der zinsabhängigen Ausgaben des privaten Sektors zum Ziel. Mit ihrer Zinspolitik wirkt sie allerdings nur indirekt auf die Güternachfrage ein. Demgegenüber kann die Fiskalpolitik sowohl indirekt (z. B. über Steuersätze) als auch direkt (staatliche Güterkäufe) die Nachfrage beeinflussen. Es ist daher zu erwarten, dass Keynesianer der Fiskalpolitik größere Erfolgschancen einräumen als der Geldpolitik. Der analytisch fundierten Beurteilung dieser beiden Politikbereiche gilt abschließend das Interesse. Als theoretischer Rahmen dient hierfür das bekannte IS-LM-Diagramm; von außenwirtschaftlichen Beziehungen wird abstrahiert.

1. Möglichkeiten und Grenzen der Fiskalpolitik

Die von der öffentlichen Hand betriebene Fiskalpolitik konkretisiert sich in einer Variation der Staatseinnahmen und Staatsausgaben zum Zwecke der Steuerung der gesamtwirtschaftlichen Nachfrage. Der Einsatz der Fiskalpolitik hat nach Keynesianischer Auffassung **antizyklisch** zu erfolgen. Befindet sich die Volkswirtschaft in einer rezessiven Konjunkturphase, so muss der Staat eine **expansive** Politik betreiben. Dies kann über eine Erhöhung der Staatsausgaben sowie durch Steuersenkungen, welche die private Nachfrage beleben sollen, geschehen. Formal bewirkt diese Politik eine Verlagerung der **IS-Kurve nach rechts.** Umgekehrt ist in einer Boomphase eine **restriktive** Fiskalpolitik angezeigt. Hier gilt es, die überschäumende Nachfrage einzudämmen. Möglich ist dies prinzipiell durch Ausgabenkürzungen und Steuererhöhungen. Dadurch kommt es im Hicks-Hansen-Diagramm zu einer **Linksverschiebung der IS-Kurve.**

Die Auswirkungen des Einsatzes der antizyklischen Fiskalpolitik hängen allerdings entscheidend von der konjunkturellen Ausgangssituation ab. Befindet sich die Wirtschaft in einer **Rezession** (Abb. 3.2), so bewirkt die expansive Fiskalpolitik, z. B. in Form einer Erhöhung der autonomen Staatsausgaben, eine Rechtsverschiebung der IS-Kurve innerhalb des Keynesschen Bereichs der LM-Kurve (in Quadrant 4 von IS_1 nach IS_2). Zur Finanzierung der Ausgaben kann der Staat auf bestehende Haushaltsüberschüsse zurückgreifen. Die erhöhten Staatsausgaben ziehen einen Einkommensanstieg nach sich. Dies hat Rückwirkungen auf den monetären Sektor, denn ein höheres Einkommen erfordert eine höhere Transaktionskasse. Da man sich im Bereich der Liquiditätsfalle befindet, kann das erforderliche Geld aus der Spekulationskasse freigesetzt werden, ohne dass der Zins steigt.

Die gestiegene Güternachfrage birgt grundsätzlich die Gefahr von Inflation in sich. Für den im Keynesschen Bereich vorliegenden Fall von unterausgelasteten Kapazitäten (d. h. die Angebotsfunktion verläuft parallel zur Abszisse) bleibt das Preisniveau jedoch unverändert (Quadrant 5). Auf dem Keynesianischen Arbeitsmarkt (Quadrant 3) verschiebt sich die Funktion der Arbeitsnachfrage infolge der gestiegenen Güternachfrage nach rechts; dadurch steigt die Beschäftigung. Das Ausmaß des Einkommens- und Beschäftigungseffekts hängt dabei von den Funktionsverläufen (Steigung und Lage) sowie von der Höhe der zusätzlichen Staatsnachfrage ab.

Schematisch ergibt sich somit für eine expansive Fiskalpolitik in einer Rezession die in Abbildung 3.3 dargestellte Wirkungskette.

Betreibt der Staat in **„normalen" Konjunkturphasen** eine expansive Fiskalpolitik, dann fällt der Einkommens- und damit Beschäftigungseffekt schwächer aus. Hier schneidet die IS-Kurve die LM-Kurve im Zwischenbereich (vgl. Abb. 3.4; auf die Darstellung der übrigen Quadranten wurde verzichtet). Seine Erklärung findet

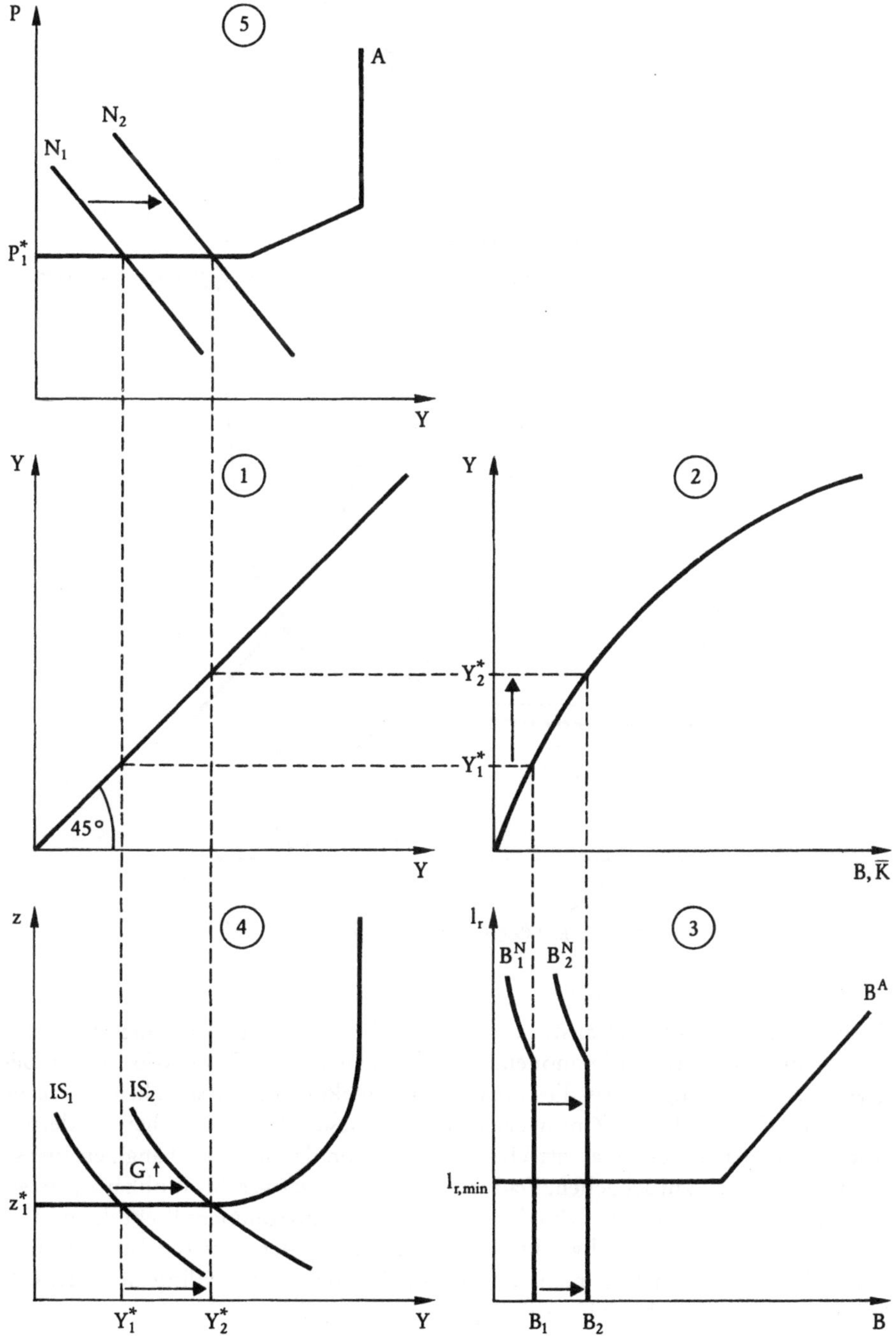

Abb. 3.2: Expansive Fiskalpolitik im Keynesschen Bereich

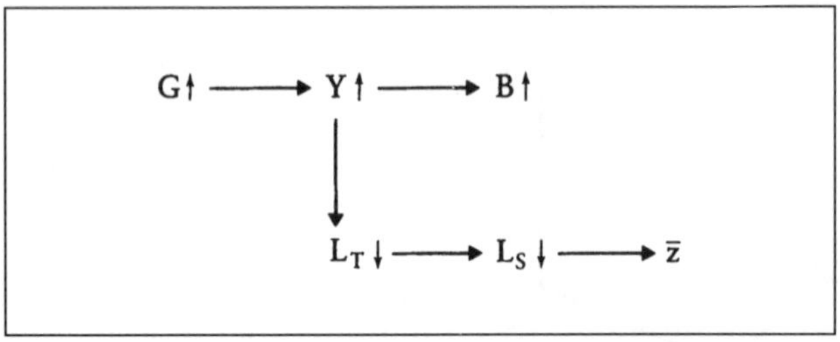

Abb. 3.3: Schematische Wirkung einer expansiven Fiskalpolitik im Keynesschen Bereich

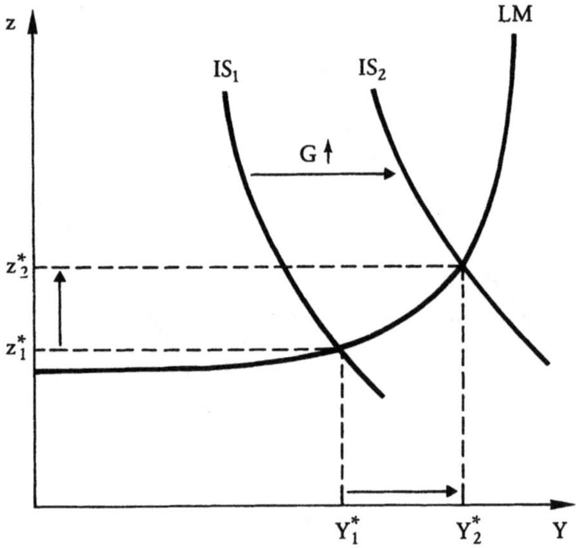

Abb. 3.4: Crowding-out-Effekt

dieser Sachverhalt im Zinsanstieg. Aufgrund der Nachfrageerhöhung steigt das Einkommen; dies bedingt im monetären Sektor eine höhere Transaktionskasse. Bei gegebener Geldmenge muss dies zulasten der Spekulationskasse gehen, wozu es allerdings eines höheren Zinsniveaus bedarf. Dieser Zinsanstieg hat wiederum Rückwirkungen auf den realwirtschaftlichen Sektor, da die zinsabhängigen Investitionen nunmehr zurückgehen. Dadurch wird ein negativen Multiplikatorprozeß in Gang gesetzt, der den ursprünglichen expansiven Einkommenseffekt der gestiegenen Staatsausgaben abschwächt. Die Verdrängung der privaten Investitionen durch den Staat bezeichnet man auch als zinsbedingten **„crowding-out-Effekt"**. Schematisch ergibt sich die Darstellung in Abbildung 3.5.

Sofern der Staat seine Ausgaben durch Kreditaufnahme bei der Zentralbank finanziert, wird die Expansionswirkung verstärkt. Denn die Aufnahme von Krediten führt zu einer Erhöhung der Geldmenge. Dadurch verlagert sich die LM-Kurve nach rechts, wodurch die Zinssenkung stärker ausfällt. Auf eine genauere Erörterung der Implikationen alternativer Finanzierungsformen eines Defizits soll jedoch nicht näher eingegangen werden.

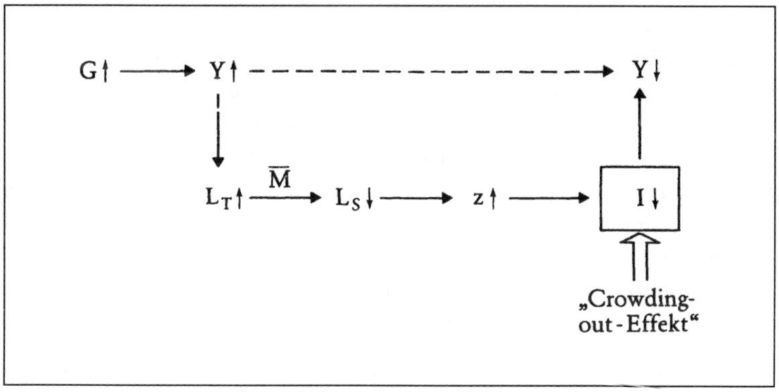

Abb. 3.5: Expansive Fiskalpolitik im Zwischenbereich

Umgekehrt erfordert eine **Boomphase** den Einsatz einer restriktiven Fiskalpolitik. In der Situation einer Hochkonjunktur liegt der Schnittpunkt der güter- und geldwirtschaftlichen Gleichgewichtskurven im klassischen Bereich der LM-Kurve (Abb. 3.6). Durch Kürzungen staatlicher Ausgaben bzw. Steuererhöhungen (Verschiebung der IS-Kurve nach links) sinkt der Zins. Daraufhin steigt die private Investitionsnachfrage; sie tritt an die Stelle der staatlichen Nachfrage, so dass sich lediglich die Struktur, nicht aber das Volumen der gesamtwirtschaftlichen Nachfrage verändert. Die Bekämpfung konjunktureller Überhitzungserscheinungen mithilfe

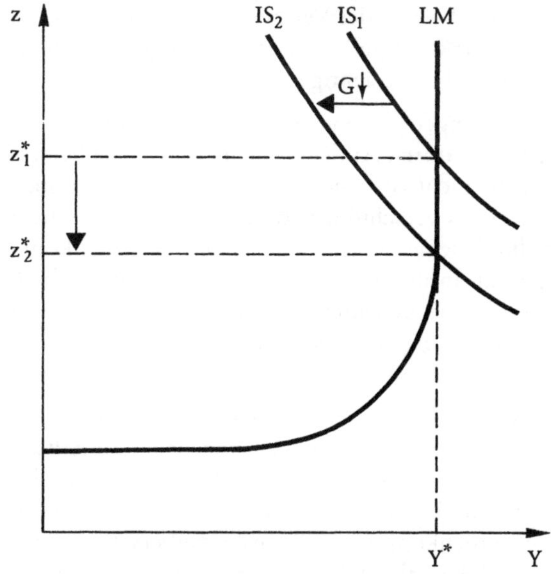

Abb. 3.6: Restriktive Fiskalpolitik im klassischen Bereich

der staatlichen Einnahmen- und Ausgabenpolitik erscheint offenbar nicht erfolgversprechend.

Die theoretischen Betrachtungen haben gezeigt, dass die **Effizienz der Fiskalpolitik** in erster Linie von der konjunkturellen Ausgangssituation abhängt. In der Rezession sind die Erfolgsaussichten zur Ankurbelung der Volkswirtschaft günstig; die Eindämmung einer Hochkonjunktur erscheint jedoch mithilfe staatlicher Maßnahmen kaum möglich. Analytisch stehen hinter diesen unterschiedlichen Konjunktursituationen die alternativen Bereiche der **LM-Kurve.** Ihre Neigung wird von der **Liquiditätsneigung** (l') sowie der **Umlaufgeschwindigkeit des Geldes** (V) determiniert. Weisen diese beiden Steigungsparameter hohe Werte auf, so verläuft die LM-Kurve flach; dies begünstigt die Fiskalpolitik. Umgekehrt bedingen niedrige Werte von l' und v einen steilen Verlauf der LM-Kurve; diese Parameterkonstellation steht einer erfolgreichen Fiskalpolitik im Wege.

Daneben spielt die Steigung der **IS-Kurve** eine wesentliche Rolle für die Wirksamkeit der Fiskalpolitik. Eine Verschiebung der IS-Kurve bewirkt grundsätzlich einen umso stärkeren Einkommenseffekt, je steiler die IS-Kurve verläuft. Dahinter verbergen sich eine hohe **marginale Sparneigung** (s') bzw. eine niedrige **Zinsreagibilität der Investitionen** (z'). Es leuchtet unmittelbar ein, dass dann die privaten Investoren kaum auf Zinsänderungen reagieren, so dass der crowding-out-Effekt abgeschwächt wird. Umgekehrt steht ein flacher Verlauf der IS-Kurve, der ein niedriges s' bzw. ein hohes z' impliziert, der Effizienz der Fiskalpolitik entgegen.

Zu bedenken sind weiterhin die Konsequenzen einer Veränderung des **Preisniveaus.** Bei einer expansiven Fiskalpolitik steigen im Zuge der Nachfrageausweitung die Preise. Dies gilt zumindest dann, wenn die Wirtschaft in den Bereich beginnender Kapazitätsengpässe eintritt, d.h. die gesamtwirtschaftliche Angebotsfunktion ansteigt. Die Folge des Preisniveauanstiegs ist ein Rückgang der realen Geldmenge bzw. des Realwertes des Vermögens. Dadurch werden der **Keynes-Effekt** bzw. der **Pigou-Effekt** ausgelöst. Diese Vermögenseffekte können die Wirksamkeit der Fiskalpolitik beeinträchtigen.

Die bisherigen Überlegungen gingen davon aus, dass der Staat die in der Rezession erforderlichen Ausgaben durch Auflösung von Haushaltsüberschüssen finanziert. Sollten derartige Mittel nicht vorhanden sein, so darf sich der Staat nach Keynesianischer Ansicht durchaus verschulden. Eine Rückzahlung scheint insofern möglich, als der Staat durch seine zusätzlichen Ausgaben einen konjunkturellen Aufschwung in Gang setzt, in dessen Gefolge die Einkommen, die Umsätze und die Beschäftigung steigen. Dies bedeutet für den Staat höhere Steuereinnahmen und rückläufige Ausgaben für die Arbeitslosenversicherung. Das Haushaltsdefizit finanziert sich auf diese Weise automatisch von selbst.

Damit rückt die Keynesianische Theorie grundlegend vom klassischen Postulat des **jährlichen Budgetausgleichs** ab. Stattdessen wird ein Haushaltsausgleich über den **gesamten Konjunkturzyklus** hinweg angestrebt. In der Rezession entstehen hierbei Haushaltsdefizite durch Ausgabenerhöhungen und Steuersenkungen. Dagegen sind in Zeiten der Hochkonjunktur Haushaltsüberschüsse zu bilden, die aus Steuererhöhungen und Ausgabenkürzungen resultieren. Mit dieser **antizyklischen Strategie** sollen die Konjunkturausschläge geglättet werden. Das fallweise, im freien Ermessen des Staates liegende Eingreifen in den Wirtschaftsprozess wird auch als **diskretionäre Politik** bezeichnet. Die Keynesianisch fundierte Wirtschaftspolitik plädiert somit für staatliche Interventionen, die allerdings marktkonform sein sollten. Wie bereits erwähnt, erfährt die diskretionär betriebene Fiskalpolitk eine Unterstützung durch „automatische Stabilisatoren". Diese „built-in stabilizers" folgen typischerweise zum einen aus dem progressiven Steuersystem und zum anderen aus dem System der Arbeitslosenversicherung.

Die **praktische Durchsetzbarkeit** der Strategie der antizyklischen Fiskalpolitik muss allerdings stark angezweifelt werden. Wie zurückliegende Erfahrungen zeigen, neigen staatliche Stellen im Aufschwung vielmehr zum Muster einer sog. Parallelpolitik. Darunter ist der Tatbestand zu verstehen, dass steigende Staatseinnahmen nicht, wie gefordert, stillgelegt, sondern relativ schnell für höhere Ausgaben verwendet werden. Dies findet seine Erklärung darin, dass Ausgabenkürzungen bzw. Steuererhöhungen naturgemäß ein unpopuläres Unterfangen darstellen und deshalb aus politischen Gründen bei den Regierungen auf Ablehnung stoßen. Die Abschaffung lieb gewonnener Besitzstände dürfte um so schwerer fallen, je näher Wahlen rücken, welche die Politiker durch „Wahlgeschenke" zu gewinnen suchen. Zum anderen ist zu bedenken, dass Staatsausgaben in hohem Maße inflexibel sind. Gesetzliche Regelungen führen in zahllosen Ausgabenbereichen zu Dauerverpflichtungen (z. B. Sozialleistungen oder Personalausgaben), d. h. der Staat kann im konjunkturellen Aufschwung seine Ausgaben nicht ohne weiteres zurückfahren und beispielsweise Sozialhilfeempfänger quasi zum Spielball seiner Konjunkturpolitik machen. Schließlich ist bei fiskalpolitischen Beschlüssen die sog. „parlamentarische Zähflüssigkeit" zu beachten; sie führt unter Umständen zur Verschleppung von Entscheidungen, die als notwendig angesehen werden.

Gleichwohl existiert in der Bundesrepublik Deutschland eine gesetzliche Grundlage für das antizyklische Handeln des Bundes und der Länder. Es ist dies das Keynesianisch geprägte „Gesetz zur Förderung der Stabilität und des Wachstums der Wirtschaft" (kurz: Stabilitätsgesetz), welches im Jahr 1967 erlassen wurde. In diese Zeit fällt auch die erste Rezession nach dem zweiten Weltkrieg, in der die gesamtwirtschaftliche Produktion vorübergehend leicht rückläufige Werte aufwies. Die Überwindung dieser Konjunkturschwäche wird insbesondere aus Keynesianischer Sicht auf die vom damaligen Wirtschaftsminister K. Schiller praktizierte antizyklische Fiskalpolitik zurückgeführt. Gemäß dieses Gesetzes (§§ 26 und 27) kann die Regierung mit Zustimmung des Bundesrates bei einer Störung des gesamtwirtschaftlichen Gleichgewichts zum einen die Einkommen- und Körperschaftsteuersätze um maximal 10 % für höchstens ein Jahr erhöhen bzw. senken; zum anderen sind im Boom die Aussetzung von Sonderabschreibungen und erhöhten Absetzungen sowie in der Rezession eine Investitionszulage von 7,5 % vorgesehen. Diese Regelungen erlauben einen schnellen Einsatz antizyklischer fiskalpolitischer Maßnahmen.

In den defizitfinanzierten Ausgaben sehen Keynesianer gleichzeitig eine **„Initialzündung"** für private Investitionen. Aus dem staatlich initiierten Nachfrageanstieg und dem damit einhergehenden Einkommenszuwachs erhofft man sich induzierte Investitionen der Privatunternehmen, die den Aufschwung verstärken. Dieses Prinzip der vom Staat ausgehenden Multiplikator- und Akzeleratoreffekte zur Ankurbelung der Konjunktur trägt daher auch die Bezeichnung **„pump priming"**.

Aus diesen Überlegungen geht hervor, dass die staatliche Schuldenaufnahme ihre Rechtfertigung in der Belebung der Konjunktur und den damit verbundenen positiven Impulsen für den Arbeitsmarkt findet. Die Legitimation der öffentlichen Verschuldung erstreckt sich mithin auf **konjunkturelle Defizite.** Sie sind Folge von zeitlich befristeten Ausgabenerhöhungen bzw. Steuersenkungen und somit nur temporärer Natur. Liegt das Wachstum der Staatsausgaben jedoch dauerhaft über den Steuereinnahmen, so entstehen sog. **strukturelle Defizite.** Ihr Auftreten ist auch möglich, falls die konjunkturellen Aufschwungskräfte nicht ausreichen, um die zur Schuldentilgung erforderlichen Steuermehreinnahmen zu erbringen. Die öffentliche Verschuldung wächst dann immer stärker an. Gegen strukturelle Defizite bestehen allerdings sowohl aus wachstums- als auch aus ordnungspolitischer Sicht teilweise erhebliche Bedenken.

Der in den westlichen Volkswirtschaften beobachtbare starke Anstieg der Budgetdefizite seit der zweiten Hälfte der siebziger Jahre bis zu Beginn der achtziger Jahre ist in hohem Maße auf strukturelle Defizite zurückzuführen. Dies gilt auch für die Zunahme der öffentlichen Verschuldung infolge der deutschen Wiedervereinigung. Die Tatsache, dass sich trotz steigender Staatsverschuldung die Wachstums- und Beschäftigungsprobleme noch verschärften, ließ zunehmende **Zweifel an der Keynesianischen Theorie** und damit verbunden an der nachfrageorientierten Wirtschaftspolitik aufkommen. Dabei sollte jedoch nicht vergessen werden, dass die Keynesianische Wirtschaftspolitik prinzipiell auf den Ausgleich von Schwankungen in der effektiven Nachfrage ausgerichtet ist. Insoweit kann sie nur erfolgreich sein, wenn die Störungen auf der Nachfrageseite liegen, d.h. kurzfristigen Charakter haben. Sind die Hauptursachen für Fehlentwicklungen jedoch auf der Angebotsseite der Wirtschaft angesiedelt, wie dies offenbar seit den siebziger Jahren der Fall ist, so bedarf es einer adäquaten wirtschaftspolitischen Strategie. Konsequenterweise findet seitdem auch die bereits beschriebene angebotsorientierte Wirtschaftspolitik verstärkt Beachtung und Anwendung.

2. Möglichkeiten und Grenzen der Geldpolitik

Neben der Fiskalpolitik bildet die Geldpolitik die zweite Säule der Konjunkturpolitik. Träger der Geldpolitik ist üblicherweise die **Zentralbank** (Notenbank, Währungsbehörde) eines Landes. In der Bundesrepublik Deutschland war dies bis zum 31.12. 1998 die Deutsche Bundesbank. Am 1.1. 1999 ging im Zuge der Einführung des Euro die Verantwortung für die Geldpolitik in den Euroländern auf das Europäische System der Zentralbanken (ESZB) über. Es besteht aus der EZB im engeren Sinne sowie den Nationalen Zentralbanken der Mitgliedsländer der Europäischen Union. Die EZB bildet zusammen mit den gegenwärtig zwölf Euroländern das sog. „Eurosystem". Gemäß des Vertrags zur Gründung der Europäischen Gemeinschaft ist es das vorrangige Ziel des ESZB, die Preisstabilität zu gewährleisten. So weit dies ohne Beeinträchtigung dieses Zieles möglich ist, unterstützt das ESZB die allgemeine Wirtschaftspolitik in der Gemeinschaft (Artikel 2 der Satzung des Europäischen Systems der Zentralbanken und der Europäischen Zentralbank). Entscheidend für den Erfolg der Geldpolitik ist die Autonomie der Zentralbank, d.h. die Unabhängigkeit von Weisungen der Regierung. In diesem

Punkt ist die Voraussetzung für die Gewährleistung der Preisstabilität in den Euroländern gegeben, denn es ist im Vertrag sowie in der Satzung des ESZB ausdrücklich geregelt, dass die Organe des Europäischen Zentralbanksystems keinerlei Weisungen von Regierungen oder sonstigen Einrichtungen der Mitgliedstaaten einholen oder entgegennehmen dürfen.

Zentraler Aktionsparameter der Geldpolitik ist die **Geldmenge,** deren Volumen in der Lage der **LM-Kurve** zum Ausdruck kommt. Eine Erhöhung der Geldmenge, d.h. eine expansive Geldpolitik, ist in einer rezessiven Situation angezeigt; formal führt dies zu einer Verlagerung der LM-Kurve nach rechts. Dagegen erfordern konjunkturelle Überhitzungserscheinungen und die damit verbundene Inflationsgefahr den Einsatz einer restriktiven Geldpolitik in Form der Geldmengenreduzierung. Dann verschiebt sich die LM-Kurve nach links. Als Instrument zur Geldmengensteuerung bietet sich insbesondere die Offenmarktpolitik mit Nichtbanken an. Die Zentralbank betreibt hierbei Wertpapiergeschäfte mit privaten Haushalten und Unternehmungen, die das Geldvolumen unmittelbar verändern.

Die Effizienz der Geldpolitik hängt stark von der jeweiligen Konjunkturlage ab. Wie aus Abbildung 3.7 hervorgeht, bleibt eine expansive Geldpolitik in der **Rezession** völlig wirkungslos. Zumindest gilt diese Aussage dann, wenn man den eingezeichneten horizontalen Verlauf der LM-Kurve als ein Abbild der Realität akzeptiert. Die ökonomische Erklärung liegt in den Implikationen des Keynesschen Bereichs, in dem die Liquiditätsneigung sehr hoch, im Extremfall sogar unendlich ist. Das zusätzlich von der Zentralbank ausgegebene Geld fließt in vollem Umfang in die Spekulationskasse, ohne dass es einer weiteren Zinssenkung bedarf. Die L_S-Kasse erweist sich als **„Liquiditätsfalle“;** das zusätzlich von der Zentralbank bereit gestellte Geld wird nicht, wie von der Währungsbehörde beabsichtigt, für zusätzliche Transaktionen verwendet, sondern einfach „stillgelegt“. Da die Zinsen nicht weiter sinken, verharren die privaten Investitionen auf ihrem ursprünglichen

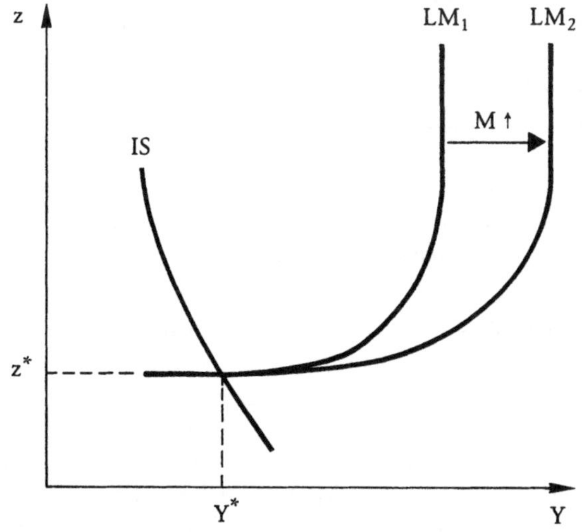

Abb. 3.7: Expansive Geldpolitik im Keynesschen Bereich

Niveau. Der für den Aufschwung erforderliche Multiplikatoreffekt kommt nicht in Gang, Volkseinkommen und Beschäftigungsstand bleiben unverändert.

Interessant ist in diesem Zusammenhang ein Blick auf die **Quantitätsgleichung** des Geldes. Im Keynesschen Bereich gehen von einer Geldmengenerhöhung keinerlei Wirkungen auf die Güternachfrage aus, d. h. auf der rechten Seite der Gleichung bleiben P und Y unverändert. Folglich muss die Zunahme von M durch einen Rückgang von V kompensiert werden:

$$\overset{\uparrow}{M} \cdot \overset{\downarrow}{V} = \overline{P} \cdot \overline{Y}$$

Dieses Ergebnis ist kennzeichnend für die Keynesianische Sichtweise, derzufolge es sich bei der **Umlaufgeschwindigkeit** des Geldes um eine höchst **instabile** und damit für die Geldpolitik nicht berechenbare Größe handelt.

Die Wirkung einer expansiven Geldpolitik in einer Rezession ist in Abbildung 3.8 schematisch dargestellt.

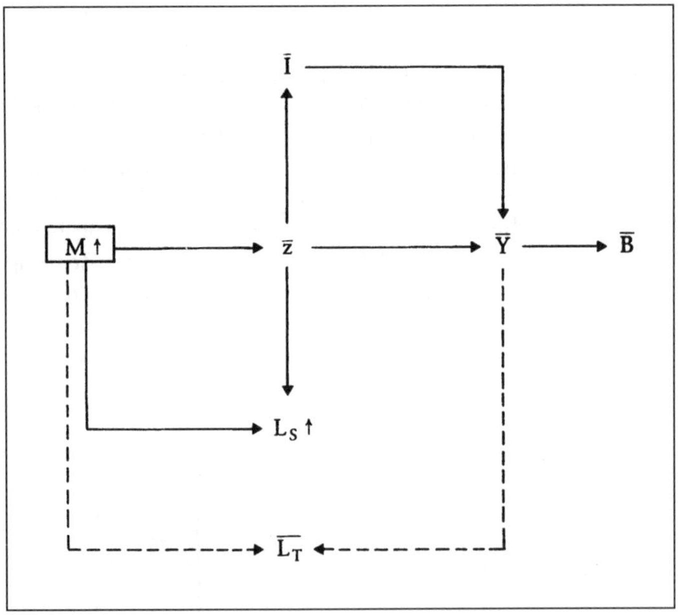

Abb. 3.8: Schematische Darstellung einer expansiven Geldpolitik im Keynesschen Bereich („Liquiditätsfalle")

Im **Zwischenbereich** hingegen zieht die Geldpolitik realwirtschaftliche Wirkungen nach sich. Wie Abbildung 3.9 zeigt, ist infolge der gestiegenen Geldmenge ein höheres Einkommen bei gesunkenem Zinssatz zu verzeichnen. Der Weg zum neuen Gleichgewicht (Punkt C) kann dabei in zwei Komponenten zerlegt werden. Im ersten Schritt gelangt die zusätzliche Geldmenge in die Spekulationskasse, wozu es eines Zinsrückganges auf z' bedarf. Man bezeichnet dies als den **„Liquiditätseffekt"** (im Bild von Punkt A nach Punkt B). Der Zins stellt nun das Bindeglied zwischen monetärem und realem Bereich der Volkswirtschaft dar, er ist die sog.

„Transmissionsvariable". Aufgrund der Zinssenkung steigt die Investitionstätigkeit der Unternehmer. Dadurch wird ein Multiplikatorprozess in Gang gesetzt, der das Einkommen und die Beschäftigung steigert. Die Finanzierung des höheren Einkommens bedarf jedoch ceteris paribus einer höheren Transaktionskasse. Da das Geldangebot unverändert bleibt, kann das erforderliche „Transaktionsgeld" nur aus der Spekulationskasse bereitgestellt werden. Zur Freisetzung dieses erforderlichen Geldbetrages bedarf es eines höheren Zinssatzes. Dieser aber schwächt die Investitionsnachfrage teilweise wieder ab. Das neue Gleichgewicht stellt sich schließlich bei z_2^* und Y_2^* ein. Den Einkommensanstieg (von Punkt B nach Punkt C) nennt man den **„Einkommenseffekt"**; mit ihm ist ein entsprechender positiver Beschäftigungseffekt verbunden. Das Ausmaß der Preisniveauerhöhung hängt davon ab, wie weit die Wirtschaft bereits in die Engpasszone hineingewachsen ist.

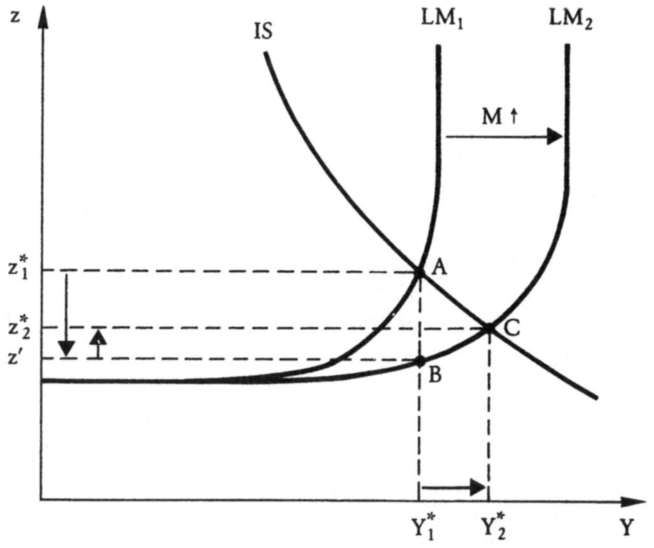

Abb. 3.9: Expansive Geldpolitik im Zwischenbereich

Wie aus Abbildung 3.9 unmittelbar ersichtlich, hängt das Ausmaß des Einkommensanstiegs von der Neigung der IS-Kurve ab. Je flacher sie verläuft, desto stärker fällt der Einkommenseffekt aus. Die Effizienz der Geldpolitik wird somit durch eine geringe Sparneigung bzw. eine hohe Zinsreagibilität der Investitionen begünstigt. Umgekehrt behindert eine geringe Zinsreagibilität der Investitionen die Geldpolitik ebenso wie eine hohe Sparneigung. Im Extremfall bedeutet dies einen senkrechten Verlauf der IS-Kurve und damit eine völlige Unwirksamkeit der Geldpolitik. Ebenso kann eine Verlagerung der IS-Kurve nach links den Erfolg einer expansiven Geldpolitik beeinträchtigen; als Auslöser hierfür kommt insbesondere eine gesunkene Grenzleistungsfähigkeit des Kapitals in Betracht.

Schematisch ergibt sich für die expansive Geldpolitik in „normalen" konjunkturellen Zeiten der in Abbildung 3.10 dargestellte Ablauf.

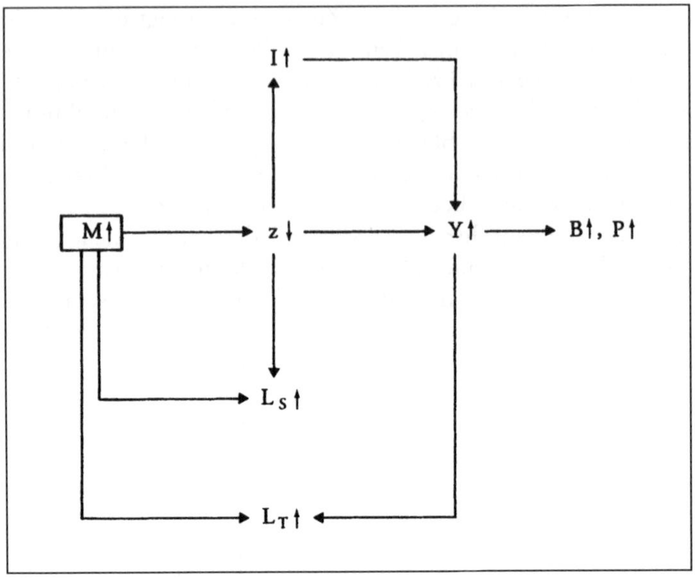

Abb. 3.10: Schematische Darstellung einer expansiven Geldpolitik im Zwischenbereich

Die möglichen Auswirkungen einer Geldmengenzunahme innerhalb des Zwischenbereichs kann man sich wiederum anhand der Quantitätsgleichung vor Augen führen. Bei unveränderten Zahlungssitten führt die Geldmengenerhöhung nach Maßgabe der relevanten Funktionsverläufe zu einem Anstieg des Realeinkommens und des Preisniveaus:

$$\overset{\uparrow}{M} \cdot \bar{V} = \overset{\uparrow}{P} \cdot \overset{\uparrow}{Y}$$

Fände die Geldmengenausweitung in der Hochkonjunktur, d.h. im senkrechten Teil der LM-Kurve statt, so könnte die Produktion wegen der bereits voll ausgelasteten Kapazitäten nicht weiter gesteigert werden. In diesem Fall käme es ausschließlich zu Inflation – ein Ergebnis, zu dem bekanntlich die Klassik gelangte:

$$\overset{\uparrow}{M} \cdot \bar{V} = \overset{\uparrow}{P} \cdot \bar{Y}$$

Dieser Tatbestand macht die Sinnhaftigkeit der Bezeichnung „klassischer Bereich der LM-Kurve" deutlich. Die Ergebnisse der klassischen Theorie können insoweit als ein Spezialfall der „Allgemeinen Theorie" von Keynes interpretiert werden.

Von besonderer Bedeutung ist der restriktive Einsatz der Geldpolitik im **Boom** (siehe Abb. 3.11). Liegt das Gleichgewichtseinkommen auf sehr hohem Niveau, schneidet die IS-Kurve die LM-Kurve also im klassischen Bereich, so besteht die Gefahr von Inflation, der die Zentralbank entgegenzutreten hat. Die erforderliche Reduzierung der Geldmenge, die aus Wertpapierverkäufen seitens der Zentralbank resultieren kann, verschiebt die LM-Kurve nach links.

Infolge des gestiegenen Zinses gehen die privaten Investitionen zurück, ein negativer Multiplikatorprozess setzt ein, in dessen Gefolge das Einkommen auf Y_2^* absinkt. Sowohl der höhere Zins als auch das geringere Einkommen verringern die

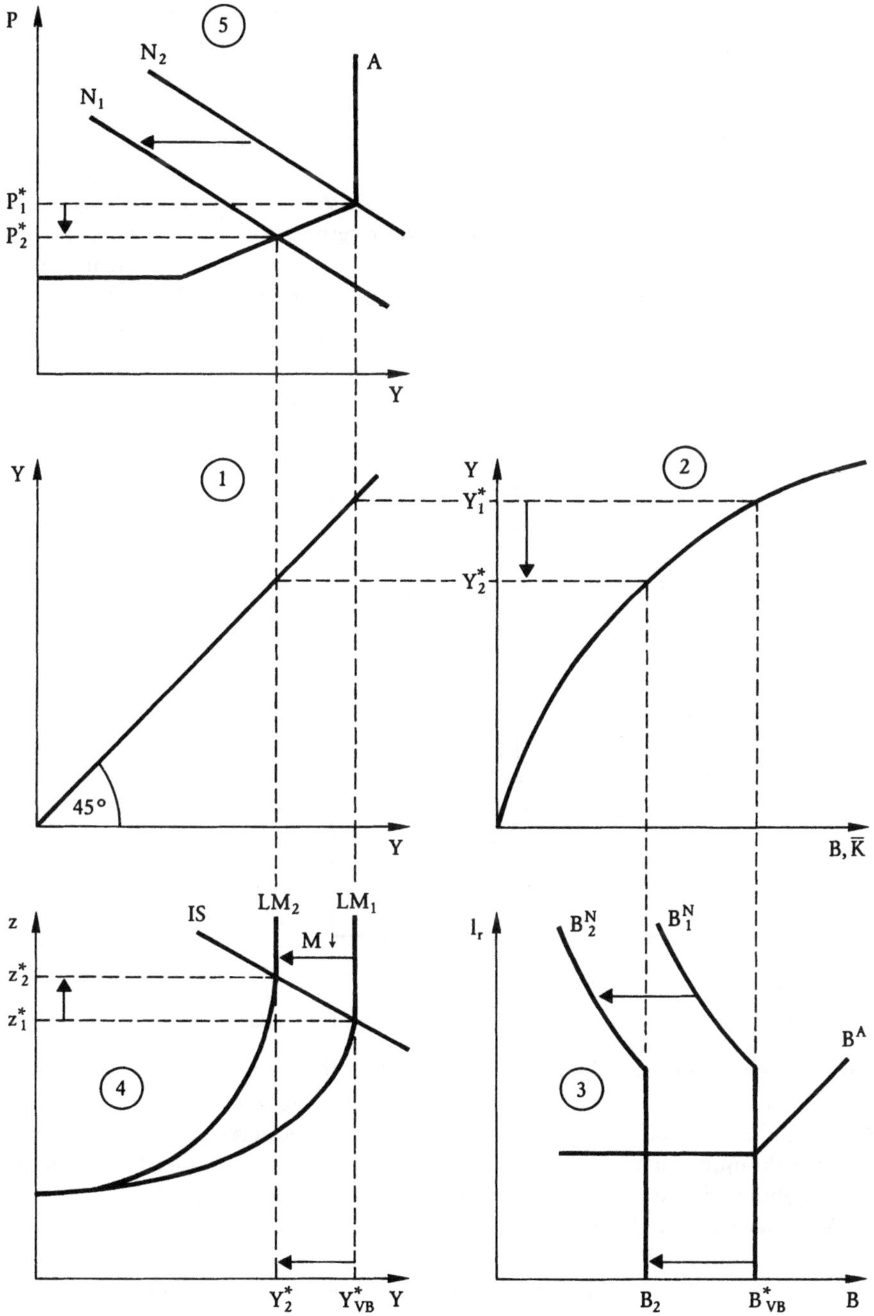

Abb. 3.11: Restriktive Geldpolitik im klassischen Bereich

Geldnachfrage, die sich dem gesunkenen Geldangebot anpasst. Die geringere Güternachfrage bewirkt einen Rückgang des Preisniveaus (Quadrant 5) bzw. der Inflationsrate, sofern von Veränderungsraten der Variablen P ausgegangen wird. Auf dem Keynesianischen Arbeitsmarkt verschiebt sich die Arbeitsnachfragefunktion nach links; dadurch kommt es zu einer Verringerung der Arbeitsnachfrage und damit zu Arbeitslosigkeit. Daraus wird deutlich, dass die Wiedergewinnung der Preisniveaustabilität zumindest kurzfristig durch einen Anstieg der Arbeitslosigkeit erkauft werden muss. Hinter diesem Zielkonflikt verbirgt sich nichts anderes als die bekannte **„Phillips-Kurve"**. Sie markiert den „schmalen Grat", auf dem sich die Geldpolitik bewegt, wenn sie Inflations- und Beschäftigungsrisiken abzuwägen hat.

Auch die Auswirkungen der restriktiven Geldpolitik im klassischen Bereich können schematisch dargestellt werden (siehe Abb. 3.12).

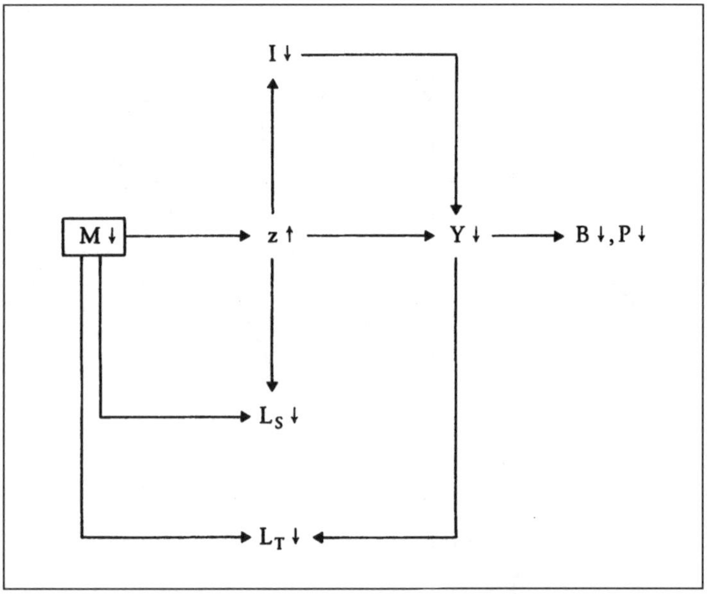

Abb. 3.12: Schematische Darstellung einer restriktiven Geldpolitik im klassischen Bereich

Wie bereits erwähnt, fällt die Effizienz der Geldpolitik umso geringer aus, je steiler die IS-Kurve verläuft. Dies ist auf eine hohe Sparneigung bzw. auf eine geringe Zinsreagibilität zurückzuführen. Insbesondere mit letzterer Konstellation ist in der Hochkonjunktur zu rechnen. Die Unternehmer reagieren hier kaum auf eine Zinserhöhung, da sie im Boom sehr positive Gewinnerwartungen haben. Trotz einer Verteuerung des Geldes sind sie daher nicht gewillt, ihre Investitionstätigkeit einzuschränken. Im Extremfall verläuft die IS-Kurve senkrecht. Man nennt eine derartige Situation auch die **„Investitionsfalle"**. Sie hat schematisch das in Abbildung 3.13 dargestellte Aussehen.

Bei den bisherigen Überlegungen blieben die **Vermögenseffekte**, die durch Änderungen des Preisniveaus ausgelöst werden, außer Acht. Betreibt die Zentralbank beispielsweise eine expansive Geldpolitik, die einen Nachfrageanstieg auslöst, so steigt je nach dem Bereich der gesamtwirtschaftlichen Angebotsfunktion, in dem

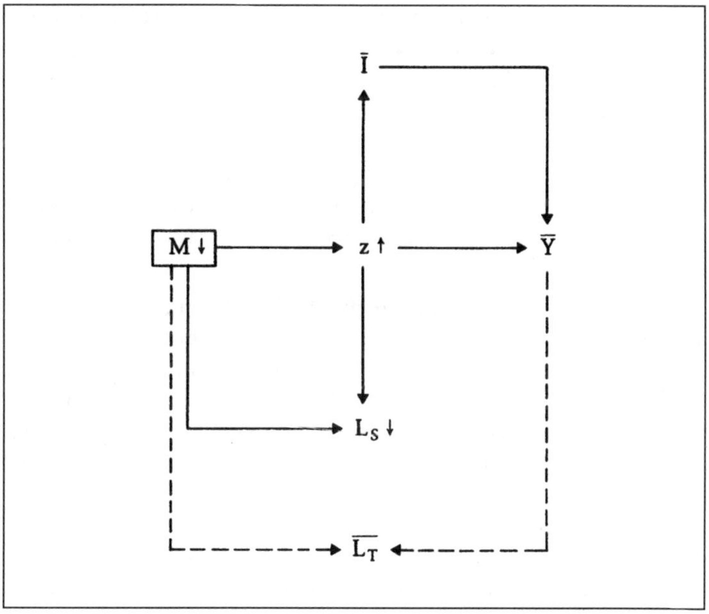

Abb. 3.13: Investitionsfalle

man sich befindet, das Preisniveau. Dadurch sinkt die reale Geldmenge. Die damit einhergehende Linksverschiebung der LM-Kurve führt dann zu einer Beeinträchtigung der Wirksamkeit der expansiven Geldpolitik. Umgekehrt stellt sich bei einer restriktiven Geldpolitik die beabsichtigte Linksverschiebung der LM-Kurve nur teilweise ein, da infolge des Preisniveaurückgangs die reale Geldmenge ansteigt. Insoweit führen der Keynes-Effekt bzw. der Pigou-Effekt, sofern sie zum Tragen kommen, zu einer Effizienzminderung der Geldpolitik.

3. Das Konzept der Globalsteuerung

Die Betrachtungen des Einsatzes der Geld- und Fiskalpolitik machten deutlich, dass die Erfolgsaussichten dieser Politikbereiche wesentlich von den Steigungsparametern der IS-Kurve und der LM-Kurve abhängen. In Tabelle 13 ist dieser Sachverhalt zusammenfassend dargestellt:

Tab. 13: Effizienz der Geld- und Fiskalpolitik&#2;

Kurve	Verlauf	Steigungsparameter	Fiskalpolitik	Geldpolitik
LM-Kurve	flach	l' hoch, k niedrig	+	–
	steil	l' niedrig, k hoch	–	+
IS-Kurve	flach	z' hoch, s' niedrig	–	+
	steil	z' niedrig, s' hoch	+	–

+ : günstig – : ungünstig

Vor dem Hintergrund der Keynesianischen Theorie gebührt in der **Rezession** die Priorität eindeutig der **Fiskalpolitik.** Sie besitzt die besten Möglichkeiten zur Überwindung einer Wirtschaftskrise. Dagegen versagt in einer solchen konjunkturellen Situation die von der Zentralbank betriebene „Politik des billigen Geldes"; infolge der hohen Liquiditätsneigung werden die zusätzlich eingegebenen Zahlungsmittel nicht nachfragewirksam eingesetzt. Demgegenüber erweist sich die **Geldpolitik** bei der **Boombekämpfung** als überlegen. Für die Wirtschaftspolitik wird daher ein entsprechend kombinierter Mitteleinsatz beider Politikbereiche empfohlen, ein sog. **„policy mix".**

Dies bedeutet zugleich eine bestimmte **Rollenverteilung** bezüglich der Verantwortung für die Ziele der Wirtschaftspolitik. Die Fiskalpolitik trägt in erster Linie die Verantwortung für die Sicherung der Vollbeschäftigung sowie für die Entwicklung des Volkseinkommens, also für das Wachstum. Der Zentralbank hingegen überträgt man vorrangig das Ziel der Erreichung und Sicherung der Preisniveaustabilität. Die Zuordnung der Stabilitätsziele auf die Träger der Wirtschaftspolitik steht in unmittelbarem Zusammenhang mit der prinzipiellen Wirkungsweise der alternativen Politikbereiche. Die Fiskalpolitik wirkt sowohl indirekt als auch direkt auf die gesamtwirtschaftliche Nachfrage und damit auf Produktion und Beschäftigung. Dagegen beeinflusst die Geldpolitik die volkswirtschaftliche Endnachfrage grundsätzlich nur auf indirektem Wege. Daher nimmt der antizyklische Einsatz der Fiskalpolitik eine dominierende Rolle in einer Keynesianisch fundierten Stabilisierungspolitik ein. Diesem Tatbestand hat der Keynesianismus die vielfach verwendete Etikettierung **„Fiskalismus"** zu verdanken. Dementsprechend werden Keynesianer häufig als „Fiskalisten" bezeichnet.

Die Keynesianisch ausgerichtete interventionistische Strategie der antizyklischen Beeinflussung der gesamtwirtschaftlichen Nachfrage ist auch, wie bereits erwähnt, als **„demand management"** oder **„Globalsteuerung"** bekannt. Die erste Bezeichnung lässt erkennen, dass die Nachfrage und damit die **Konjunktur** in den Augen der Keynesianer grundsätzlich **„machbar"** ist. Der zweite Begriff verdeutlicht, dass es bei dieser stabilitätspolitischen Strategie nicht um die Steuerung des wirtschaftlichen Handelns einzelner Wirtschaftssubjekte geht. Vielmehr steht die Beeinflussung der Komponenten der gesamtwirtschaftlichen Nachfrage, d. h. die Steuerung volkswirtschaftlicher Aggregate, im Zentrum.

Auch wirtschaftliche Probleme einzelner Branchen und Regionen finden in diesem wirtschaftspolitischen Konzept keine spezifische Berücksichtigung. Die Vernachlässigung sektoraler und regionaler Aspekte bildet einen wichtigen Kritikpunkt an der Globalsteuerung. Sie sollte in Verbindung mit einer den jeweiligen Erfordernissen entsprechenden **Struktur- und Regionalpolitik** betrieben werden.

Ein weiteres Problem im Konzept der antizyklischen Nachfragesteuerung ist das diskretionäre Element, d. h. der **freie Entscheidungs- und Handlungsspielraum** der Träger der Wirtschaftspolitik. Es liegt im Ermessen der öffentlichen Stellen und der Zentralbank, ob und wie lange die zur Verfügung stehenden Instrumente zum Einsatz kommen sollen. Auch die Auswahl der Instrumente sowie der Zeitpunkt des Einsatzes und die Dosierung unterliegen allein der politischen Willensbildung. Um in diesen Punkten „richtig" zu entscheiden, ist letztlich die genaue Kenntnis aller Ursache-Wirkungs-Zusammenhänge einschließlich des Zeitbedarfs der Anpassungsvorgänge erforderlich. Die „wahren" Zusammenhänge sind jedoch nicht vollständig bekannt, so dass Ermessensentscheidungen im Rahmen der antizyklischen **„Stop-and-go-Politik"** stets mit Risiken behaftet sind.

Insbesondere der Aspekt von **Zeitverzögerungen („time lags")** nimmt innerhalb der von monetaristischer Seite geübten Kritik an der Keynesianisch betriebenen Stabilitätspolitik einen breiten Raum ein. Zunächst besteht die Schwierigkeit darin, eintretende Fehlentwicklungen möglichst frühzeitig anhand geeigneter Indikatoren zu erkennen. Neben dieser sog. Erkennungsverzögerung treten aber noch weitere time lags auf, die für die beiden im Mittelpunkt stehenden Politikbereiche von unterschiedlicher Bedeutung sind.

Bei der **Fiskalpolitik** ist vor allem mit Entscheidungs- und Handlungsverzögerungen zu rechnen. Zu denken ist hier etwa an langwierige Prozesse der politischen Willensbildung, speziell an innerparteiliche Abstimmungsverfahren oder an das Zögern von Politikern beim Einsatz unpopulärer Instrumente. Die Wirkung der Fiskalpolitik auf die gesamtwirtschaftliche Nachfrage tritt jedoch, insbesondere bei der direkten Steuerung der Staatsausgaben, schnell ein; der Wirkungs-lag („outside-lag") der Fiskalpolitik ist also vergleichsweise kurz.

Umgekehrt sieht es bei der **Geldpolitik** aus. In der Bundesrepublik tagt der für die geld- und kreditpolitischen Beschlüsse zuständige Zentralbankrat der Deutschen Bundesbank alle zwei Wochen, so dass von dieser Seite her im Bedarfsfall mit einer raschen Entscheidung gerechnet werden kann. Angesichts der indirekten Wirkungsweise der Geldpolitik entstehen jedoch unter Umständen lange externe Wirkungsverzögerungen. Empirische Untersuchungen gelangten zu dem Ergebnis, dass geldpolitische time lags eine Länge von ca. zwei bis neun Quartalen aufweisen, wobei die Wirkungsverzögerungen einer expansiven Geldpolitik länger ausfallen als beim restriktiven Einsatz. Die antizyklische Geldpolitik ist offenbar durch relativ lange und variable time lags gekennzeichnet und damit schwer berechenbar.

Aus der Existenz von time lags folgt, dass der antizyklische Einsatz geld- und fiskalpolitischer Instrumente **prozyklische Wirkungen** auslösen kann. Die nach Keynesianischem Muster betriebene Stabilisierungspolitik erreicht dann aber keine Glättung der Konjunkturausschläge, sondern sie verstärkt die konjunkturellen Schwankungen. Die Kritiker der Keynesianischen Stabilisierungsstrategie sehen daher in der antizyklischen Wirtschaftspolitik eine entscheidende Ursache für das Auftreten von Konjunkturschwankungen.

Um die destabilisierenden Kräfte der antizyklischen Wirtschaftspolitik auszuschalten, bedarf es nach Auffassung der Gegner des Keynesianischen Konzepts eines grundlegenden Strategiewechsels. An die Stelle von Ermessensentscheidungen sollen nach neoklassischer Auffassung längerfristig ausgerichtete **Regelbindungen** treten. Die Geldpolitik hat danach ein am Zuwachs des Produktionspotenzials ausgerichtetes Wachstum der Geldmenge anzustreben. Für den fiskalischen Bereich wird eine sog. „potentialorientierte Finanzpolitik" gefordert; danach sollen die Einnnahmen und Ausgaben des Staates mit dem gleichen Prozentsatz wachsen wie das Produktionspotenzial. Aus der Verstetigung des Geldmengenwachstums sowie der Entwicklung der Staatseinnahmen und Staatsausgaben versprechen sich die auf klassischer Basis argumentierenden Kritiker der Keynesianischen Strategie eine Stabilisierung des Wirtschaftsprozesses.

Teilweise gehen die Vorschläge zur Regelbindung sogar so weit, dass die Träger der Wirtschaftspolitik über keinerlei Handlungsspielraum mehr verfügen sollten. Eine derart extreme Forderung, bei deren Erfüllung die Geld- und Finanzpolitik nur noch technokratischen Charakter hätten, wird jedoch überwiegend als zu weitgehend empfunden. Zwar legen die beschriebenen Probleme einer antizyklischen Wirtschaftspolitik die Abkehr von dieser Strategie und die prinzipielle Ausrichtung an der längerfristigen Entwicklung der Produktionsmöglichkeiten einer Volkswirtschaft nahe. Trotzdem sollten nach verbreiteter Meinung die Geld- und Fiskalpolitik noch einen ausreichenden Spielraum besitzen, um bei stärkeren Fehlentwicklungen kurzfristig korrigierend eingreifen zu können.

Zweifellos waren die angeführten Mängel, die der Keynesianisch orientierten Wirtschaftspolitik anhaften, mitverantwortlich dafür, dass diese stabilitätspolitische Konzeption auf zunehmende Skepsis stieß. Vor allem spielt aber auch die Erkenntnis über die Ursachen der seit den siebziger Jahren verstärkt auftretenden wirtschaftlichen Fehlentwicklungen eine entscheidende Rolle für den **„Paradigmawechsel"** in der Stabilisierungspolitik. Wie an früherer Stelle erörtert, liegen die wirtschaftlichen Schwierigkeiten der jüngeren Vergangenheit nicht primär auf der Nachfrageseite, sondern auf der Angebotsseite der Volkswirtschaft. An die Stelle von konjunkturellen Schwierigkeiten traten zunehmend strukturelle Probleme; sie basieren zu wesentlichen Teilen auf unzureichenden Flexibilitäten der Marktteilnehmer sowie auf ungünstigen Rahmenbedingungen für Investitionen und Produktion in einer globalisierten Wirtschaft. Vor dem Hintergrund dieses Befundes konnte in den meisten Ländern ein Konzeptionswechsel in der Wirtschaftspolitik zugunsten der neoklassischen Richtung nicht überraschen. Nach dem Regierungswechsel in Deutschland Ende 1998 zeichnete sich in der rot-grünen Koalition allerdings zunächst ein Schwenk hin zur nachfrageorientierten Wirtschaftspolitik ab. Nach kurzer Zeit setzten sich aber wieder verstärkt die angebotspolitischen Elemente durch. Es bleibt abzuwarten, ob und wann das „Pendel der Zeit" wieder nachhaltig in die andere Richtung umschlägt.

Literaturverzeichnis

1. Allgemeine Literaturhinweise

Ackley, G., Macroeconomic Theory, New York 1974
Barro, R.J., Grilli, V., Makroökonomie. Europäische Perspektive, München 1996
Blanchard, O., Illing, G., Makroökonomie, 4. Aufl., München 2006
Blümle, G., Patzig, W., Grundzüge der Makroökonomie, 4. Aufl., Freiburg 1999
Branson, W., Makroökonomik. Theorie und Politik, 4. Aufl., München 1997
Burda, M. C., Wyplosz, C., Makroökonomie. Eine europäische Perspektive, 2. Aufl., München 2003
Cezanne, W., Grundzüge der Makroökonomik, 7. Aufl., München 1998
Claassen, E. M., Grundlagen der makroökonomischen Theorie, München 1980
Dieckheuer, G., Makroökonomik. Theorie und Politik, 5. Aufl., Berlin 2003
Dornbusch, R., Fischer, S., Makroökonomik, 8. Aufl., München 2003
Felderer, B., Homburg, S., Makroökonomik und neue Makroökonomik, 9. Aufl., Berlin u. a. 2005
Fuhrmann, W., Makroökonomik. Zur Theorie interdependenter Märkte, 3. Aufl., München 1991
Gordon, R.J., Makroökonomik, 4. Aufl., München 1996
Heilbroner, R. L., Galbraith, J.K., Understanding Macroeconomics, 8. Aufl., Englewood Cliffs, 1987
Heubes, J., Makroökonomie, 4. Aufl., München 2001
Klatt, S., Einführung in die Makroökonomie, 3. Aufl., München 1995
Kromphardt, J., Grundlagen der Makroökonomie, 3. Aufl., München 2006
Majer, H., Moderne Makoökonomik, München 2001
Mankiw, N. G., Makroökonomik, 5. Aufl., Stuttgart 2003
Monissen, H. G., Makroökonomische Theorie, 2 Bände, Stuttgart u. a. 1982
Müller, H., Angewandte Makroökonomik, München 1999
Nissen, H.-P., Einführung in die makroökonomische Theorie, Heidelberg 1999
Peto, R., Grundlagen der Makroökonomik, 12. Aufl., München 2001
Rettig, R., Böckmann, L., Voggenreiter, D., Makroökonomische Theorie, 7. Aufl., Düsseldorf 1998
Rittenbruch, K., Makroökonomie, 11. Aufl., München 2000
Rose, K., Art. „Einkommens- und Beschäftigungstheorie" in: Kompendium der Volkswirtschaftslehre, Bd. 1, Hrsg.: W. Ehrlicher u. a., 5. Aufl., Göttingen 1980
Sargent, T.J., Makroökonomik, München 1994
Siebert, H., Einführung in die Volkswirtschaftslehre, 15. Aufl., Stuttgart u. a. 2007
Siebke, J., Thieme, H.J., Art. „Einkommen, Beschäftigung, Preisniveau", in: Vahlens Kompendium der Wirtschaftstheorie und Wirtschaftspolitik, Bd. 1, 7. Aufl., München 1999
Spahn, H. P., Makroökonomie, 2. Aufl., Berlin 1998
Wohltmann, H.-W., Grundzüge der makroökonomischen Theorie, 3. Aufl., München 2000

2. Weiterführende Literaturhinweise

Erster Teil: Ex-post-Analyse des Volkseinkommens und der Beschäftigung

Ahrns, H. J., Grundzüge der volkswirtschaftlichen Gesamtrechnungen, 3. Aufl., Regensburg 2001
Borchert, M., Leschke, M., Sauerland, D., Volkswirtschaftslehre im Portrait, WISU, 27. Jg., 11/1998

Brümmerhoff, D., Volkswirtschaftliche Gesamtrechnungen, 7. Aufl., München 2002
Barabas, G., Eine makroökonomische Interpretation der VGR-Revision 1999 – Befunde mit dem RWI-Konjunkturmodell, in: Implikationen der Währungsunion für makroökonometrische Modelle, Schriften des Instituts für Wirtschaftsforschung, Halle, 8/2001
Commission of the European Communities, Europäisches System volkswirtschaftlicher Gesamtrechnungen – ESVG 1995, Brüssel 1996
Deutsche Bundesbank, Das Produktionspotenzial in Deutschland und seine Bestimmungsgründe, Monatsbericht August 1995
El-Shagi, E., Sozialprodukt-Konzept und sozioökonomische Entwicklung, WISU, 32. Jg., 2/2003
Frenkel, M., John, K. D., Volkswirtschaftliche Gesamtrechnung, 6. Aufl., München 2006
Haslinger, F., Volkswirtschaftliche Gesamtrechnung, 7. Aufl., München 2003
Hübl, L., Hartig, R., Wirtschaftskreislauf und Volkswirtschaftliche Gesamtrechnung, WISU, 19. Jg., 3/1990
Leipert, C., Unzulänglichkeiten des Sozialprodukts in seiner Eigenschaft als Wohlstandsmaß, Tübingen 1975
v. d. Lippe, P. M., Wirtschaftsstatistik. Amtliche Statistik und volkswirtschaftliche Gesamtrechnungen, 5. Aufl., Stuttgart 1996
Mette, A., Möglichkeiten des Ausbaus der volkswirtschaftlichen Gesamtrechnungen zu umweltökonomischen Gesamtrechnungen, Frankfurt a. M. 2001
Moritz, K.-H., Ohnsorge, F., Volkswirtschaftliche Gesamtrechnung, München 1998
Nissen, H. P., Das Europäische System Volkswirtschaftlicher Gesamtrechnungen, 4. Aufl., Heidelberg 2002
Peto, R., Einführung in das Volkswirtschaftliche Rechnungswesen, 5. Aufl., München 2000
Rose, F.-J., Die Neukonzeption der Volkswirtschaftlichen Gesamtrechnungen, WiSt, 31. Jg., 7/2002
Stobbe, A., Volkswirtschaftliches Rechnungswesen, 8. Aufl., Berlin 1994
Ungerer, A., Hauser, S., Wirtschaftsstatistik als Entscheidungshilfe, Freiburg 1986
Zimmermann, H., Das Ökosozialprodukt – kein neues Gesamtmaß, Zeitschrift für Umweltpolitik und Umweltrecht, 18. Jg., 1995

Zweiter Teil: Ex-ante-Analyse des Volkseinkommens und der Beschäftigung

I.: Vorbemerkungen

Bombach, G., u. a., Der Keynesianismus, Bd. 6, Der Einfluss keynesianischen Denkens auf die Wachstumstheorie, Berlin 1997
Flassbeck, H., Von der Klassik zur Moderne – Ein Essay über den Erkenntnisfortschritt von 200 Jahren Nationalökonomie, Konjunkturpolitik, 35. Jg., 1989
Franz, W., Keynes ist tot – es lebe Keynes, WiSt, 22. Jg., 6/1993
Hagemann, H., Steiger, O., Keynes' General Theory nach fünfzig Jahren, Berlin 1988
Issing, O., (Hrsg.), Geschichte der Nationalökonomie, 4. Aufl., München 2002
Kleinewefers, H., Jans, A., Einführung in die volkswirtschaftliche und wirtschaftspolitische Modellbildung, München 1983
Keynes, J. M., Allgemeine Theorie der Beschäftigung, des Zinses und des Geldes, 8. Aufl., Berlin 2000
Leijonhufvud, A., Über Keynes und den Keynesianismus, Köln 1973
Niehans, J., Thünen-Vorlesung: Klassik als nationalökonomischer Mythos, Zeitschrift für Wirtschafts- und Sozialwissenschaften, 109. Jg., 1989
Ott, A. E., Winkel, H., Geschichte der theoretischen Volkswirtschaftslehre, Göttingen 1985
Recktenwald, H. C., Die Klassik der ökonomischen Wissenschaft, WiSt, 12. Jg., 4/1983
Smith, A., Der Wohlstand der Nationen, London 1776, aus dem Englischen übertragen und mit einer Würdigung von H. C. Recktenwald, München 1974
Starbatty, J. (Hrsg.), Klassiker des ökonomische Denkens, Bd. 1 und 2, München 1989
Stavenhagen, G., Geschichte der Wirtschaftstheorie, 4. Aufl., Göttingen 1969
Weber, M., Wirtschaftsgeschichte, 5. Aufl., Berlin 1991
www.Keynes-Gesellschaft.de

II.: Gütermarkt

Beißinger, T., Möller, J., Die Neue Investitionstheorie, WiSt, 23. Jg., 6/1994
Borchert, M., Implikationen des Haavelmo-Theorems, WISU, 12. Jg., 1/1983
Cezanne, W., Grundzüge der Theorie der Investitionsnachfrage, WISU, 12. Jg., 8/1983
Flaschel, P., Groh, G., Keynesianische Makroökonomik, Unterbeschäftigung, Inflation und Wachstum, Berlin 1996
Groebel, A., Neubäumer, R., Die Finanzierungsgleichung der Volkswirtschaft aus klassischer und keynesianischer Sicht, WISU, 22. Jg., 7/1993
Heubes, J., Das Akzeleratorprinzip, WiSt, 10. Jg., 4/1981
Kindleberger, Ch. P., Die Weltwirtschaftskrise, 3. Aufl., München 1984
König, H., Art. „Konsumfunktionen", in: Handwörterbuch der Wirtschaftswissenschaft (HdWW), 4. Bd., Stuttgart u. a. 1988
Maußner, A., Die gesamtwirtschaftliche Konsumfunktion, WISU, 27. Jg., 7/1998
Schulz, K.-E., Bestimmungsgründe der Investitionen (I) und (II), WISU, 5. Jg., 11/1976 und 12/1976
Walter, H., Das Saysche Theorem, WISU, 15. Jg., 11/1986
Streissler, E. und *M.* (Hrsg.), Konsum und Nachfrage, Köln, Berlin 1966

III.: Geldmarkt

Bofinger, P., Ketterer, K.-H., (Hrsg.), Neuere Entwicklungen in der Geldtheorie und Geldpolitik, Tübingen 2000
Borchert, M., Geld und Kredit, Einführung in die Geldtheorie und Geldpolitik, 8. Aufl., München 2003
Cezanne, W., Grundzüge der Theorie der Geldnachfrage, WISU, 11. Jg., 7/1982
Claassen, E.-M., Die Definitionskriterien der Geldmenge: M1, M2,... oder Mx?, Kredit und Kapital, 7. Jg., 1974
Dürr, E., Time lags der Geldpolitik, Kredit und Kapital, 3. Jg., 1970
Duwendag, D., u. a., Geldtheorie und Geldpolitik in Europa. Eine problemorientierte Einführung mit einem Kompendium monetärer Fachbegriffe, 5. Aufl., Berlin 2007
Ehrlicher, W., Becker, W.-D., (Hrsg.), Die Monetarismus-Kontroverse, Beihefte zu Kredit und Kapital, Heft 4, Berlin 1978
Ernst, M., Finanzmärkte im keynesianischen makroökonomischen Gesamtmodell, Marburg 1999
Ernst, M., Walpuski, D., Stabilitätsanalyse der Extrembereiche der LM-Funktion, WiSt, 22. Jg., 11/1993
Gick, W., Die Entwicklung der Geldtheorie bei John Maynard Keynes, Baden-Baden 1995
Issing, O., Einführung in die Geldtheorie, 12. Aufl., München 2003
Jarchow, H.-J., Theorie und Politik des Geldes, Bd. 1, 10. Aufl., Göttingen 1998
Keynes, J. M., vom Gelde. A Treatise on Money, 3. Aufl., Berlin 1983
Mussel, G., Grundlagen des Geldwesens, 7. Aufl., Sternenfels 2006
Nissen, H.-P., Das Geldangebot, WISU, 30. Jg., 4/2001
Paraskewopoulos, S., Steinmüller, P., Klassischer, keynesianischer sowie monetaristischer geldtheoretischer Ansatz im Vergleich, WISU, 25. Jg., 5/1996
Pohl, R., Geld und Währung, Mannheim 1993

IV.: Arbeitsmarkt

Ambrosi, G., Die keynessche Beschäftigungsfunktion, Berlin 1981
Berthold, N., Keynesianische versus klassische Arbeitslosigkeit, WiSt, 17. Jg., 10/1988
Dieckheuer, G., Der Crowding-out-Effekt – Zum gegenwärtigen Stand von Theorie und Empirie, DIW-Vierteljahreshefte zur Wirtschaftsforschung (DIW-Symposium: Strategien zur Wiedererlangung der Vollbeschäftigung), 1/1980
Franz, W., Arbeitsmarktökonomik, 6. Aufl., Berlin 2006
Friedrich, H., Wiedemeyer, M., Arbeitslosigkeit, ein Dauerproblem, 3. Aufl., Opladen 1998

Hagemann, H., Lohnhöhe und Beschäftigung in Keynesscher Sicht, in: Keynes General Theory nach fünfzig Jahren, Hrsg.: H. Hagemann, O. Steiger, Berlin 1988
Hallwirth, V., Und Keynes hatte doch recht. Eine Politik für Vollbeschäftigung, Frankfurt a.m. 1998
Harbrecht, W., Der Keynes-Effekt, WiSt, 3. Jg., 5/1974
Jarchow, H. J., Theorie und Politik des Geldes, 11. Aufl., Göttingen 2003
Jerger, J., Landmann, O., Lohnhöhe, Güternachfrage und Beschäftigung, WiSt, 30. Jg., 3/2001
Landmann, O., Keynes in der heutigen Wirtschaftstheorie, in: Der Keynesianismus I, Hrsg.: G. Bombach u. a., Berlin u. a. 1976
Landmann, O., Jerger, J., Beschäftigungstheorie, Berlin 1999
Neldner, M., J., Preisflexibilität und Vollbeschäftigungstendenz: Der Pigou-Effekt, WISU, 8. Jg., 10/1979
Pohl, R., Theorie der Inflation, München 1981
Schmid, H., v.Dosky, D., Ökonomik des Arbeitsmarktes, I. Arbeitsmarkttheorien: Stärken und Schwächen, 2. Aufl., Stuttgart 1996
Schmitt-Rink, G., Reallohnniveau und unfreiwillige Arbeitslosigkeit, WISU, 14. Jg., 1/1985
Sesselmeier, W., Blauermel, G., Arbeitsmarkttheorien. Ein Überblick, 2. Aufl., Heidelberg 1998
Siebert, H., Mohr, E., Nachfrage nach Arbeit und Beschäftigung, WISU, 15. Jg., 5/1986
Statistisches Bundesamt, Statistische Informationen zum Arbeitsmarkt. Konzepte, Kritik, Anwendung und Auslegung, Wiesbaden 1997
Suntum, v. U., Kaufkrafttheorie des Lohnes, WISU, 26. Jg., 1/1997
Wagner, T., Jahn, E.E., Neue Arbeitsmarkttheorien, Düsseldorf 1997
Walter, H., Lohnhöhe und Arbeitsangebot, WISU, 11. Jg., 3/1982

V.: Gesamtwirtschaftliches Gleichgewicht

Bobzin, H., Makroökonomische Theorien – mit Hilfe des Computers veranschaulicht, Teile I und II, WISU, 30. Jg., 6/2001 und 7/2001
Landmann, O., Löhne, Preise, Einkommen und Beschäftigung in der offenen Volkswirtschaft, in: G. Bombach u. a. (Hrsg.), Der Keynesianismus, Bd. V: Makroökonomik nach Keynes, Berlin u. a. 1984
Maußner, A., Das IS-LM-Modell, Original und Adaption, WISU, 26. Jg., 5/1997
Mückl, W. J., Gesamtwirtschaftliches Güterangebot und Preisniveau, WISU, 28. Jg., 10/1999
Neubäumer, R., Aggregiertes Angebot und aggregierte Nachfrage, WISU, 18. Jg., 5/1989
Patzig, W., Nominallohnschleiertheorie, Flexible Löhne im Modell von Keynes, WiSt, 22. Jg., 3/1993

VI.: Wirtschaftspolitische Konsequenzen

Bombach, G., Der Keynesianismus, Bd. 1, Theorie und Praxis keynesianischer Wirtschaftspolitik, Berlin 1988
Flassbeck, H., Was ist Angebotspolitik? Konjunkturpolitik, 28. Jg., 1982
Friedrich, H., Stabilisierungspolitik, 2. Aufl., Wiesbaden 1986
Goerdeler, A., Die keynesianische Prägung der japanischen Wirtschaftspolitik, Berlin 1987
Klauder, W., Mit Nachfragepolitik gegen Konjunkturflaute? Wirtschaftsdienst, 81. Jg., 10/2001
Mackscheidt, K., Steinhausen, J., Finanzpolitik I, Grundfragen fiskalpolitischer Lenkung, 3. Aufl., Tübingen und Düsseldorf 1978
Müller, R., Röck, W., Konjunkturpolitik, Stabilisierungspolitik und Wachstumspolitik, 4. Aufl., Stuttgart 1998
Mussel, G., Pätzold, J., Grundfragen der Wirtschaftspolitik, 6. Aufl., München 2005
Pätzold, J., Angebotsorientierte Wirtschaftspolitik, Stuttgart 1986
Pätzold, J., Stabilisierungspolitik, 6. Aufl., Bern u. Stuttgart 1998
Schaal, P., Konjunktur und Stabilität, Stuttgart u. a. 1977
Suntum, v. U., Keynes ist tot – es lebe Keynes? WiSt, 28. Jg., 2/1999

Teichmann, U., Grundriss der Konjunkturpolitik, 5. Aufl., München 1997
Tichy, G., Konjunkturpolitik. Quantitative Stabilisierungspolitik bei Unsicherheit, 4. Aufl., Berlin 1999
Wagner, H., Stabilitätspolitik. Theoretische Grundlagen und institutionelle Alternativen, 5. Aufl., München, Wien 1998
Walter, M., Stabilisierungspolitik, Sternenfels 1998
Welfens, P.J., Theorie und Praxis angebotsorientierter Wirtschaftspolitik, Baden-Baden 1985
Wendisch, P., Supply-Side Policy. Theoretische Grundlagen und prozeßpolitische Konsistenz, Frankfurt/M. u. a. 1984

Stichwortverzeichnis